Staatslehre
und politische Verwaltung

Herausgegeben von

Prof. Dr. Michael W. Bauer
Prof. Dr. Edgar Grande
Prof. Dr. Annette Elisabeth Töller

Band 23

Steffen Zabler

# Kommunale Schulden in Deutschland

## Instrumente zur Bekämpfung auf dem Prüfstand einer synthetischen Analyse

Nomos

Onlineversion
Nomos eLibrary

**Die Deutsche Nationalbibliothek** verzeichnet diese Publikation in der Deutschen Nationalbibliografie; detaillierte bibliografische Daten sind im Internet über http://dnb.d-nb.de abrufbar.

Zugl.: Speyer, Univ., Diss., 2020

u.d.T.: Die Evaluation von Instrumenten zur Bekämpfung kommunaler Schulden aus einer kontrafaktischen Perspektive – Sparkommissare, Stärkungspakt und freiwillige Schuldenbremsen auf dem Prüfstand des synthetischen Matching.

ISBN 978-3-8487-7727-3 (Print)

ISBN 978-3-7489-2123-3 (ePDF)

1. Auflage 2021

# Inhaltsverzeichnis

## Abbildungsverzeichnis

# Tabellenverzeichnis

# A. Einleitung

Die seit Anfang 2020 um sich greifende COVID-19-Pandemie stellt nicht nur kurz- und mittelfristig, sondern auch langfristig eine Zäsur in allen gesellschaftlichen Bereichen dar und dürfte prospektiv betrachtet zu den einschneidensten Ereignissen des 21. Jahrhunderts zählen. Neben so gut wie allen Bereichen des sozialen Miteinanders gerät besonders das politisch-administrative Subsystem maßgeblich unter Problemlösungsdruck und steht vor zahllosen zu bewältigenden Herausforderungen. Manifestieren wird sich dieser Druck in ganz erheblichem Maße in den fiskalischen Konsequenzen der Krisenbewältigung für die öffentlichen Haushalte, besonders mit Blick auf die ökonomischen Folgewirkungen. Die Beeinträchtigungen für die gesamte Volkswirtschaft sowie die damit verbundenen Aufgaben der wirtschaftlichen Stabilisierung und der sozialen Sicherungssysteme zeichnen sich in den öffentlichen Haushalten bereits deutlich ab – sowohl einnahmen- als auch ausgabenseitig. Vor diesem Hintergrund rücken Fragen der Grenzen der Belastbarkeit öffentlicher Haushalte unweigerlich verstärkt ins Zentrum. Kennzeichnend für die Belastung ist dabei das Ausmaß der öffentlichen Verschuldung sowie im Weiteren das Potential, Schulden zurückzuführen bzw. auf ein handhabbares Maß zu begrenzen.

Aufgrund der Tatsache, dass in Deutschland ein nicht unerheblicher Teil der Krisenbewältigung in verschiedensten Bereichen von der kommunalen Ebene zu leisten ist und darüber hinaus die kommunalen Haushalte strukturell äußerst sensibel auf wirtschaftliche Schwankungen reagieren (Freier und Geißler 2020, S. 357-360), lohnt sich ein vertiefter Blick auf die Verschuldung der Kommunen in Deutschland. Doch nicht die coronabedingten Entwicklungen sind für sich genommen das ausschlaggebende Argument für die Fokussierung auf die kommunale Ebene. Vielmehr befinden sich die kommunalen Haushalte seit Jahren (und teils Jahrzehnten) in einem krisenhaften Zustand, der zwar nicht für alle Kommunen in gleichem Maße gilt, sich aber durch ein zunehmendes Auseinanderdriften der fiskalischen Leistungsfähigkeit zwischen den Kommunen, durch eine geographische Konzentration sowie durch eine von der gesamtstaatlichen Entwicklung in Teilen abgekoppelte Entwicklung der Verschuldung auszeichnet (siehe dazu Abschnitt B.I). Analog zu der fehlenden Neuartigkeit dieser Problematik hat sich bereits seit vielen Jahren in der Politik- und Verwaltungspraxis ein eigenständiges Instrumentarium zum Umgang mit der kommunalen Verschuldung herausgebildet (siehe dazu Abschnitt C). Dieses stellt allerdings weder einen homogenen „Werkzeugkasten“ für die Praxis dar, noch ist es in der bisherigen Forschung als ein konzeptionell konsistentes Forschungsobjekt in Erscheinung getreten. Aufgrund des anerkanntermaßen ohnehin seit Jahren bestehenden Problemdrucks und besonders im Lichte einer potentiellen Verschärfung der Lage durch die Auswirkungen der Corona-Folgen erscheint es daher notwendig, verschiedene Instrumente zur Bekämpfung kommunaler Schulden empirisch auf ihre Wirksamkeit hin zu überprüfen.

Eine solche Überprüfung der Wirksamkeit begegnet dabei einer Herausforderung, der sich jedwede Evaluation politischer und administrativer Maßnahmen stellen muss und die sowohl aus politik-praktischer als auch aus wissenschaftlicher Sicht die zentrale Instanz für die Bewertung der Gültigkeit empirischer Ergebnisse darstellt: die Klärung von Ursache und Wirkung. Um einen tatsächlichen kausalen Effekt einer politischen Maßnahme mit abschließender Sicherheit bewerten zu können, wäre die Ideallösung ein kontrolliertes Zufallsexperiment (Athey und Imbens 2017, S. 3); dies gilt zumindest in der Theorie auch für die Evaluationspraxis (Müller 2017, S. 207). Gerade die Realität politischer Programme macht ein Experimentieren in den meisten Fällen unmöglich, sei es aus ethischen, finanziellen oder politischen Gründen (Athey und Imbens 2017, S. 3). Nichtsdestotrotz ist die Berücksichtigung der Kausalität eine – wenn nicht die – zentrale Aufgabe von Wirkungsevaluationen, um politische Entscheidungen auf die Grundlage nachvollziehbarer Evidenz zu stellen (Müller 2017, S. 205). Die Wirkungsevaluation ohne Experimental-, sondern rein auf der Basis von Beobachtungsdaten ist zwar methodisch in Teilen fordernd, die sozialwissenschaftliche Forschung hat dazu allerdings besonders in der jüngeren Vergangenheit das analytische Portfolio, mithilfe dessen kausale Schlüsse ohne experimentelle Designs gezogen werden können, maßgeblich erweitert (für einen Überblick über ökonometrische Innovationen siehe insbesondere: Athey und Imbens 2017).

Mit Blick auf die Tatsache, dass die Bedeutung der Wirkungsevaluationen und der Fokussierung auf Outcomes politischer Entscheidungen künftig weiter steigen dürfte (Müller 2017, S. 218), stellt sich die Frage, wieso sich einerseits in der subjektiven Wahrnehmung und andererseits aus der Perspektive der Evaluationsforschung ein „Evaluationsdefizit“ (Stockmann 2000, S. 28), spezifisch auch in der deutschen Verwaltungsreformpolitik (Kuhlmann 2009, S. 373) konstatieren lässt; trotz einer dynamischen Entwicklung des analytischen „Baukastens“. Neben dem Fehlen von Evaluationen spielt darüber hinaus die *Verwertung* von Evaluationen eine maßgebliche Rolle. Ein teils mangelnder Konnex zwischen den Erkenntnissen sozialwissenschaftlicher Evaluationsforschung und den Entscheidungen von Politik und Verwaltung wird in der wissenschaftlichen Literatur zur Evaluation politischer Programme unter anderem durch einen grundsätzlichen Werteunterschied („value disensus" (Weiss 1977, S. 543)) zwischen Forschern und politischen Entscheidern begründet.[1] Ausdruck dieses Werteunterschieds sind schlicht unterschiedliche Rollen, die sozialwissenschaftliche Forschung im Kontext öffentlichen Handelns einnehmen kann. In einer eher idealisierten Perspektive steht sicherlich die Funktion des Erkenntnisgewinns und des Problemlösens im Vordergrund, realistischerweise kann Forschung allerdings auch politisch und taktisch instrumentalisiert werden (Weiss 1979). Daraus ergeben sich unterschiedliche politische Präferenzen dafür oder dagegen, bestimmte Evaluationen überhaupt anzustreben bzw. diese aktiv zu nutzen.

Neben diesen präferenzbasierten Erwägungen kann eine fehlende Verzahnung allerdings auch schlicht auf ein in Teilen mangelhaftes Angebot der Wissenschaft an die Politik zurückgeführt werden. Wenn sozialwissenschaftliche Forschung fehlerbehaftet ist, kaum konkrete und wenig spezifische Ansätze verfolgt sowie mit uneindeutigen Ergebnissen einhergeht, liegen die Gründe für eine geringe Aufmerksamkeit seitens der Politik auf der Hand (Weiss 1977, S. 532-533). Genauso wie eine mangelhafte Adressierung der eingangs angerissenen Notwendigkeit, klare Kausalitäten zu berücksichtigen, einen Fallstrick für die Verwertbarkeit und Kommunikation von Evaluationen darstellt.

Transferiert man diese beiden Hindernisse auf den Kontext deutscher Verwaltungs- und Verwaltungsreformpolitik, offenbaren sich sowohl für die politik-praktische Evaluation als auch die Evaluationsforschung deutliche Lücken. Grundsätzliche institutionelle Veränderungen aufgrund bestimmter politischer Interventionen sind vergleichsweise gut dokumentiert und analysiert. Die Frage danach, ob Veränderungen die gewünschte Performanz gebracht haben und ob daraus wiederum ein Effekt auf das politisch-administrative System abgeleitet werden kann, ist allerdings sehr viel seltener tatsächlich beantwortet. Als Gründe für diese „offene Flanke" werden die Schwierigkeit bei der Konzeptualisierung, methodische Probleme und die potentielle (auch politische) Nicht-Erwünschtheit mancher Evaluationen

1 Im Folgenden wird aus Gründen der besseren Lesbarkeit das generische Maskulinum verwendet. Weibliche sowie anderweitige Geschlechteridentitäten sind dabei explizit mit angesprochen.

angeführt. Darüber hinaus stellt der deutsche Fall mit seiner starken Föderalisierung und der dadurch teils stark fragmentierten Verwaltungsstruktur besondere Herausforderungen an eine Wirkungsevaluation im Verwaltungsbereich (Kuhlmann und Wollmann 2013, S. 48-49). Diese Bestandsaufnahme hat nichts von ihrer Aktualität verloren. Schließlich muss man auch konstatieren, dass die sozialwissenschaftliche Forschungscommunity in Deutschland, die sich im engeren Sinn mit der Evaluation politisch-administrativer Programme und Interventionen auseinandersetzt, überschaubar ist und keine besonders prominente Stellung genießt. Dies hat verständlicherweise Konsequenzen für die Vielfalt, die Ausdifferenzierung und die Innovationskraft bzgl. der konzeptuellen und methodischen Zugänge.

Die formulierten Herausforderungen für Performanz- und Wirkungsevaluationen sollten allerdings keinen Hinderungsgrund per se dafür darstellen, sich der offenen Punkte anzunehmen, zumal ein Teil der angesprochenen Schwierigkeiten bei Evaluationen durchaus adressiert werden kann. So sollte der teils mangelnde politische Wille zur Evaluation aufgrund ideologischer Gründe oder der Angst vor „unbequemen" Evaluationen im Sinne einer positivistischen wissenschaftlichen Perspektive kein Ausschlusskriterium darstellen. Der Problematik schwieriger konzeptueller Zugänge kann aus Sicht des Autors in einer Form begegnet werden, wie sie Descartes (1879 [1637], S. 29) in einer der frühesten Abhandlungen über Methodologie in seiner zweiten Regel bereits angeregt hat und wie sie nach wie vor für viele sozialwissenschaftliche Fragestellungen angeraten ist: durch Einengung, Fokussierung und Konzentration des Forschungsziels. Statt auf Anhieb „ein großes Bild" der Wirkungen von Programmen und Interventionen zu zeichnen, besteht die Alternative darin, viele kleine zu zeichnen. Dieser Ansatz mag zulasten vollumfassender und weit generalisierbarer Erkenntnisse im Rahmen *eines* Forschungsbeitrags gehen, zum Ziel führt er dennoch – eine genügend große Anzahl an „kleinen Bildern" vorausgesetzt.[2] Bezogen auf den deutschen Fall lassen sich durch diese kleinteiligere Struktur auch Schwierigkeiten des empirischen Zugriffs auf die komplexe föderale Struktur auflösen, indem eine Eingrenzung der Forschungsobjekte vorgenommen wird. Schließlich kann der Problematik teils unzureichender methodischer

2 Den berechtigten Einwand, dass dadurch womöglich komplexere Zusammenhänge und Interdependenzen ausgeblendet werden können, muss man gelten lassen. Allerdings lässt sich die Konzeptualisierung und Analyse komplexerer Strukturen auch als Teil eines sequentiellen Forschungsprozesses verstehen, der diese Betrachtungsweisen nicht a priori ausschließt.

Zugänge dadurch begegnet werden, dass man den disziplinären Horizont möglichst offen hält und dadurch methodische Innovationen erkennt bzw. zulässt.

Basierend auf diesen Vorüberlegungen macht sich die vorliegende Studie zum Ziel, einige der spezifischen Herausforderungen der Wirkungsevaluation im Feld politischer und administrativer Programme aufzulösen oder der Auflösung zumindest näher zu kommen. Dabei folgt die Arbeit einem vorwiegend methodischen Fokus, der (1) eine quantifizierbare Wirkungsdimension in den Vordergrund rückt, (2) einer möglichst sauberen Berücksichtigung – oder zumindest „Explizitmachung" – der Frage nach Kausalität besonderes Gewicht beimisst und (3) methodische Innovationen zur Lösung praktischer Probleme bei quantitativen Analysen von politisch-administrativen Programmen vorschlägt. Dies gelingt in erster Linie durch die Verwendung verschiedener Analysemethoden, die in der Lage sind, *synthetische Vergleichsfälle passgenau auf der Basis objektiver quantitativer Daten zu generieren* und damit einige der zentralen Probleme sowohl von vergleichenden Fallstudien als auch von verschiedensten Regressionsmodellen zu überkommen (siehe dazu ausführlich Abschnitt E). Im Vordergrund steht also die Vorstellung eines überaus effektiven methodischen Ansatzes, der in der internationalen Forschung zunehmende Aufmerksamkeit erfährt, im Kontext der Evaluation von Programmen und sonstigen Maßnahmen in Deutschland allerdings noch kaum in Erscheinung getreten ist und noch keinem Vergleich verschiedener verwandter Analysemethoden unterzogen wurde.

Neben diesem zentralen analytischen Standbein konzentrieren sich die Analysen in ihrer inhaltlichen Dimension auf die Evaluation politisch-administrativer Programme mit einem klaren Fokus auf Performanz in einem thematisch begrenzten Feld, das sich besonders dazu eignet, den Nutzen der methodischen Zugänge zu demonstrieren. Darüber hinaus spielt die eingangs thematisierte politik-praktische Relevanz sowie eine gewisse Aktualität der Debatte eine nicht zu vernachlässigende Rolle bei der Auswahl des Forschungsobjekts und so fokussieren sich die Analysen auf die Auswirkungen von Instrumenten zur Bekämpfung kommunaler Schulden in Deutschland. Die Begründung für diese Wahl erfolgt direkt im Anschluss durch die Einführung in den Forschungsgegenstand und die Verdeutlichung der inhaltlichen Relevanz.

## I. Einführung in den Forschungsgegenstand und Problemaufriss

Die differenzierte kommunale Haushaltskrise in Deutschland stellt seit vielen Jahren ein systematisches und politisch ungelöstes Problem dar. Die Charakterisierung des Problems als *differenziert* hat seine Begründung vor allem in der Tatsache, dass es sich in Deutschland weder um eine Schuldenkrise in allen oder auch nur einem Großteil der kommunalen Gebietskörperschaften handelt, noch dass dieses Phänomen in einer gesamtstaatlichen Betrachtung ein quantitatives Schwergewicht darstellt, geschweige denn in den letzten Jahren einen besonders krisenhaften Verlauf genommen hat. Dies ist vor dem Hintergrund zu sehen, dass die Phase sprudelnder öffentlicher Einnahmen in den Folgejahren nach dem Abflauen der Finanz- und Wirtschaftskrise der Jahre 2007 und 2008 die Diskussion um die Defizite öffentlicher Haushalte insgesamt ohnehin deutlich beruhigt hat. Trotz dieser Erkenntnis auf Makroebene existiert auf kommunaler Ebene eine große Anzahl an „Sorgenkindern", die keineswegs mit dieser fiskalisch betrachtet positiven Entwicklung in der Aggregatperspektive Schritt halten konnten und können. Gleichzeitig sind die Kommunen mit sich verschärfenden Haushaltsproblemen teils stark regional konzentriert und gerade auch in Abhängigkeit der Bundesländerzugehörigkeit ungleich verteilt.[3]

Auch wenn die Haushaltskrise nicht alle Kommunen im gleichen Maße betrifft, sind die Konsequenzen klammer kommunaler Haushalte in Bereichen wie Investitionen, öffentliche Daseinsvorsorge und freiwillige Leistungen für viele Bürger inzwischen direkt spürbar geworden und auch deshalb erfährt das Thema kommunale Verschuldung – wenn auch in Abhängigkeit wechselnder Themenkonjunkturen – ein vergleichsweise hohes Maß an Aufmerksamkeit; nicht zuletzt auch durch die Einsetzung der Kommission „Gleichwertige Lebensverhältnisse" im Jahr 2018, die unter anderem explizit die herausragende Rolle ungleicher finanzieller Leistungsfähigkeit der Kommunen für das Leben der Bürger vor Ort betont (Junkernheinrich 2019, S. 36). Verständlicherweise nimmt die öffentliche bzw. medial unterstützte Aufmerksamkeit das Problem kommunaler Schulden meist nur in Verbindung mit griffigen Schlagzeilen in den Blick, wie bspw. den Diskussionen über die Ablösung von Schulden durch den Bund, das Bekanntwerden der fatalen Effekte von Anleihen in Schweizer Franken, die kommunalen Kosten der Flüchtlingszuwanderung oder verschiedene Ranglisten wie die „Top Ten" der am meisten

3 Eine dezidierte Einführung in die kommunale Schuldensituation erfolgt in Abschnitt B.I.

verschuldeten Kommunen. Am Rande dieser medialen Schlaglichter wird zumindest punktuell die teils prekäre finanzielle Situation einiger deutscher Kommunen ins öffentliche Bewusstsein getragen.

In der Wissenschaft ist die Auseinandersetzung mit kommunaler Verschuldung gewissermaßen ein „Dauerbrenner“, was zu einer äußerst ausführlichen und differenzierten Beschäftigung mit dem Thema kommunale Verschuldung beigetragen hat. Dabei setzten – besonders in der deutschen Forschungstradition – unterschiedliche Disziplinen verschiedene Schwerpunkte, die sich entlang einiger der klassischen Disziplingrenzen innerhalb der Verwaltungswissenschaft(en) (Bohne 2014, S. 178) einordnen lassen. Unter einer rechtswissenschaftlichen Perspektive stellen die teilweise unausgeglichenen Haushalte und die daraus folgende Nutzung kurzfristiger Kredite für langfristige Zwecke schlicht eine Verletzung des in den Bundesländern eindeutigen Kommunalrechts dar (u.a. Herrmann 2011; Gröpl, Heinemann und Kalb 2010; Diemert 2005). In einer finanzwissenschaftlich-ökonomisch inspirierten Sichtweise spielen vor allem die Makro-Effekte und Makro-Ursachen kommunaler Verschuldung sowie die Rolle von staatlichen Transfers und Umverteilungsmechanismen eine zentrale Rolle (u.a. Cuadrado-Ballesteros und Bisogno 2018; Boysen-Hogrefe 2014; Kalb 2010). Schließlich nimmt die stärker politikwissenschaftlich dominierte Literatur spezifische politische Faktoren zur Erklärung der kommunalen Haushaltssituation in den Fokus, wie bspw. den Einfluss sogenannter *electoral cycles* oder der Schwäche lokaler Regierungen (Bastida, Beyaert und Benito 2013; Geys 2007). Genauso vertreten sind darüber hinaus von der Parteiendifferenzhypothese inspirierte Erklärungen (Roesel 2017; Garcia-Sanchez, Mordan und Prado-Lorenzo 2012), um nur einige zu nennen. In die genuin deutsche Forschung haben klassisch politikwissenschaftliche Erklärungsansätze vor allem unter dem Begriff der *endogenen* Faktoren im Sinne von lokalpolitisch „hausgemachten“ Problemursachen Eingang gefunden, die den *exogenen* Faktoren im Sinne von äußeren Bedingungen gegenübergestellt werden (Seuberlich 2017; Bogumil, Holtkamp u. a. 2014; Boettcher 2013; Holtkamp 2007).

Schließlich haben die anhaltenden kommunalen Haushaltsprobleme politik-praktische Konsequenzen und gerade in der jüngeren Vergangenheit auch zu konkreten Reaktionen aus dem politisch-administrativen System geführt, die ihrerseits teils wissenschaftlich und medial begleitet wurden. Während in anderen Politikfeldern politisches Handeln oftmals auch Ausdruck von ideologischen Standpunkten, dem Streben nach Wählerstimmen oder politischen Verhandlungsspielen sein kann, erscheinen die Reaktionen im Fall der kommunalen Verschuldung in einer vornehmlich funktionalen

Logik begründet zu sein.[4] Verdeutlicht wird diese funktionale Notlage am Aufkommen eines Begriffs wie der „Vergeblichkeitsfalle“ zur Bezeichnung einer weitgehend ausweglosen Situation in einigen Kommunen (u.a. Holtkamp 2012, S. 165). Der diesem Begriff inhärente fehlende Glaube an eine Problemlösung seitens der betroffenen Kommunen aus eigener Kraft und eigenem Antrieb oder mit den bislang eingesetzten Mitteln liefert letztlich die Begründung dafür, dass verstärkt neue oder wiederentdeckte Instrumente durch das politisch-administrative System entwickelt und eingesetzt wurden; initiiert sowohl durch die Länder als auch durch die Kommunen selbst.

In Abschnitt C.II wird gezielt auf diese Entwicklungen eingegangen, lediglich kurz aufgezählt seien an dieser Stelle einige Beispiele, wie die Etablierung kommunaler Rettungsschirme bzw. Finanzhilfepakete in einer Mehrzahl der deutschen Flächenländer, die neben Mitteln für die Kommunen teils auch neue Auflagen und Sanktionen mit sich gebracht haben (Stolzenberg 2018). In Nordrhein-Westfalen (NRW) wurden darüber hinaus in der jüngeren Vergangenheit Staatskommissare und beratende Sparkommissare in hoch verschuldete Kommunen geschickt, um Haushaltskorrekturen zu bewirken (Zabler 2020; Zabler 2016; Duve 2008). In Ostdeutschland arbeiten die Landesregierungen teilweise mit sogenannten Frühwarnsystemen, die spezifische Kennzahlen enthalten und bewerten, um Transparenz, Vergleichbarkeit und Wettbewerb anzuregen (Hesse und Woitek 2013). Nicht zuletzt wird auch versucht, sich – vor allem im Rahmen der Finanzhilfepakete – klassischer Methoden der funktionalen Verwaltungsreform zu bedienen, um unter dem Begriff der Hochzonung von Aufsichtszuständigkeiten Kommunen einer konsequenteren Aufsicht zu unterstellen (Person und Zabler 2017; Stolzenberg und Heinelt 2013). Doch auch auf Initiative der Kommunen selbst wurden und werden verschiedene neue Instrumente eingesetzt. Dazu zählen bspw. die Einführung selbstauferlegter Schuldenbremsen (Keilmann, Burth und Gnädinger 2016; Schwarting 2015b) oder die Einrichtung von Sparbürgerhaushalten (Schneider 2018). In der Gesamtschau zeigt sich also ein vergleichsweise großer Ideenreichtum in der jüngeren Vergangenheit.[5]

Die Etablierung dieser neuen Instrumente zur Begrenzung der kommunalen Verschuldung geschah und geschieht trotz der skizzierten gleichlaufenden Aktualität vor denkbar unterschiedlichen Hintergründen. Dabei differieren

4 Wenngleich der funktional-problemlösungsorientierte Anspruch der Politik zur Bekämpfung kommunaler Schulden teilweise berechtigterweise in Zweifel gezogen werden kann, wie es Holtkamp (2016) anhand des Konzepts der *Symbolpolitik* illustriert.

5 Eine Einschätzung, die sich mit der von Döring (2017), der innovative Entwicklungen im gesamten Bereich der Kommunalfinanzen beobachtet, deckt.

aufgrund des deutschen Föderalismus und den ungleich verteilten Problemlagen die Länder und Kommunen ganz grundsätzlich in der Etablierung neuer Instrumente. Darüber hinaus unterscheiden sich die Instrumente teils deutlich hinsichtlich ihrer Initiatoren und Umsetzer, sowie der Begründungen, Logiken, Mechanismen und Ziele. Gemeinsam ist ihnen allerdings eine bislang fehlende systematische Thematisierung und Evaluation aus einer wissenschaftlichen Perspektive, woraus diese Arbeit ihren zentralen Gegenstandsbereich ableitet: *die Beschreibung und Verortung verschiedener Instrumente zur Bekämpfung der kommunalen Haushaltskrise in Deutschland, sowie im Kern schließlich die empirisch-quantitative Auswertung ausgewählter Beispiele.*

## *II. Forschungsansatz*

Zu diesem Zweck werden einige zentrale und für den deutschen Fall relevante Instrumente in den Fokus genommen, erläutert und unter Bezugnahme verschiedener Ansätze theoretisch verortet, die sich auf das spezifische Instrumentarium zur Bekämpfung kommunaler Schulden anwenden lassen. Dazu wird ein mehrstufiges Verfahren gewählt. Um der Selektions- und Ordnungsfunktion von Theorien (Jahn 2013, S. 254) in einem ersten Schritt gerecht zu werden, werden die Instrumente in die Literatur zum *austerity management* auf lokaler Ebene (Overmans und Timm-Arnold 2016; Overmans und Noordegraaf 2014) eingebettet und damit deren Funktion in einem breiteren Kontext verschiedener Sparmaßnahmen definiert. Da keine explizite Theorie zu den Wirkungen der Instrumente vorliegt, wird für das erklärend-theoretische Vorgehen ein stärker induktiver Ansatz verfolgt, indem zunächst auf der Basis der Literatur zu sozialen Mechanismen (Hedström und Swedberg 1998b) die Wirkungsketten der im Zentrum stehenden Instrumente präzisiert werden. Ausgehend von den Mechanismen wird in der weiteren Konzeptualisierung verschiedener Instrumente deutlich werden, dass diese in ein Framework aus mehreren ebenenübergreifenden Akteuren eingebunden sind, da die Instrumente entweder direkt durch höhere staatliche Ebenen implementiert werden oder direkt auf der lokalen Ebene initiierte Instrumente zumindest rechtlich-institutionelle Voraussetzungen auf höheren staatlichen Ebenen besitzen, wie sie bspw. durch das Haushaltsrecht und die dazugehörigen Aufsichtsstrukturen der Bundesländer gegeben sind. Die Beziehungen in diesem Mehrebenenspiel lassen sich auf der Basis der *principal agent theory* (Jensen und Meckling 1976) mit allen bekannten Agenturproblemen, die die Wirksamkeit der Instrumente unterminieren können, formalisieren. Schließlich bieten die Ansätze der Literatur zu *policy instruments* (u.a. Salamon 2002b; Howlett 2000; Elmore 1987; Hood 1983) eine sinnvolle Anreicherung, da in deren Rahmen konzipiert wird, welche Erwartungen bzgl. der Wirksamkeit verschiedener Steuerungsarrangements innerhalb der Prinzipal-Agenten-Struktur formuliert werden können.[6] Auf Basis dieser breiter angelegten „Theorietriangulation" lassen sich theoretische Postulate zur Wirksamkeit der einzelnen Instrumente ableiten, die dann der empirischen Analyse standhalten müssen.[7]

Wie zu Beginn der Einleitung ausgeführt wurde, stellt einen zentralen Bestandteil vor allem die Frage nach einem angemessenen analytischen Rahmen für die Evaluation der Instrumente dar. Wie in Abschnitt E, der sich explizit mit der Fokussierung auf eine angemessene Evaluationsstrategie beschäftigt, diskutiert wird, bildet die Explizierung der Kausalität bei der Wirkungsevaluation unter den Gesichtspunkten des von Holland (1986, S. 947) formulierten „fundamental problem of causal inference" und dem darauf aufbauenden *potential outcomes framework (POF)* (Morgan und Winship 2007), das vor allem auf die Arbeiten von Neyman (1990 [1923]) und Rubin (1974) zurückgeht, den analytischen roten Faden. Die Grundidee besteht – verkürzt gesagt – darin, dass für die exakte Beobachtung eines kausalen Effekts einer bestimmten Intervention (bspw. eines politischen Programms) eine Untersuchungseinheit in zwei Zuständen beobachtet werden *müsste*: einmal unter An- und einmal unter Abwesenheit der Intervention. Da diese Beobachtung in der Realität zeitgleich nicht möglich ist, versuchen die Ansätze des POF zum einen, dieses Problem in verschiedenen Konstellationen explizit zu machen, und zum anderen, methodische Zugänge zu entwickeln, wie man sich dem Problem eines unbeobachteten Zustandes (*potential/counterfactual outcome*) nähern kann.

Die vor allem statistisch inspirierte Literatur hat dazu in den vergangenen Jahren einige innovative Ansätze hervorgebracht, die gerade für die teils spezifischen Anforderungen in dieser Arbeit nutzbar gemacht werden können und

6 Aufgrund einer fehlenden deutschen Entsprechung und einer inzwischen weiten Verbreitung auch in der deutschsprachigen Politikwissenschaft wird in dieser Arbeit der Begriff „Policy" als Bezeichnung für die inhaltliche Politikdimension durchgängig verwendet.

7 Theorietriangulation bezeichnet dabei nichts anderes als das Einnehmen verschiedener theoretischer Perspektiven auf ein Phänomen. Der Begriff geht auf Denzin (1970) zurück, der daneben noch Datentriangulation, Forschertriangulation und Methodentriangulation unterscheidet und sich damit auf die Nutzung von jeweils mehr als zwei verschiedenen Ansätzen oder Quellen bezieht.

die besonders auch mit dem Problem geringer Fallzahlen umgehen können. Der Fokus liegt dabei auf der künstlichen Generierung von Vergleichsfällen auf der Basis statistischer Vorhersagemodelle, wie sie erstmalig von Abadie und Gardeazabal (2003) angewandt wurde und die inzwischen zahlreiche Erweiterungen und Verbesserungen erfahren hat (ausführlich zur Methode siehe Abschnitt E.II). Diese in erster Linie unter dem Begriff der *synthetic control method* bekannt gewordene quantitative Variante einer vergleichenden Fallstudie zur Identifikation kausaler Effekte zieht sich als methodischer roter Faden durch die im Weiteren folgenden empirischen Analysen. Als begriffliche Entsprechung im Deutschen wird im Folgenden teilweise auf den Ausdruck *Synthetisches Matching* zurückgegriffen, der bei der ersten Anwendung im deutschen Kontext von Zabler (2016) in dieser Form eingeführt wurde.

Auf Basis der theoretischen und analytischen Vorarbeit stehen im Hauptteil der Arbeit die exemplarischen Analysen für einige der oben angerissenen Instrumente, die zur Bekämpfung kommunaler Verschuldung in der jüngeren Vergangenheit zum Einsatz gekommen sind. Dies sind im Einzelnen die Einsätze von Sparkommissaren, der Stärkungspakt Stadtfinanzen und das Instrument freiwilliger kommunaler Schuldenbremsen. Neben dem zuvor erarbeiteten übergreifenden theoretischen Rahmen werden in den jeweiligen Abschnitten zur Evaluation dieser Instrumente nochmals gezielt theoretische Erwartungen formuliert, der Forschungsstand eingeführt sowie die analytischen An- und Herausforderungen thematisiert. Ein Fokus dieser Analysen liegt darauf, die *Effektivität im Sinne der fiskalischen Zielerreichung* der eingesetzten Instrumente zu überprüfen und Schlussfolgerungen vor allem auf der Basis quantifizierbarer Evidenz zu ziehen. Ziel dieser Arbeit ist es *nicht*, empirisch alle beteiligten Mechanismen, die sich aus dem Einsatz bestimmter Instrumente ergeben, aufzudecken und damit *alle* Ursache-Wirkungs-Zusammenhänge im Kontext der Instrumenteneinsätze zu beleuchten. Dies wäre auf der Grundlage der hier zur Verfügung stehenden empirischen Daten nicht leistbar und würde zulasten der methodischen Konsistenz sowie eines breiteren Überblicks über mehrere Instrumente gehen.

Die Fokussierung auf die fiskalische Outcome-Effektivität[8] muss Fragen der Legalität, der Effizienz und vor allem der Legitimität größtenteils offen lassen und geschieht aufgrund der notwendigen Stringenz sowie aus Gründen eines handhabbaren Umfangs. Die Vierteilung in Legalität, Effektivität, Effizienz und Legitimität als Bewertungskriterien politisch-administrativen Handelns geht im Kern auf Offe (1974) zurück. Die Rechtmäßigkeit wird im hier vorliegenden Fall als gegeben angenommen und steht damit nicht im Zentrum. Der Bewertung der Zielerreichung (Effektivität) wird in diesem Zusammenhang eine prioritäre Bedeutung beigemessen, da die Effektivität den Ausgangspunkt weiterer Bewertungsmaßstäbe bildet. Fragen der Effizienz oder der Legitimität lohnt es sich im Kontext der Bekämpfung der kommunalen Verschuldung nur zu stellen, wenn die Zielerreichung gegeben ist. Instrumente, die das grundsätzliche Versprechen der Verbesserung der kommunalen Haushaltslage nicht einlösen, disqualifizieren sich von vornherein und Diskussionen über deren Wirtschaftlichkeit oder Legitimität bzw. über Maßnahmen zu deren Sicherstellung erübrigen sich. Darüber hinaus sind gerade Fragen der Legitimität eng mit der Effektivität verknüpft, da der langfristige Erfolg von Instrumenten meist einen breiten gesellschaftlichen Konsens verlangt, dieser aber wiederum vom kollektiven Glauben an die Wirksamkeit abhängt (Lemaire 2007, S. 71).

Durch diese Herangehensweise sollen zentrale Lücken der bisherigen Forschung in mehrerlei Hinsicht adressiert werden. Die existierende Literatur zu neueren Ansätzen zur Bekämpfung der kommunalen Haushaltskrise in Deutschland ist generell dünn gesät. In den Fällen, in denen eine wissenschaftliche Thematisierung relevanter Instrumente besteht, handelt es sich zumeist um rein deskriptive oder anekdotische Aufarbeitungen einzelner Maßnahmen, eine umfassende Erfassung und Systematisierung bestehender Instrumente fehlt. Bis auf einige wenige Ausnahmen sind darüber hinaus

8 Die Verwendung des Begriffs *Outcome* ist in der Literatur nicht einheitlich, gerade in Abgrenzung zum Begriff *Impact*. Manchmal ist das Outcome lediglich als das (potentiell veränderte) Verhalten von Akteuren als Konsequenz aus Entscheidungen definiert und der Impact beinhaltet die Auswirkungen dieser Verhaltensänderungen (bspw. Balthasar 2011, S. 193-194). Andererseits kann man auch dahingehend differenzieren, dass Outcomes die Wirkung in der Zielgruppe darstellen und Impacts die Auswirkungen auf „das große Ganze" als Summe mehrerer Outcomes (bspw. gesamtgesellschaftliche Auswirkungen) beschreiben (HaushaltsSteuerung.de o. J.). Da zweitere Definition explizit dem Kontext öffentlicher Haushalte entspringt und darüber hinaus Verschuldung noch keine direkten Rückschlüsse über breite gesellschaftliche Wirkungen zulässt, wird im Folgenden der Begriff Outcome als Beschreibung der Zielgröße verwendet.

die Beiträge zu diesen Instrumenten nicht über einen konzeptionellen oder qualitativen Einzelfall-Charakter hinausgegangen. Evaluationen im Sinne der Betrachtung bestimmter Zielerreichungen sind zum gegebenen Zeitpunkt kaum vorhanden. Dies überrascht vor dem Hintergrund der teilweise hohen Eingriffsintensität, dem teils beträchtlichen Ressourceneinsatz und der potentiellen Zukunftsrelevanz der Instrumente. Gleichzeitig vernachlässigen einzelne existierende Evaluationsversuche eine explizite Berücksichtigung der zuvor angesprochenen Frage nach Kausalität, die auf der Basis von simplen ex post Betrachtungen kaum beantwortet werden kann. Die Relevanz der Verbindung zwischen der praktischen Bedeutung von Evaluationen in den Verwaltungswissenschaften und der klaren Identifikation kausaler Effekte fasst Nullmeier (2018, S. 294) überaus treffend zusammen: „Ist ein Treatment-Effekt nachzuweisen, ergibt sich die praktische Relevanz dieser Forschung dann unmittelbar, wenn diese Variable politisch manipulierbar ist".

Schließlich bleibt auch die theoretische Einbettung der Instrumente bislang hinter ihren Möglichkeiten zurück, da bereits existierende und in der internationalen Literatur etablierte Theorien noch kaum übertragen wurden. Gemeinsam mit einer empirischen Evaluation bildet gerade eine theoretische Fundierung die Grundlage für künftige Forschung und praktische Optimierungspotentiale, die angesichts einer nicht zu erwartenden Entspannung der Haushaltslage in vielen deutschen Kommunen an Bedeutung gewinnen werden.

Ein Teil der aufgezeigten Lücken und damit gleichzeitig die Motivation für diese Arbeit ist durch den zeitlichen Horizont determiniert. So greifen Evaluationen just nach der Einführung instrumenteller Innovationen häufig zu kurz und können – zumindest unter einer ergebnisorientierten Perspektive – kaum sinnvoll interpretierbare Erkenntnisse liefern. Dahingehend erscheint der Zeitpunkt für eine umfangreichere Analyse günstig, da die oben erwähnten Programme inzwischen eine gewisse Laufzeit aufweisen und daher für eine empirische Analyse zur Verfügung stehen.

Verbunden mit den bereits angesprochenen praktischen Problemen fehlender Evaluationen, steht zuvorderst die Veranschaulichung der Methoden des synthetischen Matching im Zentrum. Durch den „Boom" dieser Methoden in der internationalen Forschungsliteratur in den vergangenen Jahren erscheint eine thematische Einführung und eine Übertragung auf den deutschen Kontext äußerst sinnvoll, nicht zuletzt aufgrund der gleichermaßen hohen potentiellen Relevanz für Forschung und Praxis. Zusätzlich bieten die Analysen die aus Sicht des Autors bislang einmalige Möglichkeit, einige verwandte und dennoch in ihren Details verschiedene Analysetechniken direkt zu vergleichen und deren jeweilige Stärken und Schwächen herauszuarbeiten. Letztlich spielt also durchaus die Empfehlung für eine ausgedehntere Nutzung des synthetischen Matching im Kontext der Evaluation politischer und administrativer Programme eine zentrale Rolle.

## *III. Eingrenzung des Untersuchungsgegenstands*

Bevor in einigen der folgenden Abschnitte die Situation in Deutschland, die Vorstellung verschiedener Instrumente und letztlich die Evaluation einiger zentraler Instrumente erfolgt, wird in diesem Abschnitt der inhaltliche Fokus dieser Arbeit begründet. Die Beschränkung auf die Analyse von Instrumenten, die in der jüngeren Vergangenheit zur Bekämpfung kommunaler Schulden eingeführt wurden, lässt sich entlang zweier zentraler Charakteristiken vornehmen. Zum einen zielt die Analyse auf das Konzept von *Instrumenten* ab, die im Kontext der verschiedenen Bestandteile inhaltlicher Politikgestaltung lediglich *ein* spezifisches Element darstellen. Zum anderen geht es – ausgehend von einer empirischen Beobachtung der Bekämpfung kommunaler Schulden in Deutschland in der jüngeren Vergangenheit – um einen *Wandel* dieser Instrumente. Beide Aspekte engen damit einerseits den gegenstandlichen Bereich der Analyse auf die Abstraktionsebene von Policy-Instrumenten und andererseits auf die Dynamik in deren Entwicklung ein; eine Betrachtungsweise, die im Rahmen von *policy change* bereits weite Verbreitung in der politikwissenschaftlichen Literatur gefunden hat.

Die Fokussierung auf den Instrumenten-Begriff impliziert bereits, dass eine Policy kein monistisches Konzept darstellt, sondern Differenzierungen in der Gestaltung von Politik vorgenommen werden können. Trotz der Vielzahl existierender Definitionen besteht der gemeinsame Nenner in den *Mitteln* zur Erreichung inhaltlicher Politikziele. So definiert in einem der prominentesten Beiträge zur Instrumentenperspektive Hood (1983, S. 1-2) „tools that government uses“ in Abgrenzung zu politischen Entscheidungsprozessen und den politischen Inhalten oder Howlett (1991, S. 2) „generic term provided to encompass the myriad techniques at the disposal of governments to implement their public policy objectives“. Zentral für diese Perspektive ist eine stärker technische Sichtweise und die Tatsache, dass dieselben Instrumente im Grundsatz in verschiedenen Politikfeldern zum Einsatz kommen können. Das Einnehmen einer Policy-Instrumenten-Perspektive für die Analyse der Maßnahmen, die gegen eine ausufernde kommunale Verschuldung in

Deutschland ergriffen wurden und werden, erscheint angemessen, da das inhaltliche politische Ziel weitgehend konstant bleibt und politisch kaum streitbar ist: Die finanzielle Schieflage betroffener Kommunen soll korrigiert werden. Dies erfolgt allerdings mithilfe verschiedener Ansätze, die sich ihrerseits verschiedener instrumenteller Mechanismen bedienen.[9]

Bezogen auf die Dynamik im Einsatz von Instrumenten bietet die Literatur zum policy change eine Verknüpfung beider Perspektiven. Sabatier (1988) als einer der prägenden Beiträge zur Diskussion um policy change begreift im Rahmen der Theorie zu *advocacy coalitions* die Wahrscheinlichkeit eines Politikwandels als abhängig von den Überzeugungen (*beliefs*) verschiedener gesellschaftlicher und staatlicher Akteure. *Deep core beliefs* stellen dabei gewissermaßen Grundüberzeugungen der Akteure dar, die themenübergreifend tief verwurzelt und äußerst schwer veränderlich sind (bspw. Ansichten über die Natur des Menschen oder den Wert der Freiheit). Dagegen enthält der sogenannte *near policy core* Überzeugungen, die charakteristisch für einen bestimmten Politikbereich sind (bspw. die Aufgabenverteilung im Staat oder die Zielgruppe wohlfahrtsstaatlicher Leistungen) und etwas wahrscheinlicher einem Wandel unterworfen sein können. Schließlich wird die instrumentelle Perspektive von Politik durch *secondary aspects* angesprochen und bezieht sich auf Mittel, um die Ziele des policy core umzusetzen (Sabatier 1988, S. 145). Auf eine sehr ähnliche Art und Weise hat Hall (1993) im Kontext des Wandels von Policies ebenfalls ein dreistufiges Modell vorgeschlagen. Wandel kann demnach auf der ersten Ebene als „first-order change" (Hall 1993, S. 281) auftreten, bei dem inkrementelle Anpassungen und Neukalibrierungen von Instrumenten geschehen. Im Rahmen des „second-order change" (Hall 1993, S. 281) werden die Instrumente des policy making verändert, während die grundsätzlich dahinter stehenden Ziele unverändert bleiben. Schließlich ändern sich im Rahmen des „third-order change" (Hall 1993, S. 283) die grundsätzlichen Paradigmen und damit die Ziele und Mittel der Politik.

Bezugnehmend hauptsächlich auf die Vorarbeiten von Hall und mit einer etwas stärkeren theoretischen Fundierung schlagen Howlett und Cashore (2009) ebenfalls ein differenziertes Bild einer Policy und damit auch von Policy-Wandel vor. Einen zentralen Bestandteil dieser Ausdifferenzierung bildet erneut die Tatsache, dass Policies neben bestimmten Zielen und Zwecken

9 In diesem Kapitel werden Ideen der Literatur zu Policy-Instrumenten lediglich angerissen. In Abschnitt D werden einige zentrale Konzepte und deren theoretische Implikationen genauer eingeführt.

auch aus konkreten Mitteln und Instrumenten bestehen und dementsprechend nicht nur ein inkrementeller oder paradigmatischer Wandel der Policy an sich möglich ist, sondern auch nuanciertere Abstufungen vorgenommen werden können (Howlett und Cashore 2009, S. 38-39). Knill, Schulze und Tosun (2012) greifen die Vorarbeit von Hall (1993) ebenfalls auf, indem zunächst eine Dreiteilung regulativer Politik in die Bestandteile „presence of regulation", „regulatory instrument" und „regulatory calibration" (Knill, Schulze und Tosun 2012, S. 430) vorgenommen wird. Ersterer bezieht sich auf das Existieren einer Regelung, zweiterer auf die Instrumente, die zu deren Umsetzung eingesetzt werden und letzterer auf die Kalibrierung des Instruments, bspw. im Sinne der Definition der Zielgruppe und der zu erreichenden Standards. Die dynamische Komponente des policy change wird übergeordnet als Ausweitung („expansion") oder Abbau („dismantling") (Knill, Schulze und Tosun 2012, S. 430) von Regelungen und Instrumenten bzw. als Verschärfung oder Lockerung von Instrumenten konzipiert. Eine feinere Ausdifferenzierung des policy change beinhaltet daraufhin den Unterschied zwischen „density" und „intensity" (Knill, Schulze und Tosun 2012, S. 430). Bei Ersterem handelt es sich um die Dynamik in der Anzahl an Regulierungen und Instrumenten, bei Letzterem um die Dynamik in der Strenge und der Zielgruppe der beteiligten Instrumente (Knill, Schulze und Tosun 2012, S. 429-431).

Die eingangs angerissenen Entwicklungen zur Begrenzung kommunaler Verschuldung in Deutschland in der jüngeren Vergangenheit lassen sich eindeutig im Rahmen der kombinierten Fokussierung auf *Instrumente und deren Wandel* fassen. Ein großer paradigmatischer Wandel bzgl. der grundsätzlichen Politikziele liegt in diesem Policy-Bereich nicht vor. Ausgeglichene Haushalte und ein geringes Maß an Verschuldung auf der kommunalen Ebene stellen ein stabiles und per se unstrittiges Ziel dar. Man kann für den deutschen Fall nicht davon sprechen, dass sich hinsichtlich politischer Präferenzen ein tiefgreifender *third-order change* in Halls Verständnis vollzogen hat. Aus einer stärker formalen Perspektive ist darüber hinaus auch keine grundsätzliche Änderung in der Präsenz von Regelungen zu beobachten, da die Maßgabe ausgeglichener kommunaler Haushalte in den Gemeindeordnungen der Bundesländer geografisch und zeitlich äußerst stabil ist (Zabler, Person und Ebinger 2016). Was sich allerdings geändert hat, sind die Rahmenbedingungen zur Erreichung dieses Politikziels und als Konsequenz daraus ein Wandel in den Instrumenten in zweierlei Hinsicht. Zum einen wurden gänzlich neue Instrumente etabliert, wie es sich bspw. an der Etablierung freiwilliger Schuldenbremsen, den Sparbürgerhaushalten, den Frühwarnsystemen und auch den Finanzhilfepaketen ablesen lässt. Dementsprechend zeigt sich in diesem Politikfeld ein *second-order change* sowie eine Zunahme der *density* bezogen auf die zur Zielerreichung eingesetzten Instrumente. Zum anderen wurden auch die Kalibrierungen bereits längst existierender Instrumente verändert, indem bspw. das Instrument des Staatskommissars teils konditional mit dem Verfehlen von Sparzielen verknüpft wurde oder die Verschiebung von Aufsichtszuständigkeiten im Rahmen von Rettungsschirmen vorgenommen wurde. Folglich lässt sich auch ein *first-order change* im Sinne einer Neukalibrierung von Instrumenten sowie eine zunehmende *intensity* der Instrumente beobachten, da bereits bestehende Instrumente konsequenter und in größerem Umfang eingesetzt werden.[10] Die Analyse konzentriert sich dementsprechend auf die Etablierung neuer Instrumente und die Neukalibrierung bestehender Instrumente innerhalb eines weitgehend stabilen Policy-Bereichs.

In der Systematik von Howlett und Cashore (2009) hat sich bei der Bekämpfung kommunaler Schulden in Deutschland ein Wandel vollzogen, der als „quasi-homeostatic" (Howlett und Cashore 2009, S. 41) bezeichnet werden kann. Gemeint ist damit ein durchaus grundsätzlicher Wandel, der allerdings mit nach wie vor stabilen Zielen einhergeht („pattern in which goals are stable but where exogenously driven changes in end or means related objectives can cause paradigmatic shifts to occur" (Howlett und Cashore 2009, S. 41)) und der sich auf eine exogene Änderung der Rahmenbedingungen zurückführen lässt. Einen zentralen Bestandteil dieses tiefgreifenden externen Wandels bildet unstrittigerweise die globale Wirtschafts- und Finanzkrise der Jahre 2007 und 2008 als exogener Trigger. Die Verschlechterung der konjunkturellen Lage hat in den deutschen Kommunen einerseits zu einem Einbruch bei den Gewerbesteuern – eine der wichtigsten Einkommensarten der kommunalen Ebene – und damit zu einer deutlichen einnahmenseitigen Verschärfung der Haushaltslage geführt. Andererseits spiegeln sich wirtschaftliche Dynamiken darüber hinaus immer auch in den kommunalen Sozialausgaben wider (Papenfuß, Saliterer und Albrecht 2017, S. 117). Die kommunalen Sozialausgaben sind zwar nicht unmittelbar krisensensibel, da sich die gesamtstaatlichen Sozialbelastungen nach Eintreten einer Rezession hauptsächlich auf die Finanzierung der steigenden Arbeitslosigkeit konzentrieren und diese wiederum in erster Linie über das Arbeitslosengeld vom Bund bestritten werden. Nichtsdestotrotz üben – wenn auch zeitverzögert –

10 Da die Empirie eindeutig auf eine Expansion von Maßnahmen hinweist, bleibt das Konzept des *dismantling* weitgehend unberücksichtigt. Eine genauere Ausdifferenzierung diese Konzepts findet sich bei Bauer und Knill (2014).

bspw. die Kosten für Unterkunft und Heizung im Rahmen des zweiten Sozialgesetzbuchs Druck auf die kommunalen Haushalte aus. Wie allerdings in Abschnitt B.I deutlich werden wird, ist es fraglich, inwieweit – auch ohne das Eintreten einer Krise – die Schuldenspirale nicht ohnehin zu einem Wandel im Einsatz von Instrumenten gegen kommunale Verschuldung hätte führen müssen, wenngleich unter Umständen mit zeitlicher Verzögerung. So oder so ist der Wandel in einer vorwiegend funktionalen Logik begründet, da die finanzielle Leistungsfähigkeit von Kommunen eine natürliche Grenze besitzt, die spätestens erreicht ist, wenn die Gewährleistung grundsätzlicher öffentlicher Aufgaben in Gefahr ist. Hinweise auf einen im Gegensatz zur funktionalen Logik politisch-ideologisch motivierten Wandel im Einsatz der Instrumente bestehen für den deutschen Fall dagegen nicht.

Die politischen Reaktionen auf die veränderten Rahmenbedingungen in der jüngeren Vergangenheit können in der empirischen Beobachtung als eine Phase des Verlassens der Untätigkeit bzw. des Inkrementalismus und des Aufkommens neuer Ansätze zur Bekämpfung kommunaler Schulden gefasst werden. Die Präferenzen der Akteure aus Politik und Verwaltung scheinen sich dahingehend gewandelt zu haben, dass sich beginnend mit den 2000er Jahren – und sich nach der Krise weiter verschärfend – die Toleranz gegenüber der zunehmenden Verschuldung auf lokaler Ebene deutlich verringert hat. Im Einklang mit Lascoumes und Le Gales (2007) wird daher in dieser Arbeit gewissermaßen die „neue Lust" am Einsatz schuldenbegrenzender Instrumente im deutschen Kontext, die sich in den vergangenen Jahren abgezeichnet hat, als für sich stehende Phase im Umgang mit kommunalen Schulden begriffen; nicht zuletzt, da gerade die Beobachtung des Einsatzes von Instrumenten ein effektives Mittel darstellt, um Wandel in einem bestimmten Policy-Bereich nachzuzeichnen (Lascoumes und Le Gales 2007, S. 18).

### *IV. Aufbau*

Zum Abschluss der Einleitung wird im Folgenden kurz der Aufbau der kommenden Kapitel skizziert. Im Anschluss an die Einleitung erfolgt in Kapitel B.I die zentrale substantielle Einführung in das Problemfeld der deutschen Kommunalfinanzen, indem die spezifische Verschuldungssituation in Deutschland empirisch-deskriptiv und zusätzlich in Abschnitt B.II die Ursachen kommunaler Verschuldung im Spiegel der internationalen und nationalen Forschung beleuchtet werden. Auf dieser Grundlage folgt in Abschnitt C.I eine Einführung in die Grundlagen aufsichtsrechtlicher

Instrumente, bevor in C.II die instrumentellen Entwicklungen der jüngeren Vergangenheit beschrieben werden. In Kapitel D erfolgt schließlich die theoretische Einbettung der Instrumente mithilfe verschiedener oben angesprochener Ansätze, die neben einer Einordnung auch die Formulierung von Erwartungen über die Wirksamkeit der Instrumente ermöglichen sollen. Abschnitt E beschreibt im Vorfeld der empirischen Ergebnisse die analytische Logik, die den Evaluationen zugrunde liegt. Ein besonderer Schwerpunkt liegt dabei zunächst auf den Anforderungen für die Identifizierung kausaler Effekte im Kontext statistischer Analysen. Ausgehend davon wird der in den späteren Analysen genutzte methodische Ansatz, der statistische Verfahren der Paneldatenanalyse und des Matching vereint, begründet und schließlich werden auch die technischen Details verschiedener Varianten synthetischer Matching-Modelle vorgestellt.

Nach der Begründung der Fallauswahl (Kapitel F) sind in den Abschnitten G, H und I die konkreten Anwendungsfälle zu finden, die auf der Basis der bis dahin erarbeiteten theoretischen und analytischen Grundlagen die Präsentation empirischer Evidenz enthalten. Diese Anwendungsfälle sind im Einzelnen die Einsätze von Sparkommissaren, der Stärkungspakt Stadtfinanzen und das Instrument freiwilliger kommunaler Schuldenbremsen. Zusätzlich sind in diesen Einzelkapiteln die theoretischen Mechanismen sowie der aktuelle Stand der Literatur zu den jeweiligen Instrumenten aufgearbeitet. Die Darstellung der empirischen Ergebnisse hat dabei explizit zum Ziel, einerseits die Konsequenzen verschiedener statistischer Spezifikationen zu verdeutlichen und andererseits eine dezidierte Antwort auf die Frage nach dem Erfolg der eingesetzten Instrumente beim Schuldenabbau zu geben. Kapitel J fasst abschließend die zentralen Ergebnisse der Einzelstudien zusammen und zieht ein übergreifendes Fazit im Hinblick auf die Wirksamkeit der Instrumente, die politik-praktischen Konsequenzen und die methodologischen Implikationen. Schließlich werden Entwicklungspotentiale für die künftige Forschung im Bereich der Kommunalfinanzen, aber auch der Evaluation politisch-administrativer Programme generell aufgezeigt.

# B. Status quo – Verschuldung und ihre Determinanten

Die Konzentration auf die Evaluation quantitativer Outcomes legt in einem ersten Schritt eine deskriptive Analyse einiger zentraler Indikatoren nahe; nicht zuletzt auch, um die in Abschnitt A.I thematisierte substantielle Problemlage der kommunalen Ebene in Deutschland zu verdeutlichen und damit die praktische Relevanz des Einsatzes verschiedener neuer Instrumente zur Bekämpfung kommunaler Schulden hervorzuheben. Neben der praktischen Relevanz bilden die folgenden beiden Abschnitte zusätzlich bereits eine erste Basis für die später folgenden empirischen Analysen in zweierlei Hinsicht. Zum einen werden zentrale Verschuldungsindikatoren – inklusive deren Datenlage, praktische Bedeutung und Entwicklung im Zeitverlauf – vorgestellt, die für die Analysen als potentielle abhängige Variablen zur Verfügung stehen. Zum anderen liefert die sich anschließende Diskussion über die Entstehungsbedingungen von Verschuldung in Deutschland und im internationalen Kontext wichtige Ansatzpunkte für die analytischen Modellspezifikationen, da eine präzise statistische Vorhersage von Verschuldungsvariablen einen elementaren Bestandteil der synthetischen Matching-Verfahren bildet.

Auch in theoretisch-konzeptioneller Hinsicht ist eine deskriptive Analyse der Verschuldung und eine literaturbasierte Diskussion der Determinanten für das weitere Vorgehen zielführend. Eine differenzierte Betrachtung der Problemlage hat in Kombination mit dem Wissen über potentiell wichtige Einflussfaktoren eine entscheidende Auswirkung auf die jeweilige Wahl eines Instruments. So liegt bspw. der Entsendung eines Sparkommissars die Annahme zugrunde, dass gemeindeinterne politische Entscheidungsstrukturen einen probaten Ansatzpunkt zur Begrenzung der Verschuldung darstellen, während Entschuldungsfonds (auch) der Logik einer direkten monetären Entlastung folgen. Diese Wirkungsannahmen stehen in direkter Beziehung zur theoretischen Fundierung im Rahmen der Ursachen kommunaler Verschuldung. Demzufolge ist deren Aufarbeitung für die Formulierung theoretischer Erwartungen über die Wirksamkeit verschiedener Instrumente zentral.

Die folgenden beiden Abschnitte dienen daher in einem ersten Schritt der Verdeutlichung der Relevanz der Problemstellung, indem die Verschuldung und deren Entwicklung zwischen den Ebenen Bund, Länder und Kommunen sowie die Entwicklung kommunaler Schulden in den deutschen Flächenländern dargestellt wird.[11] Schließlich wird zusätzlich die Heterogenität innerhalb der Bundesländer aufgezeigt. Die daran anknüpfende Ursachendiskussion nimmt die in der Literatur etablierten zentralen Variablenbündel zur Erklärung kommunaler Verschuldung in den Blick, sowohl in einer internationalen als auch einer genuin deutschen Perspektive. Abschließend erfolgt eine Bewertung zentraler empirischer Erkenntnisse für den deutschen Fall und die Identifikation potentieller Lücken.

## *I. Verschuldungssituation der deutschen Kommunen*

Gleich zu Beginn der deskriptiven Analyse muss auf die in Deutschland teils eingeschränkte Vergleichbarkeit spezifischer Verschuldungsdaten in Zeitreihen hingewiesen werden, die in Zusammenhang mit einer Änderung des Erhebungsprogramms für die offizielle jährliche Schuldenstatistik ab dem Jahr 2010 steht. Ausschlaggebend ist dabei, dass der Begriff der „Kreditmarktschulden" durch „Schulden beim nicht-öffentlichen Bereich" ersetzt wurde, unter die im Gegensatz zum Zeitraum vor 2010 nun auch die Kassenkredite subsumiert werden (Statistisches Bundesamt 2019, S. 8). Dadurch ergeben sich teilweise Verwerfungen, die nicht notwendigerweise auf tatsächliche Änderungen der Verschuldungssituation zurückzuführen sind. Dies trifft vor allem auf eine reine Betrachtung der Gesamtverschuldung zu. Daher wird für die weitere Beschreibung der Verschuldungssituation auf zwei zentrale Indikatoren zurückgegriffen, die zum einen inhaltliche Relevanz besitzen und zum anderen eine möglichst gute Vergleichbarkeit garantieren.

Als einer der zentralen Krisenindikatoren haben sich in der deutschen Literatur der jüngeren Vergangenheit die Kassenkredite (auch Liquiditätskredite, Kassenverstärkungskredite) etabliert (Bogumil, Holtkamp u. a. 2014, S. 620; Junkernheinrich und Wagschal 2014; Boettcher 2013, S. 15; Holtkamp 2009, S. 151). Im Grundsatz sind Kassenkredite nur zum Ausgleich kurzfristiger Liquiditätsschwankungen gedacht. Von dieser Rolle sind diese allerdings – wie im Folgenden zu sehen sein wird – inzwischen weit abgekommen. Problematisch ist vor allem, dass durch Kassenkredite vielfach auch längerfristig Lücken im Haushalt bestritten werden. In einem solchen Fall stehen den Krediten keine Vermögenswerte in Form von Investitionen gegenüber. Nicht zuletzt besitzen kurzfristige Kassenkredite ein höheres Zinsrisiko. Aus

11 Die Konzentration auf die 13 deutschen Flächenländer erfolgt aufgrund der zweigeteilten Natur der drei Stadtstaaten als Länder *und* Kommunen.

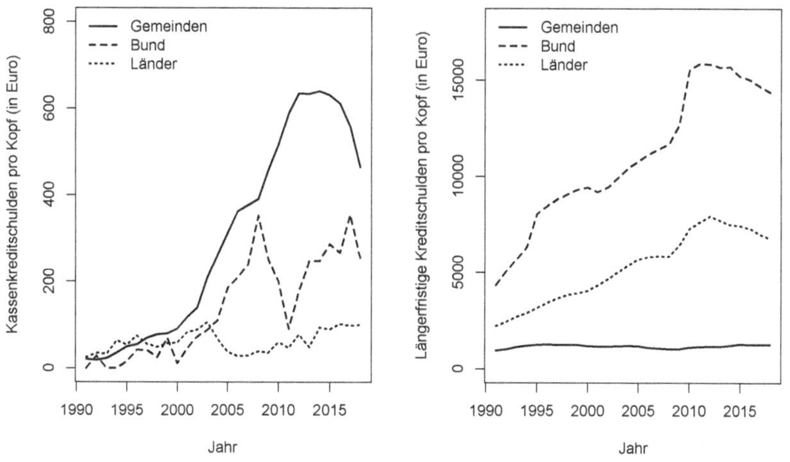


Abbildung 1: Aggregierte Schulden der drei föderalen Ebenen in Deutschland von 1991 bis 2018 getrennt nach Kassenkrediten und längerfristigen Kreditschulden (Quelle: eigene Darstellung auf der Basis von Statistisches Bundesamt (2019))

forschungspragmatischer Sicht sind Kassenkredite außerdem ein über Zeit stabiler Indikator für kommunale Haushaltsprobleme, der nicht von Änderungen in den Berechnungsgrundlagen beeinträchtigt ist. Als zweiter deskriptiver Indikator dienen die Kreditmarktschulden bzw. (seit 2010) die Wertpapierschulden und Kredite beim nicht-öffentlichen Bereich.[12] Damit ist zum einen die eher längerfristige Verschuldung für Investitionen abgedeckt und zum anderen eine relativ gute Vergleichbarkeit gegeben, da die Berechnungen nach 2009 keine allzu großen Abweichungen im Vergleich zu den Jahren davor zeigen.[13]

Sowohl der Verlauf als auch die Verteilung beider Verschuldungsarten unterscheiden sich ganz erheblich zwischen den drei föderalen Ebenen in Deutschland. Der Verlauf der Pro-Kopf-Kassenkredite in Abbildung 1 zeigt, dass diese bis zum Beginn der 1990er Jahre auf keiner Ebene eine relevante

12 Im weiteren Verlauf der Arbeit werden diese gemeinsam als „längerfristige Kredite" bezeichnet.

13 Bei einem Vergleich beider Berechnungsarten für das Jahr 2009 weicht die Pro-Kopf-Verschuldung der Gemeinden und Gemeindeverbände lediglich um 4,6 Prozent ab.

Größe darstellen, in den Bundesländern ist dies mit durchgängig unter 100 Euro pro Kopf auch weitgehend der Fall geblieben. Beim Bund schwanken die Kassenkreditbestände etwas stärker und auf höherem Niveau. Besonders auffällig ist allerdings die Entwicklung der kommunalen Ebene, die ab den 2000er Jahren einen kräftigen, kontinuierlichen Anstieg der Kassenkredite verzeichnet, der sich erstmals ab dem Jahr 2015 umgekehrt hat. Eine Verschuldung von 784 Euro pro Kopf Ende 2018 erscheint auf den ersten Blick nicht enorm hoch. Berücksichtigt man allerdings die durch diesen Trend belegte Langfristigkeit der Finanzierung über Kassenkredite auf der kommunalen Ebene, kann durchaus von einer bedenklichen Entwicklung gesprochen werden. Dies wird auch daran deutlich, dass in absoluten Zahlen die Kassenkredite in einem Zeitraum von 2000 bis 2016 von sieben auf beinahe 50 Milliarden Euro angestiegen sind und damit ein deutliches Spiegelbild der finanziellen Schieflage auf kommunaler Ebene darstellen (Boettcher, Freier, Geißler, Niemann u. a. 2017, S. 5). Ein Blick auf die längerfristigen Kredite zeigt ein gänzlich anderes Bild: Der Bund und die Länder haben im Zeitverlauf einen erheblichen Anstieg der Pro-Kopf-Verschuldung erlebt, der sich erst in den vergangen Jahren abzuschwächen scheint. Die Verschuldung des Bundes bewegt sich bei etwas über 14.000 Euro pro Kopf, die der Länder bei knapp 7.000 Euro pro Kopf, während die Kommunen lediglich mit ca. 1.300 Euro pro Kopf verschuldet sind. Da diese langfristigen Schulden auch ein Spiegelbild der generell höheren Haushaltsvolumina von Bund und Ländern und darüber hinaus häufig mit investiven Gegenwerten verknüpft sind, sollte die anteilig geringere Verschuldung der kommunalen Ebene nicht automatisch als Indiz für einen geringen Problemdruck verstanden werden. Durch den Vergleich zu den Kassenkrediten wird vielmehr deutlich, dass auf kommunaler Ebene vor allem unrentierliche Schulden ein großes Problem darstellen.

Die Attestierung einer Kehrtwende in der Verschuldung bei einer dennoch bestehenden Kassenkreditproblematik sowie die im Vergleich zu den anderen Ebenen rein quantitativ betrachtet untergeordnete Rolle kommunaler Schulden verdecken allerdings Entwicklungen, die aus dieser Aggregatperspektive nicht deutlich werden; gerade vor dem Hintergrund, dass die Trendwende auf konjunkturbedingten Steuermehreinnahmen beruht, die in konjunkturell schwächeren Zyklen nicht zur Verfügung stehen.[14] Auf der kommunalen Ebene muss man schon sehr lange definitiv von einer *differenzierten* Haushalts-

14 Die Auswirkungen der Corona-Krise seit März 2020 lassen sich aktuell noch nicht in ihrer Gänze abschätzen, allerdings spricht einiges dafür, dass diese einerseits

krise sprechen, da entsprechende Problemlagen äußerst ungleich verteilt sind. Die Beobachtung einer sich öffnenden Schere zwischen finanziell schlechter und besser gestellten Kommunen – besonders mit Blick auf die Kassenkredite – trotz besserer konjunktureller Bedingungen bestätigt sich auch in den umfangreichen zweijährig wiederkehrenden Analysen der Bertelsmann Stiftung der vergangenen Jahre (Boettcher, Freier, Geißler, Schubert u. a. 2019; Boettcher, Freier, Geißler, Niemann u. a. 2017). Zur weiteren Veranschaulichung sind dazu in Abbildung 2 beide Verschuldungsarten auf die Bundesländer hochgerechnet dargestellt. Auf den ersten Blick wird dabei sichtbar, dass die Kassenkreditproblematik keineswegs ein bundesweites Phänomen darstellt, sondern in erheblichem Maße auf das „Krisenquartett" Hessen, Nordrhein-Westfalen, Rheinland-Pfalz und Saarland konzentriert ist. In den anderen Bundesländern spricht sowohl die Höhe der Kassenkredite als auch der Trend der vergangenen Jahre für eine weit weniger angespannte Haushaltssituation. Dabei fällt besonders ins Auge, dass die ostdeutschen Bundesländer, die ansonsten teils mit strukturellen Problemen zu kämpfen haben, hinsichtlich der kommunalen Verschuldung keine besonderen Problemlagen aufweisen.

In den Ländern Nordrhein-Westfalen, Rheinland-Pfalz und im Saarland hat sich das Niveau der Kassenkreditschulden dem der längerfristigen Schulden in den letzten Jahren deutlich angenähert bzw. dieses teils überschritten; angesichts der Tatsache, dass Kassenkredite in diesen Ländern hauptsächlich zum „Stopfen von Löchern" verwendet werden und einem deutlich größeren Zinsrisiko unterliegen, eine äußerst bedenkliche Entwicklung. Die Höhe der längerfristigen Verschuldung hängt dagegen nicht automatisch mit den Kassenkrediten zusammen, da bspw. die längerfristigen Schulden in Thüringen und im Saarland sich nicht gravierend unterscheiden. Dies spricht dafür, dass der Spielraum für Investitionskredite in den Ländern mit hohen Kassenkrediten ausgereizt ist. In der Gesamtschau der einzelnen Trends deutet vieles darauf hin, dass in den am stärksten betroffenen Bundesländern der Problemdruck weiter zunimmt oder zumindest hoch bleibt, vor allem unter den Bedingungen einer sich potentiell abkühlenden Konjunktur.

In einem zweiten grafischen Schritt soll zusätzlich zur Bundesländerheterogenität ein kurzer Blick auf die Varianz innerhalb der Bundesländer geworfen werden. Dazu wurde in den Abbildungen 3 und 4 die Verteilung der kommunalen Schulden aggregiert auf der Ebene der Kreise und kreisfreien Städte abgetragen. Dabei bezeichnen die kleineren grauen Punkte die

einen historischen konjunkturellen Einbruch nach sich ziehen und andererseits die öffentlichen Haushalte mit erheblichen Zusatzausgaben belasten.

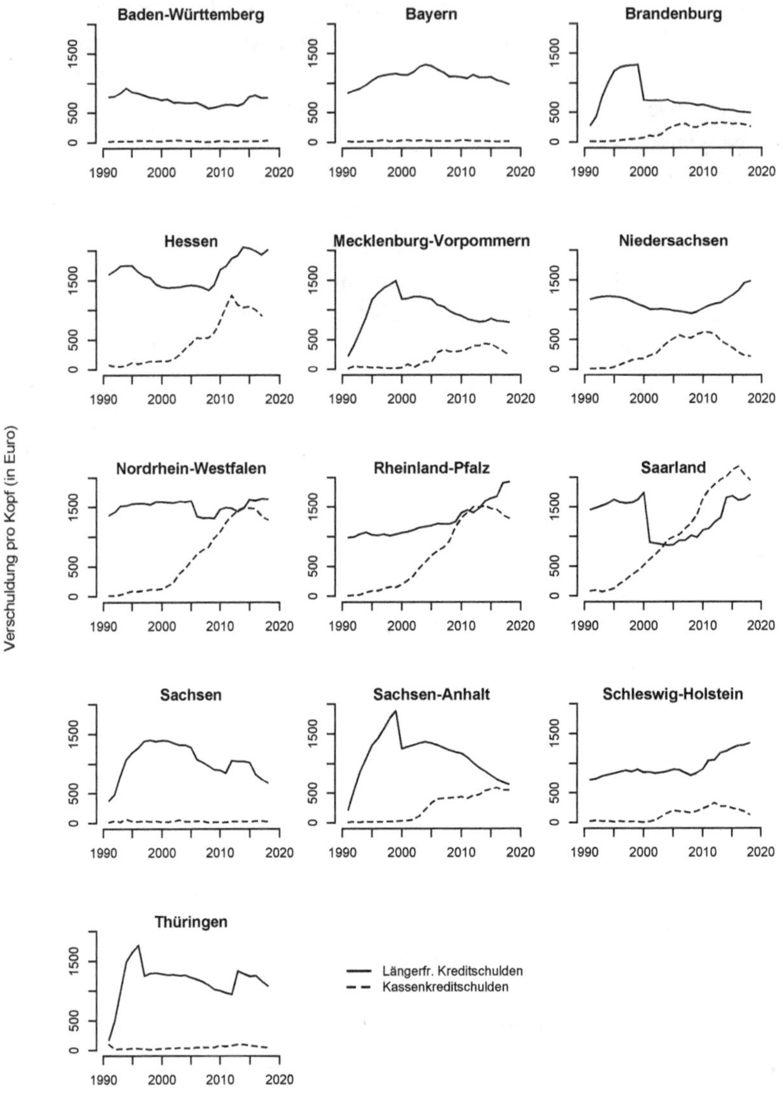


Abbildung 2: Aggregierte längerfristige Kredit- und Kassenkreditschulden der kommunalen Ebene von 1991 bis 2018 getrennt nach den deutschen Flächenländern (Quelle: eigene Darstellung auf der Basis von Statistisches Bundesamt (2019))

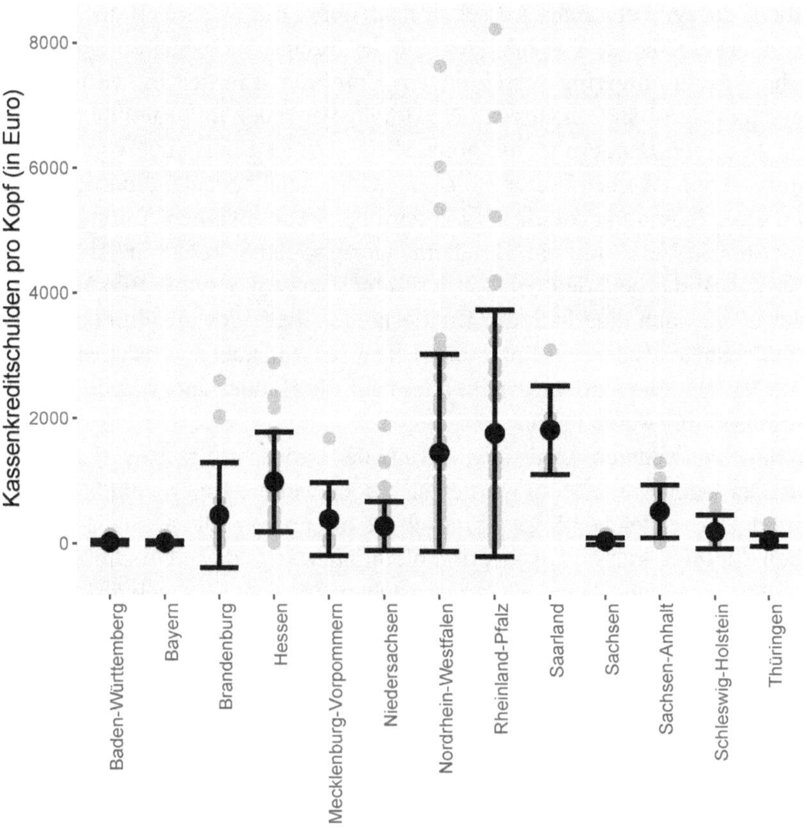


Abbildung 3: Kassenkreditschulden der kommunalen Ebene Ende 2017 getrennt nach den deutschen Flächenländern aggregiert auf Ebene der Kreise und kreisfreien Städte (Quelle: eigene Darstellung auf der Basis von Statistische Ämter des Bundes und der Länder (2018))

einzelnen Kreise und kreisfreien Städte, die größeren scharzen Punkte den jeweiligen Bundeslandmittelwert sowie der Balken die Abweichung um jeweils eine Standardabweichung davon. Bei Betrachtung der Kassenkredite ist tendenziell die Streuung in den Bundesländern mit einem hohen Mittelwert größer. Die Kommunen in den im Schnitt gering verschuldeten Ländern Baden-Württemberg, Bayern, Sachsen und Thüringen weisen dagegen eine sehr geringe Varianz auf. In den Ländern Brandenburg und Niedersachsen gibt es dagegen durchaus Ausreißer nach oben. Ein weiteres Indiz für eine nicht zu verachtende Varianz innerhalb der Bundesländer stellt die beträchtliche Anzahl an gering verschuldeten Kommunen in den im Mittel hoch verschuldeten Ländern Hessen, Nordrhein-Westfalen und Rheinland-Pfalz dar. In diesen Ländern ist der hohe Mittelwert also teils auch von einigen Ausreißern nach oben bestimmt. Dementsprechend bedeutet die Zugehörigkeit einer Kommune zu diesen Ländern bei weitem keinen Automatismus einer hohen Verschuldung. Bei den längerfristigen Schulden in Abbildung 4 ist das Bild erneut deutlich durchmischter, sowohl über die Bundesländer hinweg als auch innerhalb der Bundesländer. Trotz des im Mittel höheren Schuldenniveaus der oben angesprochenen Krisenländer zeigt sich auch hier eine Varianz, die eindeutig nicht allein auf die Bundesländerzugehörigkeit zurückgeführt werden kann.

Bei einer weiteren Ausdifferenzierung der Beobachtungsebene (bspw. auf Bezirks- oder Kreisebene) würden sich noch weitere Heterogenitäten auch innerhalb der gleichen Verwaltungsebene offenbaren. Die Kernaussage der eben erfolgten kurzen Deskription bleibt allerdings dieselbe: Die Analyse von Status quo und Trend auf Aggregatebene ist nicht aussagekräftig genug, um die kommunale Schuldensituation zu erfassen und um darauf aufbauend ggf. die Notwendigkeit für Maßnahmen gegen Verschuldung beurteilen zu können. Da die Zugehörigkeit zu einer Gebietskörperschaft mit ihren strukturellen, institutionellen und politischen Eigenheiten offensichtlich nicht der einzig determinierende Faktor für die kommunale Schuldensituation darstellt, kommt der Frage nach einem umfassenderen Bild der Ursachen kommunaler Haushaltsdefizite eine entscheidende Rolle zu. Um den Stand der Diskussion zusammenzufassen und vor allem um auch die Grundlage für die Begründung eingesetzter Instrumente zu liefern, erfolgt im nächsten Abschnitt ein literaturbasierter Abriss über die Ursachen kommunaler Verschuldung aus einer internationalen und ebenfalls aus einer stärker deutschen Perspektive.

## *II. Ursachen kommunaler Verschuldung*

Sowohl international als auch im deutschen Kontext besteht in der Literatur eine für die lokale Ebene vergleichsweise umfangreiche Beschäftigung mit den Ursachen kommunaler Defizite und Verschuldung. Zeitlich gesehen fiel der Schwerpunkt der wissenschaftlichen Aufarbeitung in Deutschland zu größeren Teilen in die Jahre nach der Finanz- und Wirtschaftskrise und reagierte damit auf das zunehmende Erfordernis, sich mit den durch die Krise

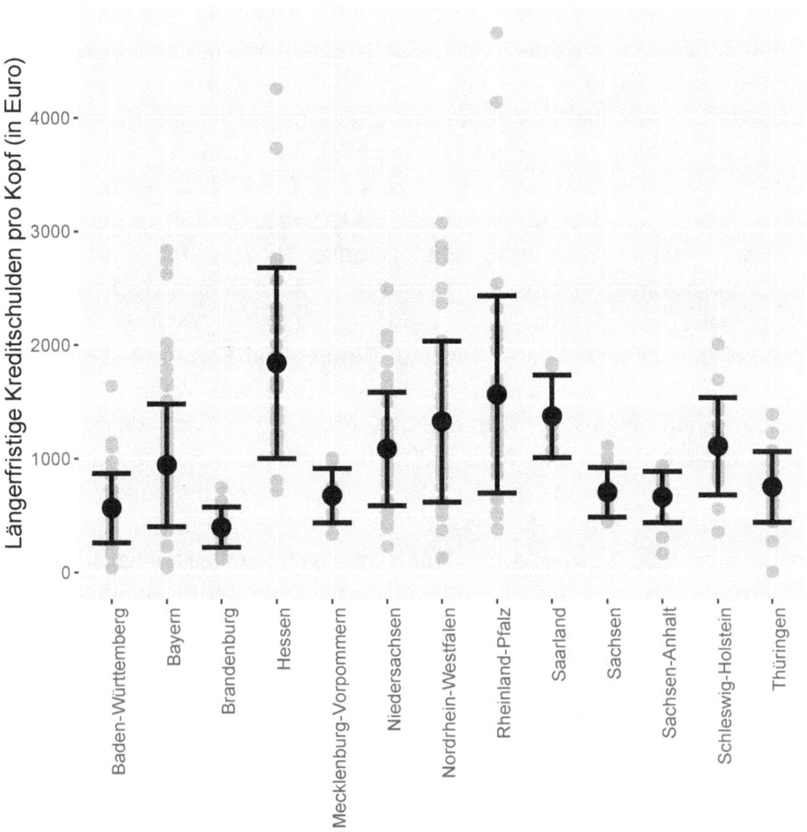


Abbildung 4: Längerfristige Kreditschulden der kommunalen Ebene Ende 2017 getrennt nach den deutschen Flächenländern aggregiert auf Ebene der Kreise und kreisfreien Städte (Quelle: eigene Darstellung auf der Basis von Statistische Ämter des Bundes und der Länder (2018))

zusätzlich belasteten Haushalten auf lokaler Ebene beschäftigen zu müssen. Die dabei verwendeten Erklärungsansätze für die lokale Ebene haben ihren Ursprung in der allgemeinen Staatstätigkeitsforschung zur Verschuldung von Staaten (Holtkamp 2007, S. 4), wie sie sich in der generellen Literatur zur Konsolidierung öffentlicher Haushalte finden lassen (Wagschal und Wenzelburger 2008, S. 52-64).

Im politik- und verwaltungswissenschaftlichen Bereich zeichnet sich eine grundsätzliche Abgrenzung in strukturell-sozioökonomische und politisch-administrative Faktoren ab, mit einem stärkeren Fokus auf letztere in der politikwissenschaftlich geprägten Literatur. Ein – nach Kenntnis des Autors bisher nicht existierender – Überblick über Faktoren der politisch-administrativen Sphäre, der sich spezifisch auf die lokale Ebene bezieht, fördert sowohl institutionell inspirierte Erklärungen (*polity*) als auch Erklärungen, die stärker am politisch-administrativen Prozess orientiert (*politics*) sind, zutage. Ein großer Teil der Literatur beschäftigt sich dabei vor allem mit potentiellen Effekten des von Nordhaus (1975) geprägten *electoral* oder *political business cycle*. Bastida, Beyaert und Benito (2013) finden bspw. Evidenz für die strategische Verwendung von Verschuldung vor Wahlen seitens spanischer Kommunalpolitiker, genau wie Letelier (2011) für chilenische, Veiga und Veiga (2007) für portugiesische und Chortareas, Logothetis und Papandreou (2016) für griechische Kommunen; so, wie Benito, Guillamón und Bastida (2015) die Abhängigkeit der Einhaltung kommunaler Schuldenregeln vom Wahlzeitpunkt feststellen können. Bezogen auf Ausgaben können Guillamón, Bastida und Benito (2013) darüber hinaus höhere Polizeiausgaben in Vorwahlperioden belegen.

Ein weiterer, häufig thematisierter Bestimmungsfaktor für lokale Verschuldung ist die Stärke (bzw. Schwäche) lokaler Regierungen. Geys (2007) kann empirisch bestätigen, dass Verschuldung als wahltaktisches Instrument hauptsächlich in stärker fraktionalisierten lokalen Regierungen eine Rolle spielt und darüber hinaus die Schwäche einer Regierung zumindest zu einer Erhöhung der kurzfristigen Verschuldung führt (Ashworth, Geys und Heyndels 2005). Einen schuldenerhöhenden Effekt schwacher lokaler Regierungen entdecken auch Bastida, Beyaert und Benito (2013), Garcia-Sanchez, Mordan und Prado-Lorenzo (2012), Borge (2005) sowie Hagen und Vabo (2005). Angelehnt an die Parteiendifferenzhypothese von Hibbs (1977) wurde auch die Parteicouleur auf lokaler Ebene als Determinante für Haushaltspolitik und Verschuldung in Erwägung gezogen. Die Ergebnisse sind allerdings – wie die generell umstrittene Bedeutung der Parteiendifferenz auf kommunaler Ebene – wenig eindeutig. Die Ergebnisse mancher Studien finden keine Unterschiede zwischen ideologisch linken und rechten lokalen Regierungen (Letelier 2011; Bastida, Benito und Guillamón 2009; Hagen und Vabo 2005), während Roesel (2017) sowie Garcia-Sanchez, Mordan und Prado-Lorenzo (2012) einen negativen Effekt linker Regierungen auf die Haushaltslage entdecken. Etwas differenziertere Ergebnisse findet Pettersson–Lidbom (2001), wonach rechte Regierungen im Fall eines drohenden Wahlverlustes mehr Geld ausgeben, linke dagegen weniger.

Ein weiterer Faktor, der stärker konkrete Prozesse vor Ort in den Fokus nimmt, betrifft die Zentralität der Haushaltsaufstellung. Bei der Aufstellung des Haushalts in zentralisierter Form (d.h. der Budgetprozess startet in einer zentralen Verwaltungseinheit und nicht in den einzelnen Fachbereichen) kommt es nach den Ergebnissen von Tovmo (2006) zu geringeren Defiziten, wogegen Hagen und Vabo (2005) einen solchen Effekt nicht bestätigen können. Inspiriert durch das institutionelle Setting in der Schweiz, wurde der Einfluss der direkten Demokratie auf die Schulden der Gemeinden einer empirischen Untersuchung unterzogen. Für den schweizerischen Fall wurden dabei die Verschuldung begrenzende Effekte direktdemokratischer Elemente bestätigt (Feld, Kirchgässner und Schaltegger 2011; Feld und Kirchgässner 2001). Auch die Größe des lokalen Parlaments wird als institutionelle Determinante für das öffentliche Ausgabeverhalten – und damit letztlich auch für potentielle Verschuldung – herangezogen, allerdings mit gemischten empirischen Erkenntnissen (Pettersson-Lidbom 2012; Egger und Koethenbuerger 2010).

Ein weiterer Literaturstrang beschäftigt sich mit der Rolle, die eine höhere föderale Ebene oder höhere Verwaltungsebenen für die Finanzsituation der lokalen Ebene spielen. Beispielsweise untersuchen Burret und Feld (2018b) vertikale Effekte subnationaler Schuldenregeln auf die Kommunalfinanzen und können dabei die Befürchtung, dass höhere Ebenen ihre Haushalte auf Kosten der Kommunen konsolidieren, nicht bestätigen. Etwas weiter verbreitet ist die empirische Beschäftigung mit dem sogenannten *flypaper effect* auf kommunaler Ebene. Das Kernargument dieses Effekts besagt, dass finanzielle Transferleistungen höherer Ebenen an die kommunale Ebene häufig noch höhere kommunale Ausgaben nach sich ziehen und damit eine Gefahr für die lokale fiskalische Situation darstellen können. Grundlage dieses Arguments bilden vor allem die prominenten Erkenntnisse von Rodden (2002), dass subnationale Einheiten, die fiskalisch stark vom Zentralstaat abhängig sind, größere Haushaltsprobleme aufweisen. Die empirischen Ergebnisse auf kommunaler Ebene dazu sind allerdings gemischt. Während Gennari und Messina (2014) für italienische und Kalb (2010) für deutsche Kommunen einen flypaper effect bestätigen können, findet Dollery und Worthington (1999) keinen solchen Effekt in Australien. Schließlich wird in einigen empirischen Studien die potentielle Wirkung, die explizit mit der Aufsicht über die kommunalen Haushalte betreute höhere Behörden entfalten können, thematisiert (konzeptionell dazu: Grant und Dollery 2012). Christofzik und Kessing

(2018) nutzen die Doppik-Umstellung in NRW zwischen den Jahren 2004 und 2009 gewissermaßen als natürliches Experiment und können zeigen, dass Kommunen, die sich in dieser Phase in Teilen der kommunalen Finanzaufsicht entziehen konnten, eine höhere Verschuldung aufweisen. Roesel (2017) untersucht in einer Studie unter anderem, ob die Parteiaffiliation von Behördenleitern kommunaler Aufsichtsbehörden eine Rolle spielt. Dabei scheinen Behördenleiter mit einem linken Parteibuch im Durchschnitt höhere Defizite der Kommunen zu tolerieren.

Diese kurze Übersicht über einen Teil der internationalen Literatur zu Ursachen kommunaler Verschuldung ist keineswegs erschöpfend, gerade vor dem Hintergrund, dass die Diskussion einzelner Faktoren häufig sehr länderspezifisch verläuft. So existiert analog dazu ein Deutschland-spezifischer Diskurs zu den Ursachen kommunaler Verschuldung. Prägend hierfür ist die Unterscheidung in sogenannte *endogene* und *exogene* Ursachen, wobei endogene die gemeindeinternen, eher „hausgemachten" Ursachen beschreiben und die exogenen sich stärker auf externe, von der Kommune nicht ohne Weiteres beeinflussbare Faktoren beziehen.[15] Spiegelbild dieser wissenschaftlichen Einteilung relevanter Erklärungsfaktoren ist die häufig vor allem normativ geführte Debatte, die sich zwischen den beiden Polen der *Opferthese* und der *Verschwendungsthese* bewegt. Die Opferthese besagt vereinfacht formuliert, dass finanzielle Schieflagen vor allem durch externe strukturelle, soziale und demografische Bedingungen sowie durch Aufgabenübertragungen von höheren föderalen Ebenen zustande kommen, während die Verschwendungsthese stärker Versäumnisse der Kommunen selbst als Entstehungsbedingungen für kommunale Schulden ansieht (Holtkamp 2010, S. 7-8).

Die quantitativ-analytische Auswertung der Faktoren kommunaler Verschuldung ist in Deutschland in den letzten Jahren in mehreren Arbeiten intensiv vorangetrieben worden, aber auch konzeptionelle und qualitative Studien haben zur wissenschaftlichen Debatte beigetragen. In einem Überblicksartikel von Holtkamp (2007) werden sechs zentrale Variablenbündel, die der vergleichenden Staatstätigkeitsforschung entstammen, auf ihre Anwendbarkeit für die deutsche kommunale Ebene hin überprüft. Davon abgeleitet definiert Holtkamp zentrale exogene Faktoren, darunter die sozio-

15 Die Verwendung der Begriffe „endogen" und „exogen" in einem Forschungskontext, der teils von statistischen Modellen geprägt ist, ist sicherlich nicht optimal, da die Begriffe in der methodologischen Literatur bereits besetzt sind. Allerdings muss man in der Literatur zu Kommunalfinanzen in Deutschland inzwischen von einer deutlichen Etablierung dieser Bezeichnungen sprechen.

ökonomische Situation sowie den Einfluss der Kommunalverfassung und der Kommunalaufsicht als exogene institutionelle Faktoren. Bei den endogenen Faktoren nehmen die Parteiendifferenzhypothese und die Konkurrenz- versus Konkordanzdemokratietheorie die wichtigsten Rollen ein. Im Großen und Ganzen bauen die empirischen Arbeiten der jüngeren Vergangenheit auf dieser grundsätzlichen Einteilung auf, allerdings mit unterschiedlicher Schwerpunktsetzung. Timm-Arnold (2011) sucht in einer qualitativen Fallstudie vor allem Gründe für die starke Varianz kommunaler Haushalte trotz ähnlicher struktureller Bedingungen und nimmt daher die endogenen Ursachen, genauer die Rolle von Parteien und Bürgermeistern, in den Blick. Dabei kommt er zu dem Ergebnis, dass vor allem eine zentralisierte Haushaltspolitik sowie das Führungsgeschick des Bürgermeisters Erfolgsfaktoren für gesunde kommunale Haushalte darstellen. In einer umfangreichen quantitativen Analyse von Boettcher (2013), in der auch endogene Faktoren quantitativ berücksichtigt werden, zeigt sich, dass vor allem die kommunale Finanzkraft, die Stärke des politischen Wettbewerbs, der Einfluss des Bürgermeisters sowie die fiskalische Erblast als Prädiktoren für den Finanzierungssaldo dienen. Die Relevanz beider, sowohl exogener als auch endogener, Variablen deckt sich mit den Ergebnissen weiterer Studien. So finden Bogumil, Holtkamp u. a. (2014) in einer Studie, die sich auf der Basis eines großangelegten DFG-Projektes sowohl quantitativer als auch qualitativer Methoden bedient, Evidenz für eine starke Rolle sozioökonomischer Faktoren, darunter der Grundsicherungsanteil an der Bevölkerung, die Bedeutung als Arbeitsort, die Ost-West-Zugehörigkeit und der Status als kreisfreie Stadt. Darüber hinaus haben besonders budgetrelevante Größen wie die Personalausgaben und das Gewerbesteueraufkommen einen entscheidenden Effekt. Im Hinblick auf endogene Faktoren erweisen sich die Stärke des Bürgermeisters sowie die Größe des Rats als erklärungsrelevant. Diese Ergebnisse decken sich weitgehend mit denen von Junkernheinrich und Wagschal (2014), die spezifisch den Einfluss auf die Kassenkreditverschuldung untersuchen. In einer Studie von Seuberlich (2017) werden erneut klassische exogene und endogene Faktoren quantitativ analysiert. Dabei hat sich gezeigt, dass in einer Gesamtperspektive die endogenen Faktoren nicht die erwartete Erklärungskraft besitzen. Allerdings sollte man einschränkend festhalten, dass sowohl Junkernheinrich und Wagschal (2014, S. 333) als auch Bogumil, Holtkamp u. a. (2014, S. 642) darauf verweisen, dass die Ergebnisse von Regressionsanalysen gerade für die endogenen Variablen sich teilweise darin unterscheiden, ob die Regressionen mit Panel-Daten oder lediglich mit Querschnittsdaten gerechnet werden konnten. Im Rahmen der Panel-Analysen sind endogene Faktoren, wie die

Rolle der Parteifamilie, im Vergleich häufiger signifikant, was darauf hindeutet, dass diese keineswegs vernachlässigt werden sollten, da die Analysen mit Paneldaten in der Regel zuverlässigere Ergebnisse liefern sollten. In der Gesamtschau deuten die aktuellen Studien auf einen relativ breiten Mix verschiedener Faktoren hin, die kommunale Verschuldung in Deutschland erklären können und schließen in vielen Fällen an die oben thematisierten Determinanten der internationalen Forschung zur kommunalen Ebene an.

Die Aufarbeitung für den deutschen Fall kann insgesamt dennoch keineswegs als abgeschlossen angesehen werden. Eine der vielleicht größten Schwächen der bisherigen Empirie ist die Tatsache, dass es keine deutschlandweite Datengrundlage gibt, die *alle* Kommunen oder zumindest alle Größenklassen enthält. Ein Großteil der Analysen konzentriert sich auf ein Bundesland oder auf Gemeinden ab einer gewissen Größe. Dies stellt aufgrund der nicht unbegründeten Vermutung, dass die Voraussetzungen und Prozesse kommunaler Politik deutlich größenabhängig sind und gerade in sehr kleinen Gemeinden nicht den üblichen Mustern folgen, eine nicht zu vernachlässigende Lücke dar. Aufgrund des herrschenden „Datenföderalismus“ in Deutschland, der es derzeit unmöglich macht, alle Kommunen in Deutschland inklusive ihrer fiskalischen, strukturellen und politischen Eigenschaften über einen längeren Zeitraum zu erfassen, geschweige denn zu vergleichen, lässt sich dieses Problem nicht direkt beheben. Schließlich bleibt – trotz zahlreicher empirisch-quantitativer Ansätze – die Analyse für Deutschland auch unter methodischen Gesichtspunkten hinter ihren Möglichkeiten zurück. Beispielsweise werden in der existierenden quantitativen Forschung Schlussfolgerungen für einige Einflussfaktoren häufig auf der Basis unvollständiger, teils getrennt gerechneter Modelle gezogen, obwohl es unter methodischen und substantiellen Gesichtspunkten keine sinnvolle Grundlage für die Berechnung von Modellen gibt, die bewusst nur einen Teil der relevanten Erklärungsvariablen beinhalten. Darüber hinaus ist die Nutzung methodischer Innovationen, die über die üblichen Regressionsanalysen hinausgehen, kaum verbreitet. Abschließend bleibt trotz aller Variablenvielfalt immer noch eine verhältnismäßig große Lücke an unerklärter Varianz, die ihrerseits in weiteren empirischen Studien aufgedeckt werden könnte.

Am Ende dieses kurzen Überblicks über die Forschung zu kommunaler Verschuldung wird kaum überraschend deutlich, dass die Frage nach Ursachen kommunaler Verschuldung einerseits und die Beschäftigung mit Instrumenten zu deren Bekämpfung andererseits keineswegs isoliert voneinander zu betrachten sind. Dies spiegelt sich in der Forschungsliteratur wider, denn potentielle Lösungsansätze setzen an bestimmten Ursachenanalysen an. Gerade die institutionalistisch inspirierten Erklärungsfaktoren stellen daher keine reinen Ursachenbeschreibungen dar, sondern können direkte Implikationen für die Ausgestaltung von Instrumenten zur Bekämpfung kommunaler Schulden besitzen. So sind bspw., wie sich im weiteren Verlauf zeigen wird, einige Instrumente explizit mit dem Ziel verknüpft, die mit dem political business cycle verbundenen Probleme gewissermaßen zu durchbrechen und damit Konsolidierungspolitik vor Ort anzustoßen oder sogar direkt zu implementieren. Im folgenden Abschnitt werden aufbauend auf dem deutschen Diskurs zu kommunalen Schulden und deren Ursachen die Entwicklungen verschiedenster Maßnahmen und Instrumente zu deren Bekämpfung eingeführt.

# C. Instrumente zur Bekämpfung kommunaler Schulden

Die im vorigen Abschnitt skizzierte anhaltende Haushaltskrise in vielen Kommunen brachte in der Vergangenheit und bringt auch aktuell eine Suche nach Lösungsmöglichkeiten und potentiellen Konsolidierungsstrategien mit sich, die an verschiedenen der eben thematisierten Ursachen für kommunale Verschuldung ansetzen. Die Frage, wieso sich diese Entwicklung in Deutschland gerade in der jüngeren Vergangenheit verstärkt hat, ist nicht abschließend zu beantworten. Mit Sicherheit hat – wie in Abschnitt A.III erläutert wurde – die globale Finanz- und Wirtschaftskrise von 2007 und 2008 mit ihren Konsequenzen für öffentliche Einnahmen und Ausgaben zu einer weiteren Verschärfung der Haushaltslage vieler deutscher Kommunen geführt und damit den funktionalen Druck weiter erhöht. Darüber hinaus hat im Besonderen die zunehmende Kassenkreditproblematik Reaktionen provoziert. Dadurch, dass unter rechtlichen Gesichtspunkten die langfristige Verwendung von Kassenkrediten höchst problematisch und das Land mit seinen Aufsichtsbehörden für die Rechtmäßigkeit der kommunalen Haushaltswirtschaft verantwortlich ist (Gröpl, Heinemann und Kalb 2010, S. 184-188), ist der Druck auf Land, Aufsichtsbehörden und Kommunen in jedem Fall kontinuierlich gestiegen.

## *I. Grundlagen der Aufsicht und „alte“ Instrumente*

Trotz der Relevanz dieser aktuellen Dynamiken besteht im Grundsatz bereits seit Langem ein aufsichtsrechtliches Instrumentarium, um in die Haushaltswirtschaft der Kommunen korrigierend eingreifen zu können. Ausgangspunkt bildet die Tatsache, dass die Kommunen verfassungsrechtlich Teil der Länder sind. Daraus ergibt sich die Existenz einer Kommunalaufsicht als Korrelat und Spiegelbild der kommunalen Selbstverwaltung, die als reine Rechtsaufsicht auf die Einhaltung der für die Kommunen verbindlichen Rechtsnormen achtet (Brüning und Vogelgesang 2009, S. 99). Die strukturelle Organisation der Aufsichtsbehörden orientiert sich dabei am allgemeinen Verwaltungsaufbau des jeweiligen Bundeslandes. In Ländern mit einem dreistufigen Verwaltungsaufbau liegt die untere Aufsicht für kreisangehörige Kommunen bei den Kreisverwaltungen, die obere Aufsicht bei den Mittelbehörden und die oberste Aufsicht beim zuständigen Ministerium. Bei kreisfreien Städten und Landkreisen fungiert die Mittelbehörde als untere Aufsichtsbehörde. In Ländern mit zweistufigem Verwaltungsaufbau entfällt die mittlere Instanz, so dass das Ministerium zugleich die Aufsichtsbehörde für die kreisfreien Städte und die Landkreise darstellt (Glöckner und Mühlenkamp 2009, S. 410; Brüning und Vogelgesang 2009, S. 83-87).

Im Kontext der Haushaltsführung liegt der Fokus der Überwachung durch die Kommunalaufsicht auf drei zentralen Prozessen der Haushaltsführung: „(1) Vorlage der Haushaltssatzung, (2) Genehmigung von Krediten allgemein, sowie (3) Genehmigung von Kassenkrediten“ (Zabler, Person und Ebinger 2016, S. 7). Innerhalb dieser drei Bereiche sehen die Gemeindeordnungen der Bundesländer unterschiedliche Fristen und Hürden vor. Tabelle 1 fasst diese zusammen. So unterscheidet sich je nach Bundesland der Zeitpunkt der Vorlage der Haushaltssatzung zur Genehmigung bei der Kommunalaufsichtsbehörde. Die Einzelgenehmigung von Krediten ist ebenfalls unterschiedlich streng geregelt. In Bundesländern wie Baden-Württemberg und Sachsen müssen einzelne Kredite nur in ganz besonderen Ausnahmefällen von der Kommunalaufsicht genehmigt werden, während sich in Hessen bspw. die Aufsicht grundsätzlich eine Einzelgenehmigung vorbehalten oder der Innenminister diese verordnen kann. Die rechtliche Varianz bei einer Genehmigung von Kassenkrediten ist noch ausgeprägter. In einigen Bundesländern existieren überhaupt keine Genehmigungsvorbehalte für Kassenkredite, während in anderen Bundesländern Kassenkredite beim Überschreiten einer gewissen Größenordnung genehmigt werden müssen und in Hessen sogar die Gesamthöhe genehmigt werden muss (Zabler, Person und Ebinger 2016, S. 7-9).

Neben diesen Einzelregelungen sind die Aufsichtsbehörden ganz zentral für die Einhaltung der Maßgabe des ausgeglichenen Haushalts, die sich in allen deutschen Gemeindeordnungen wiederfindet, zuständig. Die Pflicht zum Haushaltsausgleich ist eng mit der Kassenkreditproblematik verknüpft, da im Fall unausgeglichener Haushalte Liquiditätsengpässe auftreten, die ihrerseits wiederum zur teils längerfristigen Finanzierung über Kassenkredite führen (Schwarting 2011, S. 70). Die Grundlage für das Eingreifen der Kommunalaufsicht im Fall unausgeglichener Haushalte und der langfristigen Finanzierung über Kassenkredite ist in jedem Fall gegeben (Gröpl, Heinemann und Kalb 2010, S. 186-188).

Zur Überwachung und Durchsetzung haushaltsrechtlicher Vorgaben bestehen aufsichtsrechtliche Instrumente sowohl präventiver als auch repressiver Kontrollnatur. Zu den präventiven Instrumenten zählen Beratung, Unterrichtungsrecht, Anzeige-/Vorlagepflichten sowie die gerade thematisierten Genehmigungsvorbehalte. Die repressiven Formen der Kontrolle beinhalten Beanstandung, Anordnungen, Aufhebungen, Ersatzvornahmen, Bestellung eines Beauftragten, Auflösung der Vertretungskörperschaft und die Abberufung des Bürgermeisters (Brüning und Vogelgesang 2009, S. 107).[16] Mit einzelnen Abweichungen besteht eine relativ große Homogenität des Instrumentariums in den Bundesländern (Zabler, Person und Ebinger 2016, S. 7-8).

Tabelle 1: Befugnisse der kommunalen Finanzaufsicht im Bereich der Haushaltssatzung, der Kredit- und der Kassenkreditgenehmigung (Quelle: Zabler, Person und Ebinger (2016, S. 8))

| Land | Satzung | Kredite | Kassenkredite |
|---|---|---|---|
| BW | 1 Monat | 1 | >20 % der ordentl. Aufwendungen |
| BY | 1 Monat | 2 | / |
| BB | 1 Monat | 3 | Anzeige |
| HE | 1 Monat | 3 | Gesamthöhe |
| MV | vor Beginn | 2 | >10 % der lfd. Einnahmen aus Verw.-tätigkeit |
| NI | 1 Monat | 2 | >16,7 % der im VerwHH veranschl. Einnahmen |
| NW | 1 Monat | /* | / |
| RP | 1 Monat | 3 | / |
| SL | vor Beginn | 1 | / |
| SN | 1 Monat | 1 | >20 % der ordentl. Aufwendungen |
| ST | nach Beschluss | 1 | >20 % der lfd. Einnahmen aus Verw.-tätigkeit |
| SH | nach Beschluss | 2 | / |
| TH | 1 Monat | 3 | >16,7 % der im VerwHH veranschl. Einnahmen |

Erläuterungen: / = nicht vorhanden;
1 = Beschränkung nur nach § 19 StabG bzw. „kraft Gesetz" (Sachsen) möglich;
2 = Beschränkung nach §19 StabG und einer weiteren Vorschrift mgl.;
3 = viele Möglichkeiten der Beschränkung;
* In NRW sieht die Gemeindeordnung selbst keine spezielle Genehmigung von Krediten vor, es sei denn, wenn § 19 StabG gilt.

16 Nähere Einzelheiten zu den aufsichtsrechtlichen Instrumenten enthält Brüning und Vogelgesang (2009, S. 107-173).

Die Kommunalaufsicht besitzt dementsprechend bereits ein vielschichtiges und in letzter Konsequenz sehr starkes Instrumentarium zum Eingriff in die Kommunen. In der Praxis spielen allerdings gerade die repressiven Instrumente eine sehr untergeordnete Rolle bzw. kommen kaum zum Einsatz. Dies hängt damit zusammen, dass es trotz rechtswidrigen Verhaltens keine Pflicht zum Einsatz der Instrumente seitens der Kommunalaufsicht gibt (Gröpl, Heinemann und Kalb 2010, S. 187). Zudem sitzt die Kommunalaufsicht gewissermaßen „zwischen den Stühlen". Bei einer harten Linie der Kommunalaufsicht – als Vertreterin des Landes – besteht die Gefahr, dass eine potentielle Unterfinanzierung der Kommunen durch das Land als mitursächlich für die Situation der Kommunen identifiziert wird. Es besteht daher ein gewisser politischer Anreiz für eine nicht allzu harte Linie der Landesbehörden gegenüber den Kommunen (Gröpl, Heinemann und Kalb 2010, S. 187-188; Glöckner und Mühlenkamp 2009, S. 413).

Auf Basis dieser grundsätzlichen rechtlichen Rahmenbedingungen hat die Haushaltssituation mancher Kommunen allerdings auch schon in der etwas weiter zurückliegenden Vergangenheit gewisse Innovationen hervorgebracht. Am prominentesten und einschneidensten sind dabei mit Sicherheit die Haushaltssicherungskonzepte (HSKs) zu nennen, die erstmals 1987 in Nordrhein-Westfalen eingeführt wurden und sich in den 90er Jahren über das gesamte Bundesgebiet ausgebreitet haben. In den HSKs soll anhand konkreter Maßnahmen gezeigt werden, wie eine Kommune Erfolge bei der Haushaltskonsolidierung zu erreichen gedenkt. Damit wird die Kommune in stärkerem Maße der Kommunalaufsicht gegenüber rechenschaftspflichtig. Die Pflicht zur Aufstellung eines HSKs ist dabei an die Verfehlung eines definierten Haushaltsziels geknüpft, meist der verpasste Haushaltsausgleich. In den Bundesländern haben sich dabei zwischenzeitlich verschiedene Begriffe mit unterschiedlichen Zielrichtungen und Steuerungsmechanismen etabliert. Gemeinsam ist den Konzepten allerdings das gemeinsame Interesse der Länder, auf die Verschuldung der Kommunen stärker Einfluss zu nehmen (Geißler 2009, S. 10-12, 15, 67). In der deutschen verwaltungswissenschaftlichen Literatur sind die Regelungen der HSKs umfassend aufgearbeitet worden. Übergreifende empirische Evidenz zu den tatsächlichen fiskalischen Folgen der HSKs existiert allerdings nicht, was sehr wahrscheinlich mit der schwierig zu leistenden Operationalisierung bzw. Quantifizierung der Haushaltssicherungskonzepte zusammenhängt.

Nicht unerwähnt bleiben sollen an dieser Stelle auch die Hoffnungen, die auf Konsolidierungsimpulse für die lokale Ebene durch verschiedene klassische Formen der Verwaltungs(reform)politik gesetzt wurden. Dabei wurden sowohl externe als auch interne Formen der Verwaltungsreform (Kuhlmann und Wollmann 2013, S. 46) angestoßen. Eine Grundidee territorialer Verwaltungsreformen in der Form von Gemeindefusionen war und ist mit der Hoffnung der Länder verbunden, kommunale Einheiten zu schaffen, die Einsparungen und damit langfristig eine geringere Verschuldung kommunaler Haushalte realisieren zu können. Diese keineswegs neue Entwicklung setzte sich in den vergangenen Jahren fort. So wurde in Rheinland-Pfalz durch die erste Stufe der Kommunal- und Verwaltungsreform 2010 die Vergrößerung der Verbandsgemeindestrukturen angestoßen. Niedersachsen hat Ende 2016 die Zahl seiner Gemeinden ebenfalls deutlich reduziert. In Thüringen wurde 2018 ein kommunales Neugliederungsgesetz vorgestellt, das – nach dem Scheitern einer Kreisgebietsreform – auf freiwilliger Basis die Mindestgröße der Gemeinden auf 6.000 Einwohner anheben soll. Wichtig zu erwähnen ist allerdings, dass Einsparungen nicht notwendigerweise das einzige oder überhaupt das primäre Ziel kommunaler Gebietsreformen sind. Kuhlmann, Seyfried und Siegel (2018, S. 20) unterscheiden bspw. neben der Kategorie „Einsparungen, Skalenerträge, Wirtschaftlichkeit“ die beiden Dimensionen „Leistungsfähigkeit, Verwaltungs- und Veranstaltungskraft“ sowie „Integrationsfähigkeit, Partizipation, demokratische Kontrolle“. Dennoch sind die Reformvorhaben in der Praxis stets von der Hoffnung begleitet, Skaleneffekte in größeren Einheiten zu realisieren, wenngleich die Empirie zu Einsparungen bei kommunalen Gebietsreformen für Deutschland sehr dünn und eher gemischt ist (Kuhlmann, Seyfried und Siegel 2018, S. 50-54; Blesse und Baskaran 2016). Weiterhin sind nicht nur Kommunen selbst von strukturellen Änderungen betroffen, sondern die kommunale Finanzaufsicht ist ihrerseits teilweise einem funktionalen Wandel unterworfen. So besteht in der Aufsicht über Kommunen in den letzten Jahren ein deutlicher Trend hin zu Zentralisierung und Hochzonung der Aufsicht, sei es in Form einer allgemeinen Verwaltungsreform oder im Rahmen von kommunalen Finanzhilfepaketen. So wurden bspw. in Niedersachsen und Sachsen-Anhalt durch Abschaffung der Mittelinstanzen einige Zuständigkeiten direkt auf das zuständige Ministerium hochgezont, im Saarland wurde die Kommunalaufsicht beim Landesverwaltungsamt konzentriert. Hessen und Nordrhein-Westfalen haben die Aufsicht über die an den Schutzschirmen teilnehmenden kreisangehörigen Kommunen auf die Mittelinstanzen hochgezont und damit den Aufsichtsbehörden der Kreise entzogen (Zabler, Person und Ebinger 2016, S. 9-10). Empirische Klarheit über die Konsequenzen der Hochzonungen und Zentralisierungen herrscht bislang nicht, wenngleich eine Umfrage unter Aufsichtsmitarbeitern und -betroffenen ein moderat positives Bild der Hochzonungen in Hessen und Nordrhein-Westfalen zeichnet (Person und Zabler 2017).

Im Bereich interner Verwaltungsreformen stand im deutschen Kontext vor allem das *Neue Steuerungsmodell (NSM)* im Fokus. Eines der zentralen Anliegen des NSM Anfang der 1990er Jahre war die effiziente Bewirtschaftung von Ressourcen, sowohl in Phasen notwendiger Haushaltskonsolidierung als auch durch einen längerfristigen Anreiz zum verantwortungsvollen Umgang mit finanziellen Mitteln. Dies sollte unter anderem durch dezentrale Ressourcenverantwortung, eine outputorientierte Steuerung und eine gesteigerte Haushaltstransparenz erreicht werden (Holtkamp 2010, S. 54-55). Damit direkt in Verbindung steht die Umstellung in vielen Bundesländern von der Kameralistik zum sogenannten *Neuen Kommunalen Finanzmanagement (NKF)*, in dessen Rahmen auch eine betriebswirtschaftlich inspirierte doppelte Buchführung *(Doppik)* vorgesehen ist.[17] Umfangreiche Evaluationen der Effekte des NSM im Ganzen (besonders: Bogumil, Grohs u. a. 2007) und spezifischer des NKF (Bogumil und Holtkamp 2012; Bogumil, Ebinger und Holtkamp 2011) kommen dabei zu durchwachsenen Ergebnissen. Spezifische Einsparungen bzw. Effizienzgewinne sowie eine verbesserte Steuerung kommunaler Haushalte durch das NSM oder das NKF konnten dabei nicht bestätigt werden. Auf Basis dieser Ergebnisse dürfte damit auch eine schuldenbegrenzende Wirkung des NSM bzw. NKF eher gering ausfallen. Allerdings fehlt bislang systematische empirische Evidenz über den Effekt der Umstellung der kommunalen Haushaltssysteme auf die Verschuldungssituation, da sich bisherige Studien auf Fallstudien und die Einschätzung kommunaler Akteure stützen.

## *II. Jüngere Entwicklungen und „neue" Instrumente*

Der gestiegene Druck auf die kommunalen Finanzen hat in der jüngeren Vergangenheit verschiedenste Ansätze mit dem Ziel einer zunehmenden Schuldenkonsolidierung hervorgebracht. Die Ansätze haben sich dabei gänzlich unterschiedlicher Wirkungsmechanismen bedient und sind auf Initiative verschiedener Akteure entwickelt und implementiert worden. Hinsichtlich

17 Eine umfassende Thematisierung des NSM, des NKF oder der Doppik führt an dieser Stelle zu weit. Verständliche und praxisnahe Einführungen in die Konzepte der kommunalen Haushaltsführung mit einem Fokus auf Doppik bieten Schwarting (2016) und Schwarting (2010).

der Initiative kann man hauptsächlich zwischen Instrumenten unterscheiden, die in der betroffenen Kommune selbst konzipiert und initiiert wurden, im Gegensatz zu Maßnahmen, die von höheren Ebenen – auf Initiative des Landes und seiner Aufsicht – eingesetzt wurden. Die Wirkungsmechanismen sind ebenso vielfältig und reichen von Informationen und finanziellen Anreizen bis hin zu Rechtsetzung und hierarchischer Intervention.[18]

Zu den am weitesten verbreiteten Instrumenten zählen diverse Hilfsprogramme für Kommunen,[19] die von insgesamt neun der 13 deutschen Flächenländer in verschiedenster Form eingesetzt wurden. In der Literatur und teils in den Medien am prominentesten vertreten sind dabei der *Stärkungspakt Stadtfinanzen* in Nordrhein-Westfalen, der *Kommunale Entschuldungsfonds* in Rheinland-Pfalz sowie der *Kommunale Schutzschirm* in Hessen. Diese stellen auch zugleich die drei Programme mit der größten finanziellen Gesamthöhe dar (Stolzenberg und Heinelt 2013, S. 468). Erst im Jahr 2017 beschlossen und mit einem Ende der Antragsphase Mitte 2018 wird darüber hinaus aktuell über die sogenannte *Hessenkasse* berichtet, die zum einen die Kassenkredite der hessischen Kommunen ablösen soll und zusätzlich ein Investitionsprogramm für Kommunen ohne nennenswerte Kassenkreditverschuldung vorsieht (Hessisches Ministerium der Finanzen 2017). Grundsätzlich sind die Programme der Länder explizit zusätzlich zu den ohnehin in allen Ländern existierenden Finanzausgleichssystemen eingeführt worden. Die Bundesländer Baden-Württemberg, Brandenburg, Sachsen und Thüringen sind bislang die einzigen Bundesländer ohne konkrete Hilfsprogramme, in den anderen Bundesländern variieren die jeweiligen Regelungen allerdings ebenfalls erheblich (Arnold u. a. 2015, S. 124-131). Gemein ist ihnen, dass betroffenen Kommunen Mittel zur Verfügung gestellt werden und von ihnen im Gegenzug spezifische eigene Konsolidierungsanstrengungen verlangt werden. Die Literatur differenziert daher zwischen Finanzhilfeprogrammen im weiteren und engeren Sinn. Ausgehend von den neun Programmen im weiteren Sinn fokussieren Arnold u. a. (2015) ihre Analyse auf sieben Programme, da Mecklenburg-Vorpommern lediglich nach einem festen Schlüssel Geld

---

18 Im folgenden Abschnitt werden verschiedene Instrumente aus der aktuellen Debatte angerissen. Eine ausführlichere Beschreibung, theoretische Einbettung und Rückbezüge zur internationalen Literatur finden sich in den jeweiligen Einzelkapiteln zur Evaluation der Instrumente.

19 Eine einheitliche Terminologie für diese Art von Instrumenten existiert nicht. Teilweise ist je nach Bundesland bspw. von Entschuldungsfonds, Schutzschirmen oder Konsolidierungshilfen die Rede; immer auch in Abhängigkeit davon, wie die konkrete Zielstellung des jeweiligen Programms aussieht.

auszahlt, ohne Konsolidierungsauflagen zu formulieren, und Niedersachsen die Mittel als Anreiz zur Gebietsfusion nutzt. Stolzenberg und Heinelt (2013) und Heinelt und Stolzenberg (2014) definieren die Finanzhilfeprogramme enger und analysieren lediglich sechs Bundesländer, wobei der *Kommunale Entlastungsfonds* im Saarland vermutlich aufgrund des Zeithorizontes der Studie noch fehlt. Die Programme haben unterschiedliche Zielsetzungen, von dem puren Erreichen des Haushaltsausgleichs über den generellen Abbau von Schulden bis hin zur Bekämpfung der Kassenkreditproblematik. Genauso unterscheiden sich Volumina und Finanzierungsquellen: rein vom Land finanziert, mischfinanziert oder durch kommunale Solidaritätsfonds finanziert. Der Adressatenkreis ist teilweise sehr selektiv, teilweise auch sehr umfassend und orientiert sich an unterschiedlichen Bewertungskriterien, genauso wie sich die Anforderungen an eigene Konsolidierungsmaßnahmen und potentielle Sanktionen deutlich unterscheiden (Heinelt und Stolzenberg 2014, S. 233-237; Stolzenberg und Heinelt 2013, S. 467-473).

Ein – teils mit den Finanzhilfen für Kommunen im Zusammenhang stehendes – Phänomen der jüngeren Vergangenheit ist das neu erwachte Interesse am Einsatz von Staatskommissaren als hierarchisches Mittel zur Korrektur von Haushaltsschieflagen in einzelnen Kommunen.[20] Die Möglichkeit zur Bestellung eines solchen Beauftragten ist an sich nichts Neues und findet sich auch in allen deutschen Gemeindeordnungen im Rahmen der repressiven Aufsichtsmittel wieder (Zabler, Person und Ebinger 2016, S. 8). Im Rahmen dieses Instruments ist es möglich – wenn alle anderen Mittel ausgeschöpft sind –, alle oder einzelne Aufgaben eines gemeindlichen Organs auf einen von der Kommunalaufsicht bestellten Beauftragten zu übertragen. Letztlich liegt der Einsatz im Ermessen der Aufsichtsbehörde (Duve 2008, S. 285; Frielinghaus 2007, S. 93-95; Vogelgesang, Lübking und Ulbrich 2005, S. 209-210). Historisch betrachtet spielten Staatskommissare vor allem in der Weimarer Republik und in den Phasen kommunaler Neugliederungen eine Rolle (Duve 2008, S. 286-287), aktuelle Bedeutung kommt ihnen vor allem im Kontext der kommunalen Haushaltskrise in Nordrhein-Westfalen zu. Im Rahmen der Nicht-Erfüllung von Vorgaben aus dem Stärkungspakt Stadtfinanzen wurden daher 2013 in Nideggen, 2014 in Altena und 2017 in Haltern am See Staatskommissare eingesetzt. In diesen drei Fällen erfolgte die Bestellung aufgrund von Konsolidierungsplänen der Kommunen, die

20 In den Gemeindeordnungen ist in der Regel von sogenannten „Beauftragten" die Rede. In der Literatur genauso verbreitet sind die Bezeichnungen „Staatsbeauftragter", „Staatskommissar" und vor allem auch „Sparkommissar" (Duve 2008, S. 285-286).

nicht verabschiedet wurden, nicht ausreichend waren oder ihre Gültigkeit verloren hatten (Mohl 2017; Gnädinger 2014; Burth 2013). Dieses „(...) letzte Mittel der Aufsichtsbehörde (...)" (Brüning und Vogelgesang 2009, S. 163) hat aufgrund seiner Schärfe vergleichsweise viel Aufmerksamkeit erregt.

In etwas abgeschwächter Form wurde in der Vergangenheit in Nordrhein-Westfalen das Instrument eines *beratenden* Sparkommissars neu geschaffen und angewendet. Dieser ist ebenso von der Kommunalaufsichtsbehörde bestellt, setzt allerdings nicht hierarchisch vor Ort Maßnahmen um, sondern macht beratend Vorschläge zur Haushaltskonsolidierung. Zum Einsatz kam diese etwas weichere Maßnahme erstmals 2006 in Waltrop und wurde 2007 in Marl sowie 2008 in Hagen wiederholt. Gerade aufgrund seiner Neuartigkeit – und seiner teils als schwierig bewerteten Rechtsgrundlage – erlangte dieses Instrument eine vergleichsweise hohe Aufmerksamkeit in der praxisnahen wissenschaftlichen Literatur (Zabler 2016; Holtkamp 2009; Bajohr 2009; Duve 2008; Holtkamp 2006).

Ein weiteres Mittel, das seitens zweier Landesregierungen implementiert wurde, stützt sich auf einen deutlich weicheren Mechanismus und versucht durch Information und Benchmarking zum einen die fiskalische Disziplin zu erhöhen und zum anderen kennzahlenbasiert die Lage kommunaler Haushalte besser einschätzen zu können. Gemeint sind verschiedene *Kommunale Frühwarnsysteme*, die auf der Basis von Haushaltskennzahlen Gemeinden in Kategorien einteilen, wie bspw. in Sachsen, wo die Kommunen von A (stabile Haushaltslage) bis D (instabile Haushaltslage) bewertet werden. Neben dieser Einteilung, die als Grundlage für das Tätigwerden der Kommunalaufsicht dienen kann, wird im Rahmen der Frühwarnsysteme das „Abschneiden" der einzelnen Kommunen online veröffentlicht, um Vergleichbarkeit, Transparenz sowie ggf. Wettbewerb herzustellen. Neben dem seit 2003 in Sachsen bestehenden *Kommunalen Frühwarnsytem* betreibt Mecklenburg-Vorpommern seit 2007 mit seinem *Rubikon (Rechnerunterstütztes Haushaltsbewertungs- und Informationssystem der Kommunen)* eine vergleichbare Plattform (Hesse und Woitek 2013).[21] Die wissenschaftliche Aufmerksamkeit für diese Form der Auswertung und Kategorisierung kommunaler Haushalte ist in Deutschland vergleichsweise gering. Die wenigen Arbeiten, die sich mit

21 Die zentrale Erhebung spezifischer Kennzahlen – auch zum interkommunalen Vergleich – ist dabei kein Alleinstellungsmerkmal der Frühwarnsysteme. So erhebt und aggregiert auch bspw. die Gemeindeprüfungsanstalt (GPA) NRW verschiedene Kennzahlen der Kommunen (Gemeindeprüfungsanstalt Nordrhein-Westfalen o. J.). Die aggregierte Klassifikation in Form einer Ampel ist dabei allerdings kein Bestandteil.

Frühwarnsytemen beschäftigen, ziehen allerdings ein positives Fazit und attestieren diesem Ansatz ein gewisses Potential (Holtkamp und Bathge 2014b; Holtkamp und Bathge 2014a; Hesse und Woitek 2013), empirische Evidenz dazu existiert allerdings nicht.

Neben diesen größtenteils von der Landespolitik und der kommunalen Finanzaufsicht initiierten Neuerungen haben auch innerhalb der Kommunen verschiedene neue, innovative Ansätze zur Bekämpfung kommunaler Schulden Einzug gehalten, die sich explizit von den in Kommunen üblichen Verfahren zur Einnahmensteigerung und Ausgabensenkung sowie einer grundsätzlichen Aufgabenkritik abheben. Einen dabei sehr bemerkenswerten Weg haben Kommunen beschritten, die sich eine Schuldenbremse selbst verordnet haben. In Form von kommunalen Satzungen existieren vor allem zwei verschiedene Arten kommunaler Schuldenbremsen in Deutschland in Abhängigkeit davon, ob die Schuldenbremsen einen doppischen oder kameralen Charakter haben. Kameral orientierte Schuldenbremsen, auch Schuldenbremsen der ersten Generation genannt, formulieren in der Regel ein schlichtes Verbot oder eine Beschränkung der Schuldenaufnahme, während die doppisch inspirierten Satzungen der zweiten Generation darüber hinaus auf einen Ausgleich zwischen Aufwendungen und Erträgen abzielen und zusätzlich einen sogenannten Generationenbeitrag im Fall des Nicht-Erreichens des Ausgleichs vorsehen. Die Schuldenbremsen werden dabei entweder in der Hauptsatzung oder in speziellen Nachhaltigkeitssatzungen festgeschrieben und definieren auch bestimmte Ausnahmetatbestände, unter denen die Schuldenbremse nicht eingehalten werden muss (Keilmann, Burth und Gnädinger 2016, S. 428-433; Burth 2015). Burth (2016) registriert im Jahr 2016 19 dieser Satzungen in Deutschland, wenngleich bei einer Zahl von über 11.000 Kommunen in Deutschland eine vollständige und ständig aktualisierte Übersicht schwierig zu erbringen sein dürfte. Das Besondere an diesen Regelungen ist sicherlich, dass sie über die in den Gemeindeordnungen aller Bundesländer existierende Pflicht zum Haushaltsausgleich hinausgehen, die Kommunen sich damit also unter ein selbst gewähltes strengeres Haushaltsregime begeben. Die bisherige wissenschaftliche Aufarbeitung dieses interessanten Instruments ist meist nicht über die Einführung der technischen Details und die Beschreibung einzelner Fälle hinausgekommen (Keilmann, Burth und Gnädinger 2016; Burth 2016; Burth 2015; Schwarting 2015b; Burth u. a. 2013).

Inspiriert auch von internationalen Trends haben deutsche Kommunen zusätzlich mit sogenannten Sparbürgerhaushalten experimentiert. Ihren Ausgangspunkt haben die Sparbürgerhaushalte in den generellen Ideen sogenannter Bürgerhaushalte und verschiedener Formen kommunaler Bürgerbeteiligungsformen, die nicht explizit als Reaktion auf kommunale Haushaltsschieflagen konzipiert sind, sondern oft deutlich breitere Zielsetzungen haben und hier nicht im Fokus stehen.[22] Holtkamp und Bathge (2012) fokussieren als eine der wenigen Ausnahmen explizit auf die deutschen Bürgerhaushalte, die sich die Haushaltskonsolidierung zum Ziel gesetzt haben. Bereits zu Beginn der 2000er Jahre tauchen dabei die ersten Beteiligungsformen mit einem Konsolidierungsfokus auf, die Evaluationen dazu zeigen allerdings eine geringe Resonanz und wenig Interesse der Bürger am Einbringen von Sparvorschlägen im Vergleich zum Einbringen von Ausgabevorschlägen (Holtkamp und Bathge 2012, S. 53-54). Trotz dieser mäßigen Bilanz lässt sich seit dem Jahr 2008 eine verstärkte Nutzung von Bürgerhaushalten feststellen, obwohl diese eigentlich gerade unter schwierigen Haushaltsbedingungen problembehaftet sind. Erwähnenswert sind dabei vor allem die Bürgerhaushalte in Solingen und Essen, die zugleich zu den am stärksten verschuldeten Städten in NRW gehören. Dabei wurde das Instrument allerdings grundsätzlich dahingehend verändert, dass sich die Beteiligung nicht auf die allgemeine Verwendung kommunaler Mittel erstreckt, sondern letztlich den Bürgern eine Mitsprache bei der *Auswahl* der Maßnahmen zur Haushaltskonsolidierung einräumt. Dieser Sparbürgerhaushalt hat im engeren Sinne nur noch wenig mit dem Konzept der Bürgerkommune oder des Bürgerhaushalts zu tun, da im Verfahren keine per se dialogorientierten Instrumente eingesetzt werden, sondern lediglich Abstimmungen und Befragungen vorgesehen sind (Holtkamp und Bathge 2012, S. 56-57). Der Bürgerhaushalt ist in der wissenschaftlichen und praktischen Debatte nach wie vor präsent. Unter buergerhaushalt.org wird bspw. eine deutschlandweite Datenbank betrieben, die aktuell beinahe 250 laufende und abgeschlossene Fälle dokumentiert. Für den deutschen Fall hat Schneider (2018) eine umfangreiche und aktuelle Forschungsarbeit zum Thema Bürgerhaushalt vorgelegt, in der auch die bisherige wissenschaftliche Aufarbeitung dokumentiert ist. Dabei wird deutlich, dass sich Forschung und Evaluation im Kern mit den Erklärungsfaktoren für das Entstehen der Bürgerhaushalte, mit der Beteiligung an den Verfahren und mit potentiellen Wirkungen beschäftigen. Bei der Untersuchung der Wirkungen nehmen dabei vor allem Effekte der Bürgerbeteiligung auf die Politikgestaltung und die Rückwirkungen auf die Bürger den größten Raum ein. Die für eine im Hinblick auf Haushaltskonsolidierung erfolgreiche Bürgerbeteiligung relevante

22 Für einen aktuellen Abriss über die deutschen Entwicklungen im Bereich der Bürgerhaushalte und deren Evaluationen siehe Schneider und Busse (2018).

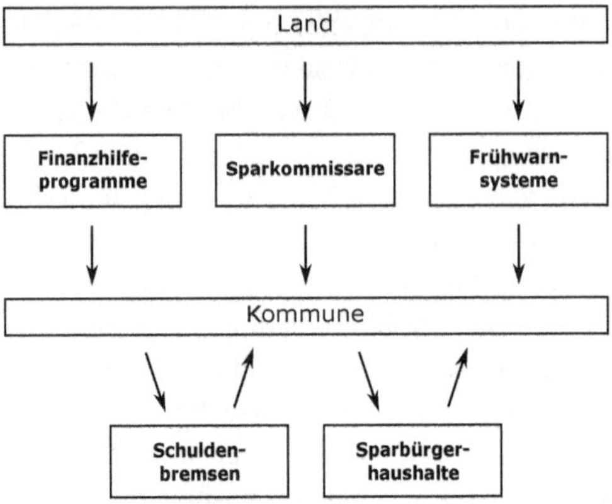


Abbildung 5: Übersicht über instrumentelle Neuerungen und Wiederentdeckungen zur Bekämpfung kommunaler Schulden getrennt nach der Ebene deren Initiative (Quelle: eigene Darstellung)

Frage nach fiskalischen Effekten ist dagegen bislang vergleichsweise wenig untersucht, die Auswirkungen auf den Haushalt werden allerdings insgesamt als eher gering eingestuft (Schneider 2018, S. 97-105). Auch Schneider (2018) beschäftigt sich empirisch-quantitativ mit Beteiligungsformen als abhängige Variable, eine übergreifende quantitative Untersuchung zu den fiskalischen Effekten der Bürgerhaushalte existiert bislang nicht.

In der Gesamtschau in Abbildung 5 zeigt sich die große Bandbreite an Strategien und Instrumenten, die zur Bekämpfung kommunaler Schulden bzw. zur Verbesserung der kommunalen Haushaltslage ins Feld geführt wurden; teils auf Initiative des Landes, teils auf Initiative der Kommunen selbst. Neben den klassischen Aufsichtsmitteln hat sich dabei eine deutliche Dynamik in der Verwendung neuer Instrumente oder der Wiederentdeckung alter Instrumente in der jüngeren Vergangenheit offenbart. Die wissenschaftliche Aufarbeitung dieser neueren Entwicklungen – und im Besonderen die Klärung der Frage nach deren fiskalischer Wirksamkeit – hat bislang nicht besonders umfangreich stattgefunden. Als erster Schritt zur Addressierung dieser Lücke werden im Folgenden die Ausgangsbedingungen für den Einsatz der Instrumente in der relevanten Literatur verortet, um theoretische Annahmen über deren Wirksamkeit treffen zu können, bevor ein Teil der Instrumente einer empirischen Analyse unterzogen wird.

# D. Theoretischer Rahmen

Eine Outcome-fokussierte Evaluation geht nicht notwendigerweise primär hypothesenprüfend vor, sondern evaluiert zunächst schlicht die Effekte einer erfolgten Intervention. Im engeren Sinn handelt es sich daher eher um eine empirische und weniger um eine theoretische Frage. Eine theoretische Einordnung und Diskussion beteiligter Mechanismen kann nichtsdestotrotz für die vorliegenden Analysen verschiedene Zwecke erfüllen. Eine Bezugnahme auf einen in sich geschlossenen sozialwissenschaftlichen Theorieansatz kann dabei jedoch nicht erfolgen. Dies ist darin begründet, dass der Schritt zwischen einem Policy-Output (dem Einsatz eines Instruments) und dem Outcome (den Effekten) kontextspezifisch und selten monokausal ist. Als Konsequenz daraus ist die Erklärung von Outcomes in der policy-analytischen Literatur im Vergleich zu theoretischen Ansätzen, die die Entstehung und Wahl von Policies als zentrales Explanandum haben, unterrepräsentiert. Verständlicherweise sind Outcomes nicht unabhängig von politischen Outputs zu sehen, explizite Berücksichtigung finden sie als abhängige Variablen allerdings hauptsächlich im Rahmen der Implementationsforschung, die deutlich weniger stark theoretisch aufgearbeitet ist als bspw. Fragen des Agenda-Setting, der Politikformulierung oder politischer Entscheidungsprozesse.

Um dennoch Ansätze für eine theoriebasierte Analyse im vorliegenden Fall zu entwickeln, lohnt sich eine kurze Differenzierung der Funktionen von Theorien. Im Rahmen der Selektionsfunktion sollen Theorien dazu dienen, geeignete Fälle und Variablen auszuwählen. Die Ordnungsfunktion dient dazu, empirische Phänomene zu strukturieren und in Verbindung zueinander zu setzen. Die Erklärungsfunktion soll es schließlich erlauben, Schlüsse aus den Beziehungen zwischen den Variablen zu formulieren. Abschließend soll die operative Funktion theoretische Aspekte mit realweltlichen Phänomenen in Verbindung setzen (Jahn 2013, S. 254). Fokussiert man sich auf die Selektions- und Ordnungsfunktion, existiert für die Identifikation und Kategorisierung der im Zentrum stehenden Instrumente eine sehr große Bandbreite an theoretischen Zugängen. Exemplarisch kann man an dieser Stelle auf das weite Feld der Steuerungs- und Governance-Theorien, die Literatur zu Policy-Instrumenten, die Theorien im Bereich der Regulierung oder – mit einem anderen disziplinären Fokus – auf die Literatur zum cutback und austerity management verweisen. All diese Literaturstränge erlauben per se eine stringente Einordnung der thematisierten Instrumente.

Weniger leicht fällt die Suche nach einer etablierten Theorie, die eine erklärende Funktion einnimmt; im engeren Sinne es also erlaubt, Hypothesen zum Zusammenhang zwischen dem Einsatz verschiedener Instrumente und deren Outcome-Effektivität zu formulieren. Diese Theoriefunktion ist allerdings von entscheidender Bedeutung, da die Formulierung theoretischer Erwartungen über die Mechanismen der Instrumente einen zentralen Zweck verfolgt: „Understanding the details of the causal story reduces the risk of spurious explanations (i.e., of mistaking correlation for causation)“ (Elster 1998, S. 49). Die Ausarbeitung der beteiligten theoretischen Pfade dient also dazu, die Gewissheit über die in der empirischen Analyse implizierte Kausalität zu erhöhen.

Ausgehend von diesen Vorüberlegungen folgt das Kapitel einem mehrteiligen Vorgehen. Im Hinblick auf die Ordnungsfunktion werden die existierenden Instrumente zunächst in die Literatur, die sich explizit mit Reaktionen auf finanzielle Schieflagen auf kommunaler Ebene im Rahmen des cutback und austerity management beschäftigt, eingeordnet. Dadurch können die in Deutschland angewandten Instrumente kategorisiert, deren Entstehungskontext beleuchtet und dem internationalen Vergleich leichter zugänglich gemacht werden. Darüber hinaus ermöglicht es die Einbettung in diesen Literaturstrang zusätzlich, die in diesem Beitrag im Zentrum stehenden Instrumente konzeptuell abzugrenzen und den Analysefokus zu schärfen. Wie oben angedeutet, sind weitere Möglichkeiten der Einordnung zahlreich. Auf eine eher beliebige Aufzählung denkbarer Kategorisierungen und Typologien wird allerdings zugunsten eines schlankeren Fokus verzichtet; gerade auch vor dem Hintergrund, dass die reine Ordnungsfunktion noch keine umfassende erklärende Funktion bietet. Die Vorarbeiten von Overmans und Timm-Arnold (2016) bieten sich zu diesem Zweck besonders an, da damit zum einen die Literaturanschlussfähigkeit zur internationalen Diskussion um die Begrenzung lokaler Verschuldung gegeben ist und zum anderen ein Konzept, das explizit die Situation in Deutschland miteinbezieht, gewählt wird.

Um der erklärenden Funktion gerecht zu werden, kommt ein induktiver Weg zum Einsatz, der in der Evaluationsforschung unter dem Begriff *Programmtheorie* gefasst wird. Der Begriff *program theory* ist in der internationalen Literatur zu theoriebasierter Evaluation äußerst präsent und wurde in dieser Form von Bickman (1987) geprägt.[23] Programmtheorien haben nicht den allumfassenden generalisierbaren Anspruch sozialwissenschaftlicher Theorien, sondern besitzen die „Freiheit", einzelne Wirkungstheorien in unterschiedlichen kausalen Ketten zu kombinieren (Donaldson und Lipsey 2006, S. 64) und dadurch ein passgenaues, eigenes theoretisches Framework zu entwickeln. Weiss (1997, S. 46) spricht in einem vielbeachteten Beitrag zu theoriebasierter Evaluation vom Fokus der Programmtheorie als „mechanisms that intervene between the delivery of program service and the occurrence of outcomes of interest". Diese operative und kleinteiligere Sichtweise auf Theoriebildung weist einen engen Bezug zu einer analytischen Perspektive auf, die die erklärende Funktion von *sozialen Mechanismen* betont (Hedström und Swedberg 1998a). Ausgangspunkt ist dabei die Beobachtung, dass soziale Theorien vor allem in der Lage sein müssen zu *erklären*. In der Literatur besteht allerdings ein Übergewicht deskriptiver Theorien, die vielmehr benennen und beschreiben als erklären (Hedström und Swedberg 1998b, S. 1). Um dieser mangelnden Erklärungskraft – gerade auch in Situationen, in denen keine explizite Theorie vorliegt – zu begegnen, kann durch eine Mikrofundierung von Makro-Zusammenhängen ein ausführliches theoretisches Bild über beteiligte Akteure und deren Verbindungen gezeichnet werden (in Abschnitt D.II wird diese Herangehensweise ausführlich diskutiert).[24] Die Auseinandersetzung mit den Mechanismen, die im Kontext lokaler Haushaltspolitik und damit dem Abbau von Schulden eine zentrale Rolle spielen, bildet den Ausgangspunkt dafür zu zeigen, an welcher Stelle die eingesetzten Instrumente ansetzen und ihre potentielle Wirkung entfalten. Dazu wird der Mechanismus lokaler Haushaltspolitik als ein System aus Prinzipal-Agenten-Beziehungen und institutionellen sowie ressourcenbasierten Voraussetzungen begriffen und analog dazu theoretisch fundiert. Inwieweit die neu eingeführten Instrumente dieses System beeinflussen, wird durch die Einführung der Literatur zu Policy-Instrumenten vorbereitet. Diese Vorarbeiten bilden zusammengenommen die Grundlage für die auf das jeweilige Instrument bezogenen theoretischen Analysen in den Kapiteln zu den einzelnen Instrumenten.

23 Einen Überblick über die historische Entwicklung und die verschiedenen Begrifflichkeiten geben Rogers u. a. (2000, S. 5-6).

24 Nullmeier (2018) hat in einem relativ aktuellen Beitrag zum Stand der deutschen Verwaltungswissenschaft explizit auf den Nutzen Mechanismen-basierter Ansätze verwiesen; gerade auch als eine Möglichkeit, Theoriebildung explizit im Kontext von Verwaltungen weiter voranzutreiben und zu emanzipieren.

Tabelle 2: Maßnahmen im Rahmen des austerity management (Quelle: Overmans und Noordegraaf (2014, S. 101))

| | *Stability* | *Change* |
|---|---|---|
| Fiscal measures | 2. Cutbacks | 3. Retrenchment |
| Organizational measures | 1. Decline | 4. Downsizing |

## I. *Austerity management*

Spätestens seit der Arbeit von Levine (1978) beschäftigt sich ein nicht unerheblicher Strang der Literatur im Bereich public administration mit dem sogenannten *cutback management*. Besonders seit dem Einsetzen der Finanz- und Wirtschaftskrise hat sich darüber hinaus vermehrt das Konzept des *austerity management* verbreitet (Raudla, Savi und Randma-Liiv 2013, S. 3). Beide Konzepte unterscheiden sich dahingehend, dass cutback einen deutlichen Fokus auf Kürzungen der Ausgabenseite legt, während austerity breiter definiert ist und die Einnahmenseite miteinbezieht (Overmans und Timm-Arnold 2016, S. 1048). Cutbacks können dementsprechend auch lediglich als *eine* Form möglicher Maßnahmen innerhalb eines breiteren Austeritäts-Ansatzes verstanden werden (Overmans und Noordegraaf 2014, S. 101). Da die kommunale Verschuldung im Zentrum des Interesses steht und diese sowohl einnahmen- als auch ausgabenseitig beeinflusst werden kann, orientiert sich dieser Beitrag am Konzept des austerity management. Spezifisch für die lokale Ebene haben Overmans und Noordegraaf (2014) vier zentrale Instrumente (Tabelle 2), die im Rahmen des austerity management Anwendung finden, definiert, abhängig davon, ob die Instrumente Stabilität oder Wandel zum Ziel haben und ob es sich um fiskalische oder organisatorische Maßnahmen handelt. Im Rahmen des *decline* geht es explizit um den Abbau von Organisationseinheiten und das Zurückfahren öffentlicher Leistungen, bei den klassischen *cutbacks* stehen dagegen pauschale Kürzungen in mehreren Sektoren im Mittelpunkt. Maßnahmen, die einen grundsätzlichen Wandel zum Ziel haben, bestehen zum einen aus *retrenchment*, bei dem die Einnahmen- und Ausgabenstruktur bspw. durch die Einführung von Steuern und Gebühren oder verlängerte Abschreibungsperioden grundlegend verändert werden. Zum anderen können im Rahmen des *downsizing* organisationale Strukturen und Abläufe neu zugeschnitten oder eingeführt werden (Overmans und Noordegraaf 2014, S. 101-102).

Für die hier im Zentrum stehenden Instrumente, die in Deutschland in der jüngeren Vergangenheit angewendet wurden, sind die Kategorien des Cutback- oder auch des Austerity-Ansatzes allerdings noch nicht präzise genug. Bei den Maßnahmen des austerity management handelt es sich um operative Eingriffe, die direkt vor Ort beschlossen und umgesetzt sowie meist direkt haushaltswirksam werden. Die instrumentellen Neuerungen in Deutschland sind dagegen konzeptionell einen Schritt davor angesiedelt: Maßnahmen, wie die Teilnahme an einem Entschuldungsprogramm, die Entsendung eines Sparkommissars oder die Einführung einer freiwilligen Schuldenbremse, sind den konkreten Entscheidungen zur Einnahmensteigerung oder Ausgabenkürzung vorgelagert. Präziser konzeptualisiert sind die Instrumente also noch keine Austerity-Maßnahmen im engeren Sinn, sondern beeinflussen – wenn auch in starkem Maße – die konkreten vor Ort getroffenen Entscheidungen. In der Praxis bedeutet dies, dass bspw. die Entsendung eines Sparkommissars oder Auflagen im Rahmen eines Schuldenhilfeprogramms nicht *direkt* wirksam werden, sondern vor Ort durch konkrete Maßnahmen „mit Leben gefüllt" werden müssen. Darüber hinaus stellen die Instrumente des Austerity-Management-Ansatzes im engeren Sinn keine instrumentellen Neuerungen, wie sie in Abschnitt A.III eingeführt wurden, dar, sondern systematisieren die ohnehin gängigen Methoden der Ausgabensenkung und Einnahmensteigerung auf kommunaler Ebene.

Eine Weiterentwicklung haben Overmans und Timm-Arnold (2016) vorgenommen, indem sie die *Ausgangsbedingungen* für die Austeritätsentscheidungen, die auf kommunaler Ebene getroffen werden, in den Vordergrund rücken. Neben dieser konzeptionellen Stärke und dem expliziten Fokus auf die lokale Ebene bietet sich dieser Ansatz darüber hinaus aufgrund der Tatsache an, dass das Konzept unter anderem unter empirischer Bezugnahme auf den spezifisch deutschen Kontext erarbeitet wurde. Verständlicherweise ist die Studie von Overmans und Timm-Arnold (2016) nicht notwendigerweise der einzige Ansatz, um sich mit den Determinanten von Reaktionen auf schwierige Haushaltssituationen zu beschäftigen. Allerdings herrscht in der existierenden Literatur ein Übergewicht an Umweltbedingungen und akteursbezogenen Faktoren. Organisatorische und damit direkt das politisch-administrative System betreffende Erklärungen sind dagegen kaum vertreten (Overmans und Timm-Arnold 2016, S. 1044). Für ihr Framework nutzen die Autoren einen Ansatz von Pollitt und Bouckaert (2011), der sich im breiteren Sinne auf *public management reforms* bezieht. Dazu definieren sie die strukturellen, systemischen und prozeduralen Änderungen, die mit

Einsparprozessen einhergehen, als Variante einer Reform im öffentlichen Sektor (Overmans und Timm-Arnold 2016, S. 1045).

Das ursprüngliche Modell von Pollitt und Bouckaert (2011) konzentriert sich, wie der Name schon sagt, auf die Entstehungsbedingungen von Reformen im öffentlichen Sektor generell, mit einem Fokus auf die Regierungen von Nationalstaaten. Im Zentrum steht dabei, dass die Entscheidungen für bestimmte Reformen – und damit für die Ausgestaltung des administrativen Systems – das Ergebnis eines Entscheidungsprozesses von Eliten (*elite decision-making*) sind. Diese Entscheidungsprozesse sind ihrerseits wiederum von sozioökonomischen Faktoren, Faktoren des politischen Systems sowie durch Rückwirkungen des administrativen Systems und durch einmalige Ereignisse beeinflusst (Pollitt und Bouckaert 2011, S. 32-45). Ausgehend von diesem Modell besteht angewandt auf Austeritätspolitik auf lokaler Ebene das Modell aus drei Phasen, wie in Abbildung 6 deutlich wird. Die grundsätzliche Struktur des ursprünglichen Modells wird dabei weitestgehend beibehalten, während die einzelnen Faktoren verständlicherweise an die Natur lokaler Entscheidungsprozesse angepasst werden müssen. Auch in diesem angepassten Modell stehen die Entscheidungen der lokalen Eliten im Zentrum, die ihrerseits die Sparpläne maßgeblich beeinflussen, von diesen allerdings auch wieder wechselseitig beeinflusst sind.

Für den hier gewählten Forschungsschwerpunkt von größerer Relevanz sind, wie oben diskutiert, vor allem die Entstehungsbedingungen für die konkreten Entscheidungen vor Ort, die in dieser Form für die lokale Ebene bislang lediglich von Overmans und Timm-Arnold (2016) formuliert wurden.[25] Dabei werden zum einen sozioökonomische Rahmenbedingungen und zum anderen Faktoren des politisch-administrativen Systems als die zwei großen Variablenbündel unterschieden. Bei Ersteren führen die Autoren die sogenannten *state-level austerity policies* ein, wobei sie die – gerade für den deutschen Fall berechtigte – Annahme treffen, dass die Sparpolitik der höheren föderalen Ebene einen direkten Einfluss auf den lokalen Handlungsspielraum ausüben kann. Im Rahmen der potentiellen Kürzung von Zuweisungen oder der Übertragung zusätzlicher Aufgaben, die die Länder innerhalb ihrer eigenen Sparbemühungen anstreben, erscheint dieser

25 Eine der Ausnahmen, die die Entstehungsbedingungen für austerity management auf lokaler Ebene thematisiert, ist die Studie von Cepiku, Mussari und Giordano (2016). Auch hier wird zwischen internen und externen Determinanten für das Management lokaler finanzieller Krisen unterschieden. Allerdings fehlt in diesem Modell die für Deutschland zentrale Rolle der Finanzaufsichtsbehörden.

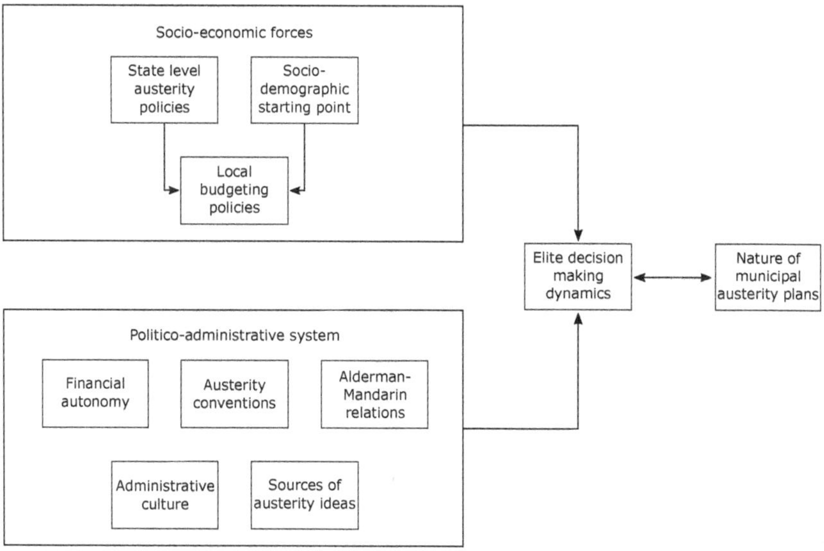


Abbildung 6: Modell für das Zustandekommen von Sparplänen auf lokaler Ebene (Quelle: Overmans und Timm-Arnold (2016, S. 1045))

Zusammenhang zunächst glaubhaft. Gerade bzgl. der ab 2020 greifenden verpflichtenden Schuldenbremse für die Länder bestehen seitens der Kommunen Befürchtungen, dass die Einhaltung der Schuldenbremse der Länder unter Umständen auf dem Rücken der Kommunen ausgetragen werden könnte (Schwarting 2015a; Sidki 2011, S. 684-685). Allerdings konnte bspw. für die Einführung kantonaler Schuldenbremsen in der Schweiz empirisch keine derartige Wirkung festgestellt werden (Burret und Feld 2018b). Der zweite zentrale Treiber innerhalb dieses ersten Faktorenstrangs stellt der sogenannte *socio-demographic starting point* dar. Faktoren wie die wirtschaftliche Situation oder demografische Strukturen beeinflussen demnach nicht nur direkt die fiskalische Situation vor Ort, sondern auch die Art, wie fiskalische Entscheidungen vor Ort getroffen werden können. Beide Faktoren konstituieren die *local budgeting policies*, die nach den Autoren die externen Ausgangsbedingungen darstellen und unter *socio-economic forces* subsumiert werden können (Overmans und Timm-Arnold 2016, S. 1045-1046).

Das *politico-administrative system*, als zweite zentrale Ausgangsbedingung, nimmt stärker formale und informale institutionelle Einflussfaktoren in den Fokus. Die finanzielle Autonomie (*financial autonomy*) der Kommunen bezieht sich vor allem auf die formale Kompetenz, Einnahmen und Ausgaben selbst beeinflussen zu können. Verständlicherweise beeinflusst die lokale Flexibilität ganz erheblich die Möglichkeiten der Entscheidungsfindung und damit auch die Sparpläne. Im Bereich der *austerity conventions* geht es vor allem um die Frage, auf welcher Ebene Sparprogramme initiiert und auch mitentschieden werden. Dabei wird davon ausgegangen, dass Initiative und Entscheidungskompetenz nicht notwendigerweise ausschließlich auf Ebene der Gemeinden liegen, sondern auch stark von höheren föderalen Ebenen und Aufsichtsbehörden beeinflusst sein können. Je nach Maß der Beeinflussung von oben kommen unterschiedlich ausgestaltete Programme zustande. Unter dem Aspekt *aldermen-mandarin relations* verstehen die Autoren vor allem die Rolle des Bürgermeisters; genauer gesagt, ob der Bürgermeister nennenswerte eigene politische Macht besitzt oder eher als primus inter pares im Rat agiert. Das daraus resultierende unterschiedliche Maß an Kooperation und Kooperationsbereitschaft sollte Konsequenzen für Entscheidungsfindung und Implementation haben. In Deutschland betrifft dieses Verhältnis die Rolle des Bürgermeisters, der zugleich Vorsitzender des Rats und Verwaltungschef ist. Dieser genießt damit eine starke Stellung und steht neben seiner starken politischen Rolle den Verwaltungsspitzen in den Kommunen als Prinzipal vor. Der vierte Bestandteil der politisch-administrativen Sphäre thematisiert die Rolle der *administrative culture*. Dabei wird vor allem zwischen der Rechtsstaats- und der Public-Interest-Kultur der öffentlichen Verwaltung unterschieden. Je nach Schwerpunkt sind insbesondere die unterschiedlich wichtige gesellschaftliche Rolle der Kommune sowie die Ausbildung und Sozialisation des Verwaltungspersonals maßgeblich. Der Rechtsstaatskultur wird dabei eine geringere Reformfähigkeit attestiert. Schließlich geht es bei den *sources of austerity ideas* darum, wie viele und welche Akteure innovative Ideen in die lokale Sparpolitik einbringen können. Davon abhängig ist letztlich das Portfolio an potentiellen Strategien (Overmans und Timm-Arnold 2016, S. 1046-1047).

Innerhalb dieser Faktoren sticht vor allem ein Faktor heraus, der in engem Zusammenhang mit den instrumentellen Neuerungen in Deutschland steht: austerity conventions. Dieses Konzept beschreibt das Ausmaß, in dem die Kommune selbst für das Einschlagen eines Konsolidierungspfads verantwortlich ist. Overmans und Timm-Arnold (2016, S. 1046) sprechen von einem „high degree of local ownership", wenn die Kommunen den Konsolidierungspfad auf eigene Initiative und in eigener Ausgestaltung beschreiten. Den Gegenpol dazu stellt die Initiative und proaktive Einflussnahme einer Aufsichtsbehörde auf die Sparentscheidungen vor Ort dar. Die letztliche Entscheidung über Konsolidierungsmaßnahmen wird zwar immer noch in den Gremien der Kommunen selbst getroffen, der Einfluss der übergeordneten Behörde ist allerdings stark (Overmans und Timm-Arnold 2016, S. 1046-1047). Für den nordrhein-westfälischen Fall sprechen Overmans und Timm-Arnold (2016, S. 1053) von einer „joint ownership" bzgl. der Initiative und Umsetzung der Konsolidierungsmaßnahmen. Konkret bedeutet dies, dass die Sparmaßnahmen vor Ort meist im Zusammenwirken zwischen Bürgermeister und Kämmerei vorbereitet, in den Ratsausschüssen verhandelt und schließlich im Rat verabschiedet werden. Das Einleiten der Maßnahmen geschieht allerdings häufig auf Initiative der Aufsichtsbehörden oder es findet bereits eine gewisse Vordefinition durch ebendiese Aufsichtsbehörden statt. Gerade in Kommunen, die sich bspw. in der Haushaltssicherung befinden, steht dann am Ende des Prozesses auch noch die ausstehende Genehmigung des Maßnahmenpakets durch die zuständige Aufsichtsbehörde. In diesem Sinne sind die Verantwortlichkeiten für den gesamten Prozess der Einleitung von Sparmaßnahmen gewissermaßen zwischen Aufsichtsbehörde und Kommune geteilt. Diese Bewertung als gemeinsamer Prozess lässt sich analog auf die anderen deutschen Bundesländern übertragen, da sich zwar die Kommunalverfassungen teils leicht unterscheiden, die grundsätzliche Struktur im Hinblick auf die kommunalen Gestaltungsspielräume und die Rolle der kommunalen Finanzaufsicht allerdings in allen Ländern vergleichbar ist. Selbst wenn es nicht zu direkten Eingriffen oder expliziten Vorgaben der Aufsicht – wie bspw. im Rahmen von Haushaltssicherungskonzepten – kommt, so fungieren die rechtlichen Maßgaben der kommunalen Haushaltswirtschaft und die „Drohkulisse" der kommunalen Finanzaufsicht eindeutig als externer Trigger für potentielle Sparmaßnahmen auf kommunaler Ebene.

Die oben in Abschnitt C.II und in Abbildung 5 dargestellten Instrumente bewegen sich gewissermaßen auf einem „Austerity-Conventions-Kontinuum". Instrumente wie der Sparbürgerhaushalt oder auch freiwillige kommunale Schuldenbremsen entstehen im Kontext lokaler Eigeninitiative, während Finanzhilfeprogramme, das Entsenden von Sparkommissaren oder die Etablierung von Frühwarnsystemen top-down initiiert werden. Bislang bietet die Literatur zum austerity management allerdings kaum Anhaltspunkte, was die theoretischen Konsequenzen für die Wirksamkeit verschiedener austerity conventions anbelangt. Es wird lediglich vermutet, dass in Strukturen mit einem hohen Maß an lokaler Eigenverantwortlichkeit für Konsolidierungsmaßnahmen eine größere Kohärenz zwischen existierenden und neuen Maßnahmen besteht (Overmans und Timm-Arnold 2016, S. 1047). Eine Differenzierung der *Wirksamkeit* extern oder intern vordefinierter Instrumente lässt sich daraus freilich noch nicht direkt ableiten. Darüber hinaus ist die Unterscheidung zwischen eigener und externer Initiative im Rahmen der austerity conventions nicht feingliedrig genug, um die unterschiedlichen Wirkungsmechanismen der in Deutschland eingesetzten Instrumente zu erfassen und schließlich theoretische Erwartungen zu deren Wirksamkeit zu formulieren. Zur Definition relevanter Bestandteile eines stärker erklärenden Modells tragen die Vorarbeiten des austerity management allerdings definitiv bei.

## *II. Das Konzept sozialer Mechanismen*

Um nach der Einordnung eine Ausgangsbasis für die Ableitung theoretischer Erwartungen zu schaffen, ist es notwendig, die Grundlage für eine feinere Deskription der beteiligten Mechanismen der in Abschnitt C.II beschriebenen und in Abbildung 5 abgebildeten Instrumente zu liefern. Dazu ist eine genauere Konzeptualisierung des Mechanismus-Begriffs und dessen Zweck die Voraussetzung.

Eine einheitliche Definition des Begriffs *Mechanismus* existiert in der sozialwissenschaftlichen Literatur nicht (Falleti und Lynch 2009, S. 1146; Mayntz 2004, S. 234), Ausgangspunkt ist jedoch in jeder Konzeption die Funktion eines Mechanismus *M* zur Erklärung des Zusammenhangs zwischen einem Input *I* und einem Output *O* (Hedström und Swedberg 1998b, S. 7). Mayntz (2004, S. 241) bietet in einer Art Minimaldefinition an, Mechanismen als „recurrent processes linking specified initial conditions and a specific outcome“ zu definieren. In einer negativen Definition werden Mechanismen häufig vor allem gesetzesartigen oder sogenannten Black-Box-Erklärungen gegenübergestellt, die schlicht eine allgemeingültige Verbindung zwischen zwei Variablen herstellen, wohingegen Mechanismen die Black-Box öffnen, um die an der Verbindung beteiligten Prozesse explizit zu machen (Hedström und Swedberg 1998b, S. 8-10). Dementsprechend sind Mechanismen auch von Variablen im Sinne von Eigenschaften von Untersuchungseinheiten zu unterscheiden, da Mechanismen immer eine relationale Funktion besitzen (Falleti und Lynch 2009, S. 1147). Eine zentrale Voraussetzung für einen mechanistisch-analytischen Ansatz ist die Maßgabe des methodischen Individualismus, der verlangt, dass zufriedenstellende Erklärungen auf das Verhalten von Individuen zurückgeführt werden müssen und nicht auf der Makro-Ebene verbleiben dürfen (Elster 2007, S. 36). Dies steht in engem Zusammenhang zum Makro-Mikro-Makro-Schema von Coleman (1986,

S. 1322). Allerdings hat der „strenge“ Individualismus im Sinne einer ausschließlichen Konzentration auf das einzelne Individuum seine Grenzen. Teils dürfte es aus forschungspragmatischer Sicht schwierig werden, teils ist die Rückführung auf Individuen nur begrenzt notwendig, wenn größere Einheiten Akteursqualitäten besitzen (Mayntz 2004, S. 248).

In ihrem Grundsatz bestehen Mechanismen aus Akteuren und den Strukturen, in denen diese eingebettet sind (Hernes 1998, S. 92). Dabei werden analog zur Coleman'schen Badewanne drei Mechanismen unterschieden, die das Verhältnis von Makro-Zusammenhängen zwischen Input und Output und der Rolle von Akteuren auf der Mikro-Ebene genauer spezifizieren (siehe Abbildung 7). In einem ersten Schritt, dem *situational mechanism*, geht es darum, wie eine spezifische soziale Situation auf der Makro-Ebene Akteure auf der Mikro-Ebene beeinflusst. Im zweiten Schritt, dem *action-formation mechanism*, steht die Genese individueller Verhaltensreaktionen im Vordergrund, bevor im letzten Schritt, dem *transformational mechanism*, beschrieben wird, wie sich gewissermaßen die Summe individuellen Verhaltens auf Makro-Outcomes auswirkt (Hedström und Swedberg 1998b, S. 23).

Der Rückbezug auf eine Beschreibung der beteiligten Mechanismen bietet sich vor allem in Situationen an, in denen Erklärungen, die aus gesetzesartigen Theorien bestehen, scheitern (Elster 1998, S. 49). Dies ist im Fall der Analyse der Instrumente zur Schuldenbekämpfung der Fall. Es steht weder im Rahmen der Theorien zur Implementation von Policies noch im austerity management „die eine große Theorie“ zur Verfügung, die den Erfolg (oder Misserfolg) der hier im Zentrum stehenden Instrumente *erklären* kann. Damit ist nicht gesagt, dass die Entwicklung eines erklärenden Frameworks ohne sozialwissenschaftliche Theorien auskommt bzw. auskommen muss. Zum Verhältnis zwischen Theorien und Mechanismen analysiert Schelling (1998, S. 32) sehr treffend, dass sowohl eine Theorie aus mehreren Mechanismen bestehen kann, genauso wie die Beschreibung eines Mechanismus mehrere Theorien beinhalten kann. Darin liegt letztlich der eigentliche Nutzen des hier gewählten Ansatzes, die Akteure, Strukturen und deren Relation herauszuarbeiten. Sind einerseits die Zusammenhänge im Akteursverhalten und andererseits die Rückbezüge zwischen diesem und den Makro-Bedingungen ausreichend beschrieben und charakterisiert, werden diese Schritte für die Formulierung theoretischer Erwartungen zugänglich.

Auf einen Punkt gebracht könnte man die Begründung für das Vorgehen wie folgt zusammenfassen: Theoretische Erwartungen über den (Miss-)Erfolg verschiedener Instrumente lassen sich auf einer Makro-Ebene kaum

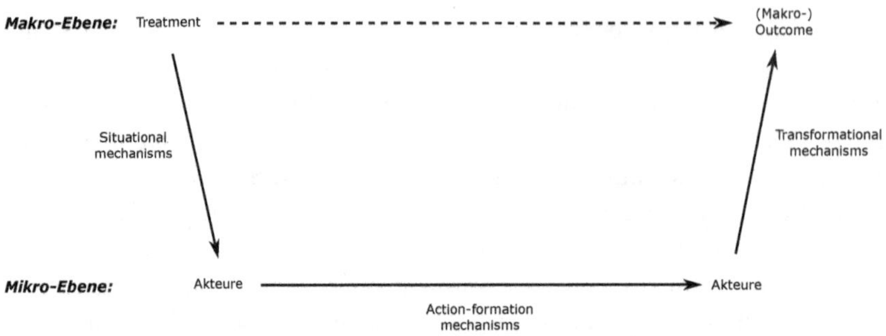


Abbildung 7: Verschiedene Formen und Ebenen sozialer Mechanismen (Quelle: angelehnt an Hedström und Swedberg (1998b, S. 22))

ableiten; die sozialwissenschaftliche Theorie im engeren Sinn bietet dazu keinen direkten Zugang. Dies mag darin begründet sein, dass es sich um die Implementation einer Policy handelt, welche in einem komplexen Umfeld umgesetzt werden muss. Aus diesem Grund wird der Makro-Zusammenhang in einzelne mechanistische Schritte aufgebrochen. Diese Einzelschritte lassen sich theoretisch-erklärend leichter fassen und zu einem Gesamtbild zusammenfügen, das – in der Theorie – Aufschluss darüber geben kann, wie das jeweilige Instrumente auf die kommunale Schuldensituation Einfluss nehmen kann. Wie genau eine solche Integration von Theorie in die Beschreibung von Mechanismen, die Elster (1998, S. 45) als „intermediate between laws and description" (Elster 1998, S. 45) beschreibt, aussehen kann, wird in den Anwendungen deutlich werden.

## *III. Grundlegende Mechanismen der Instrumente*

Zu Beginn der Beschreibung der Mechanismen ist eine Klärung der analytischen Ebenen notwendig. Die Handlungsebene, die in Abbildung 7 mit Mikro-Ebene bezeichnet ist, bezieht sich im vorliegenden Fall nicht auf eine strenge Individualebene, sondern auf das institutionelle System der lokalen Ebene. Diese setzt sich aus verschiedenen Akteuren, politischen Prozessen und Entscheidungen zusammen. Diese Analyseebene haben alle Instrumente gemein. Auf der Makro-Ebene bestehen dagegen konzeptionelle Unterschiede, was darin begründet ist, dass manche Instrumente von höheren staatlichen Ebenen initiiert, andere wiederum direkt auf Ebene der einzelnen Kommune eingerichtet wurden. In ersterem Fall ist die Konzeption der Makro-Ebene vergleichsweise stringent, da es um den Einfluss staatlicher Programme und Interventionen als externes Treatment auf die kommunale Verschuldung geht, der auf lokaler Ebene gewissermaßen mikrofundiert wird. Bei den vor Ort initiierten Programmen „fehlt“ auf den ersten Blick dieses externe Treatment, da Schuldenbremsen oder Sparbürgerhaushalte direkt in der lokalen Entscheidungsebene angesiedelt sind. Allerdings sind auch diese lokalen Entscheidungen letztlich Konsequenzen des staatlichen Ordnungsrahmens bzw. einer indirekteren Einflussnahme von oben.

Damit beginnt die Analyse bei jedem Instrument mit dem situational mechanism ausgehend von der staatlichen Ebene. Eine differenzierte Betrachtungsweise ist auch beim Outcome auf Makro-Ebene bzw. beim jeweiligen transformation mechanism notwendig. Denn ob das aggregierte individuelle Verhalten zu einem Makro-Effekt führt, hängt von der Zielgruppe des jeweiligen Instruments ab. Ein einzelner Sparkommissareinsatz in einer Kommune führt letztlich nicht direkt zu einem größeren Makro-Effekt über die einzelne Kommune hinaus, wohingegen ein großangelegtes Finanzhilfeprogramm durchaus potentiell das Outcome in der Summe mehrerer Kommunen beeinflusst. Für die theoretische Betrachtung ist die Frage des aggregierten Effekts allerdings weniger zentral. Ein Instrument, das in einem Fall funktioniert hat, kann dies auch in anderen Fällen tun. Oder anders formuliert: Der transformation mechanism ist im Rahmen der Analyse von Instrumenten zur Bekämpfung kommunaler Schulden trivial, da ein in einem Fall erfolgreiches Instrument bei einem potentiellen Einsatz für eine größere Zielgruppe quasi rechnerisch einen Makro-Effekt bedingen würde. Damit ist nicht gesagt, dass Instrumente in der Empirie immer gleich wirken[26] – der Kontext dürfte in jedem Fall eine Rolle spielen –, aber wie in jedem theoretischen Modell muss zumindest dem Mechanismus eine gewisse verallgemeinerbare Gültigkeit unterstellt werden.

Der gemeinsame Nenner aller Instrumente ist der action-formation mechanism, der direkt auf der lokalen Ebene angesiedelt ist. Dieser Mechanismus, der die Verarbeitung von Rahmenbedingungen zu individuellen Outcomes beschreibt, besteht auf der lokalen Ebene aus der Entscheidung und Implementation haushaltsrelevanter Politik, welche dann letztlich die lokale Verschuldung beeinflusst. Ob und in welcher Form es zu Entscheidung und Implementation kommt, ist bereits ohne die explizite Annahme externer

---

26 Elster (2007, S. 36) spricht deshalb auch davon, dass Mechanismen es erlauben, „to explain, but not to predict“.

Einflüsse vereinfacht gesagt von zwei wesentlichen Faktoren abhängig: der Fähigkeit (*ability*) und dem Willen (*willingness*). Formalisiert wurde die Trennung in diese beiden grundsätzlichen Bedingungen menschlichen Handelns im Rahmen der *Theorie des situativen Führens* (*situational leadership*) von Hersey und Blanchard (1977). Deren Idee besteht darin, dass Führungsverhalten in Organisationen neben der Natur der Aufgabe und der Beziehung zwischen Vorgesetztem und Mitarbeiter vom sogenannten *Reifegrad* der Mitarbeiter abhängt. Der Reifegrad definiert sich wiederum über die jeweilige Motivation und Fähigkeit der Mitarbeiter. In Abhängigkeit der Ausprägung von Aufgabe, Beziehung und Reifegrad kann ein unterschiedlich situational angepasster Führungsstil erfolgreich sein (Hersey und Blanchard 1977). Überträgt man die Logik des Reifegrads auf die Eigenschaften und Einstellungen der Akteure im lokalen politisch-administrativen System, ergibt sich eine natürliche Zweiteilung der Faktoren Fähigkeit (ability) und Willen (willingness) für das Treffen von Entscheidungen.

Der bisherige Blick in die Literatur legt die Übertragung dieser zweigeteilten Logik nahe. Die Diskussion um die Ursachen kommunaler Verschuldung in Abschnitt B.II bezieht sich auf drei zentrale Bündel von Erklärungen: strukturell-sozioökonomische Bedingungen der Kommunen, die letztlich den Spielraum für politische Entscheidungen zu einem großen Teil determinieren; institutionelle Faktoren, die die Spielregeln für die Entscheidungen festlegen; schließlich Faktoren des politischen Prozesses, die einen Einfluss auf die konkreten Entscheidungen nehmen können. Diesen drei Bedingungen ist durch ability (Ressourcen, Institutionen) und willingness (Politics) Rechnung getragen.[27] Die Ausdifferenzierung der Entscheidungsmechanismen auf lokaler Ebene verfolgt vor allem den Zweck zu verdeutlichen, an welchem Punkt das jeweilige Instrument ansetzt und wie dieses die Entscheidung und Implementation von Sparpolitik vor Ort konkret beeinflussen kann.

Für die spezifische Funktionsweise von Mechanismen ist ohne Zweifel der jeweilige Kontext von zentraler Bedeutung. Dieselben Mechanismen können in unterschiedlichen Kontextbedingungen gänzlich unterschiedliche Wirkungen entfalten (Falleti und Lynch 2009). Prägend für haushaltsrelevante Entscheidungen auf kommunaler Ebene ist dabei die Einbettung in ein

27 Zu einem gewissen Grad ist die hier gewählte Konzeptualisierung von Haushaltsentscheidungen auch an das Modell von Overmans und Timm-Arnold (2016) in Abschnitt D.I zur Entstehung von Austeritätspolitik angelehnt. Allerdings unterscheiden die Autoren in ihrem Modell nicht zwischen verschiedenen Ebenen des politisch-administrativen Systems und legen darüber hinaus einen beinahe expliziten Fokus auf institutionelle Erklärungen.

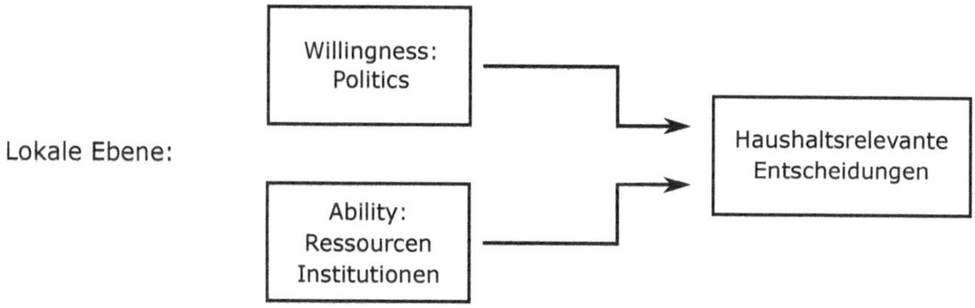


Abbildung 8: Haushaltsrelevante Entscheidungen auf lokaler Ebene und deren lokale Bedingungsfaktoren (Quelle: eigene Darstellung)

staatliches Aufsichtsregime. Wie in Abschnitt C.I erläutert, sind die Bundesländer, deren verfassungsrechtlicher Bestandteil die Kommunen sind, für die Sicherstellung der Handlungsfähigkeit der Kommunen zuständig; und damit für die Kontrolle der Einhaltung der Haushaltsgrundsätze. Dafür stehen den Ländern die erwähnten klassischen Aufsichtsinstrumente zur Verfügung, die in Teilen durch die Einführung neuerer Instrumente ergänzt wurden. Letztlich bleibt der Kontext kommunaler Haushaltspolitik – besonders in Kommunen mit angespannter Haushaltslage – im Kern immer derselbe. Das Land, in Gestalt der Kommunalaufsicht, „beauftragt" gewissermaßen die Kommunen mit einer angemessenen Haushaltsführung, welcher die Kommunen auf der Basis kommunaler Selbstverwaltung – zumindest in der Theorie – entweder folgen (können) oder nicht. Der Kontext haushaltspolitischer Entscheidungen ist also von einer klassischen Prinzipal-Agenten-Konstellation geprägt.

Im Grundsatz beschäftigt sich die *Prinzipal-Agenten-Theorie* oder *Agenturtheorie*, begründet von Jensen und Meckling (1976), mit dem Verhältnis zwischen einem Auftraggeber (Prinzipal) und einem Auftragnehmer (Agent). Im Zentrum der Theorie stehen potentielle Probleme, die sich aus der Annahme einer rational-nutzenmaximierenden Natur beider Akteure ergeben, die sich in unterschiedlichen Präferenzen widerspiegelt. Dabei geht es meist um die Annahme, dass sich ein Agent nicht immer im Interesse des Prinzipals verhält, was vor allem in Informationsasymmetrien zugunsten des Agenten begründet ist. Konkret bedeutet dies, dass der Agent einen Informationsvorsprung über seine tatsächlich vollzogenen Handlungen besitzt, die vom Prinzipal nicht ohne Weiteres eingesehen werden können. Bestehen neben dem Informationsvorsprung seitens des Agenten Anreize, von den Zielvorgaben des Prinzipals abzuweichen, wird der Agent seinen Spielraum im eigenen Interesse nutzen. Zwar kann der Prinzipal versuchen, das Verhalten des Agenten in verschiedenerlei Hinsicht zu kontrollieren, diese Kontrolle geht allerdings mit spezifischen Kosten einher und eine perfekte Kontrolle ist in den meisten Situation unrealistisch (Jensen und Meckling 1976).

Aus organisationstheoretischer Sicht stehen verschiedene grundsätzliche Möglichkeiten zur Verfügung, den Agenturproblemen zu begegnen. Am prominentesten ist dabei im Rahmen der Agenturtheorie das Setzen von Anreizen; und zwar dahingehend, dass die Interessen des Prinzipals mit denen des Agenten verknüpft werden. Dies gelingt am besten durch die Definition von Leistungsergebnissen, an denen beide Akteure beteiligt sind. Eine weitere Lösungsstrategie besteht darin, schlicht Informationsflüsse zu verbessern und auf diese Weise mehr Wissen über die Handlungen des Agenten zu generieren (Ebers und Gotsch 2014, S. 213-214; Eisenhardt 1989, S. 60). Eine dritte Strategie ist die direkte hierarchische Steuerung des Verhaltens des Agenten durch Regulierung und ggf. Sanktionierung unerwünschten Verhaltens, wenngleich diese Form der Lösung in der klassischen Agenturtheorie für kaum realisierbar und meist ineffizient gehalten wird (Ebers und Gotsch 2014, S. 214). Allerdings ist gerade die Vernachlässigung der Rolle staatlicher Rechtsetzung als regulatives Instrument ein Kritikpunkt am Grundmodell der Agenturtheorie. Dieses geht im Grundsatz von verhandelten Verträgen aus, was der Natur öffentlicher Institutionen nicht gerecht wird. Damit ist zugleich auf die konzeptionelle Stärke und Schwäche des Prinzipal-Agenten-Ansatzes verwiesen: Die Theoriebildung und Hypothesenformulierung ist aufgrund der Stringenz und Sparsamkeit des Modells vergleichsweise einfach und geradlinig. Dies geht verständlicherweise zulasten einer präzisen Wiedergabe der empirischen Realität (Ebers und Gotsch 2014, S. 221). Eine Formalisierung und Vereinfachung realer Zusammenhänge bilden allerdings den funktionalen Kern jeder theoriebasierten Analyse.

In der Public-Administration-Literatur hat sich ein ausführlicher Literaturstrang mit der Übertragung des Prinzipal-Agenten-Ansatzes auf die Kontrolle von Bürokratien beschäftigt. Besonders die US-amerikanische Literatur hat sich dabei mit der Kontrolle von Agencies durch politische Prinzipale beschäftigt (u.a. Moe 2006; Waterman und Meier 1998; McCubbins, Noll und Weingast 1987; Weingast 1984; Mitnick 1975). Dabei definieren die Autoren verschiedene grundsätzliche Strategien, die zur Kontrolle der Verwaltung zum Einsatz kommen, in denen Institutionen eine wichtige Rolle spielen. McCubbins, Noll und Weingast (1987, S. 243) unterscheiden dabei grundsätzlich zwischen *oversight* in Form von Überwachung, Belohnung und Sanktionierung einerseits und der Vorgabe von administrativen Abläufen andererseits, die mithilfe institutioneller Regeln abweichendes Verhalten der Agenten verhindern sollen. Analog dazu definiert Moe (2006, S. 3) „rules, incentive systems, monitoring mechanisms“ als die drei zentralen Steuerungsmöglichkeiten, genauso wie Waterman und Meier (1998, S. 175) zwischen einer ökonomischen und einer institutionell-regulativen Kontrolle unterscheiden.

Bereits früh wurde dabei allerdings auch fundamentale Kritik an der verkürzten Perspektive der Prinzipal-Agenten-Theorie artikuliert, vor allem vor dem Hintergrund, dass die politisch-administrative Realität nur schwerlich mit einem simplen ökonomischen Auftraggeber-Auftragnehmer-Modell charakterisiert werden kann. Eine maßgebliche Erweiterung erfährt das Modell bspw. durch die Möglichkeit, dass die Agenten in den Verwaltungen ihrerseits Einfluss auf die Wahl der politischen Prinzipale nehmen können und sich dadurch eine deutlich komplexere Beziehungsstruktur ergibt (Moe 2006). Eine äußerst plausible und allgemeingültige Kritik sowie eine Erweiterung haben Waterman und Meier (1998) vorgelegt. Ausgangspunkt ist die Beobachtung, dass Verwaltung und Politik sich selten einfach nur in einem dyadischen Spiel gegenüberstehen, sondern Verwaltung mehreren Prinzipalen gegenüber verantwortlich ist und Prinzipale aus gänzlich verschiedenen Systemen auf die Verwaltung einwirken. Damit können explizit auch Akteure innerhalb der Verwaltungssphäre in einer vergleichbaren Beziehung stehen. Darüber hinaus können Verwaltungseinheiten kaum als homogener Akteur aufgefasst werden, sondern bestehen vielmehr aus einem Konglomerat vieler Interessen. Als Konsequenz aus einer Mehrzahl an verschiedenen Prinzipalen kombiniert mit heterogenen Agenten schlussfolgern die Autoren, dass je nach dem, welche Konstellationen aus Prinzipal- und Agenteninteressen aufeinandertreffen, es nicht notwendigerweise zu Informationsasymmetrien und/oder abweichenden Zielen kommt.

Die Erweiterungen des Prinzipal-Agenten-Modells sind beinahe unzählbar und deuten allesamt darauf hin, dass das Modell für die Wiedergabe der Realität verkürzte Annahmen trifft. Nichtsdestotrotz ist die grundsätzliche Logik dieselbe und bedarf lediglich der Kontextualisierung. Dabei bestätigt die von Waterman und Meier (1998, S. 185-193) vorgenommene Differenzierung, dass in der hier vorliegenden Beziehung zwischen Kommune und Aufsicht durchaus ein klassisches Prinzipal-Agenten-Problem vorliegt. Ausgehend von zwei Kontextvariablen, dem Zielkonflikt und dem Informationsgefälle, definieren die Autoren acht Konstellationen, von denen eine ein klassisches Prinzipal-Agenten-Setting mit allen damit verbundenen Agenturproblemen darstellt; und zwar im Fall eines Informationsvorsprungs seitens des Agenten und eines existierenden Zielkonflikts. Die Übertragung auf den hier vorliegenden Kontext fällt verhältnismäßig leicht. Auf den ersten Blick könnte man zwar annehmen, dass die Interessen von Prinzipal (Kommunalaufsicht) und Agent (Kommune) vereinbar sind und daher die für Agenturprobleme notwendigen unterschiedlichen Präferenzen nicht gegeben sind. Denn aus einer funktional-rationalen Perspektive, die besonders die langfristige Leistungsfähigkeit von Kommunen im Blick hat, *könnten* daher Kommunen und Aufsicht a priori ein gemeinsames Interesse an einer maßvollen Haushaltspolitik haben. Allerdings hat bereits die wissenschaftliche Diskussion der Ursachen kommunaler Verschuldung, wie sie in Abschnitt B.II aufgearbeitet wurde, gezeigt, dass seitens der Kommunalpolitik Anreize bestehen, von Austeritätspolitik abzusehen; vor allem unter den Aspekten des electoral business cycle, der grundsätzlich wiederwahlinteressierten Politikern Anreize setzt, vor Wahlen bei der Bevölkerung unbeliebte Sparpolitiken zu vermeiden bzw. Wahlgeschenke zu verteilen. Sowohl die internationale als auch die Deutschland-spezifische Forschung hat dabei gezeigt, dass die Frage, ob eine solche Haushaltspolitik zum Tragen kommt, vor allem von der Stärke lokaler Regierungen bzw. des Bürgermeisters und dem Haushaltsaufstellungsprozess abhängt (international: Bastida, Beyaert und Benito 2013; Garcia-Sanchez, Mordan und Prado-Lorenzo 2012; Geys 2007; Ashworth, Geys und Heyndels 2005; Borge 2005; Hagen und Vabo 2005; bezogen auf Deutschland: Junkernheinrich und Wagschal 2014; Bogumil, Holtkamp u. a. 2014; Boettcher 2013; Timm-Arnold 2011).

Selbst im theoretisch angenommenen Fall kongruenter Interessen bezogen auf die *Notwendigkeit* von Haushaltskonsolidierung zwischen Prinzipal und Agent ist eine Kongruenz bzgl. des *Wie* der Konsolidierung unwahrscheinlich. Von Seiten der Kommunen dürfte logischerweise in erster Linie eine Konsolidierung mit staatlicher Hilfe bevorzugt werden, während das Land Anstrengungen vor Ort präferiert. In Anlehnung an die grundsätzlichen Maßnahmen des austerity management in Tabelle 2 in Abschnitt D.I sind allerdings auch bei Maßnahmen vor Ort unterschiedliche Präferenzen erwartbar. Die Interessen beim Zurückfahren öffentlicher Leistungen (decline) variieren vermutlich stark in Abhängigkeit vom Aufgabentyp. Während Kommunen unter Umständen in Bereichen der Auftragsverwaltung Leistungen abbauen würden, pocht der staatliche Auftraggeber dieser Aufgaben stärker auf die Einstellung von Leistungen im eigenen Wirkungskreis, bspw. bei den freiwilligen Aufgaben im Kultur- und Förderbetrieb. Bei grundsätzlichen Veränderungen der fiskalischen Einnahmen- und Ausgabenstruktur im Rahmen des retrenchment treffen ebenfalls unterschiedliche Positionen aufeinander. So kann die Kommunalaufsicht eine Erhöhung der Einnahmebasis durch die

Anhebung lokaler Hebesätze einfordern, während seitens der Kommunen sicherlich eine landes- oder gar bundesweite Anpassung der kommunalen Einnahmenstruktur bevorzugt wird. Die Voraussetzungen für Agenturprobleme im Sinne abweichender Interessen zwischen Agent und Prinzipal sind damit geschaffen.

Neben unterschiedlichen Präferenzen besteht darüber hinaus durchaus zusätzlich ein Informationsgefälle zugunsten des Agenten, das in *hidden information* und *hidden action* als den zentralen Agenturproblemen mündet. Dabei handelt es sich um Informationsdefizite des Prinzipals, der weder in allen Situationen auf die gleichen Informationen wie der Agent zugreifen kann, noch Informationen über die tatsächlichen Handlungsweisen des Agenten besitzt (Ebers und Gotsch 2014, S. 212). Im Kontext kommunaler Austeritätspolitik sind verschiedene Strategien lokaler Akteure vorstellbar, die ein solches Agenturproblem bedingen können. Bei der Darstellung eines Haushaltsausgleichs oder der Erfüllung von Sparauflagen der Kommunalaufsicht besteht für Kommunen der Anreiz, teils über-optimistische Haushaltsansätze und -prognosen zu liefern. Gerade positive Prognosen der Einnahmenseite können demzufolge genutzt werden, um schmerzhafte Einschnitte in den kommunalen Haushalt zu vermeiden (Holtkamp 2016, S. 15). Dass die Kommunalaufsicht immer über die notwendigen Ressourcen zur verfeinerten Kontrolle der Haushaltsansätze verfügt, darf bezweifelt werden und verschafft den Kommunen dahingehend einen Informationsvorsprung. Ein ähnlicher „Bilanztrick" besteht in der Auslagerung von Schulden. Durch die Schaffung öffentlicher Unternehmen oder die Bildung von Sondervermögen ist es möglich, Verschuldung zumindest aus dem Kernhaushalt der Kommunen auszulagern und damit auf dem Papier ein niedrigeres Verschuldungsniveau zu präsentieren (Burth 2017). Zwar sollen durch die Konzernabschlüsse im Rahmen der Doppikeinführung solche Verschleierungstaktiken verhindert werden, flächendeckend sind in Deutschland allerdings Konzernabschlüsse keineswegs umgesetzt. Damit ist die Informationslage über die tatsächliche Schuldenlast teilweise begrenzt. Schließlich ist auch im Rahmen der Implementation von Sparmaßnahmen spürbarer Spielraum für die Kommunen gegeben. Sowohl die Vorgabe des ausgeglichenen Haushalts in den Gemeindeordnungen als auch die Vereinbarung konkreter Maßnahmen im Rahmen von Haushaltssicherungskonzepten und Finanzhilfeprogammen sind im engeren Sinn *Pläne*, die nicht notwendigerweise mit tatsächlichem Verhalten der Kommunen korrespondieren; die Vereinbarung von Sparmaßnahmen mit der Kommunalaufsicht muss nach wie vor in den Kommunen „mit Leben gefüllt" werden. In Abhängigkeit des Ausmaßes von Kontroll- und Sanktionsmechanismen kann eine Kommune daher in einer Form agieren, die mehr oder weniger der Intention der Kommunalaufsicht folgt.

Wie bereits diskutiert und in Abbildung 8 angedeutet wurde, hängen haushaltsrelevante Entscheidungen allerdings nicht ausschließlich von der Bereitschaft (willingness), dem Prinzipal Folge zu leisten, ab. Die Fähigkeit (ability), Sparpolitik zu entscheiden und umzusetzen, spielt eine mindestens ebenso große Rolle. Die Lehren, die man aus der Forschung zu den Ursachen kommunaler Verschuldung ziehen kann, bestätigen, dass neben politischen Prozessen auf kommunaler Ebene die Handlungsfähigkeit, um die geforderten Haushaltsergebnisse zu erzielen, maßgeblich ist. Daher muss in der theoretischen Betrachtung neben der Frage, ob überhaupt und wie die Maßnahmen der Aufsicht politics vor Ort beeinflussen, auch darauf eingegangen werden, wie die Handlungsfähigkeit vor Ort direkt oder indirekt beeinflusst wird. Entscheidend ist dabei zum einen, inwiefern sich die Kapazitäten im Sinne von Ressourcenausstattung verändert haben. Staatliche Programme wie Entschuldungsfonds erweitern bspw. durch direkte monetäre Transfers den lokalen Spielraum für Schuldenabbau, während andere Eingriffe, wie die Einsetzung eines beratenden Sparkommissars, sogar mit einer zusätzlichen Ressourcenbelastung der Kommune einhergehen können (Holtkamp 2009, S. 153-155). Diese direkt haushaltswirksamen Effekte gilt es, bei der Bewertung der Effekte der verschiedenen Instrumente mit zu berücksichtigen.

Der zweite zentrale Aspekt der lokalen ability betrifft die lokalen Institutionen. Institutionen werden dabei in Anlehnung an die breite Definition von North (1990, S. 3) als „rules of the game“ im Sinne eines Rahmens verstanden, in dem Entscheidungen vor Ort getroffen werden. Im Kontext der internationalen Diskussion über die Ursachen kommunaler Verschuldung wurden institutionelle Variablen bspw. in Form von Schuldenregeln, der Regeln der Haushaltsaufstellung oder der Größe lokaler Parlamente diskutiert. Im deutschen Kontext sind institutionalistisch inspirierte Erklärungen in Form von Unterschieden in den Kommunalverfassungen, der Zentralität der Haushaltspolitik sowie der Rolle der Bürgermeister thematisiert worden (siehe dazu Abschnitt B.II). Letztlich gehen institutionalistische Erklärungen lokaler Haushaltspolitik nach Tovmo (2006, S. 40-41) auf eine *common pool* Problematik zurück, in der unterschiedliche Gruppen im politisch-administrativen System um Ressourcen konkurrieren. Analog zu Ministerien versuchen die Chefs der jeweiligen kommunalen Fachressorts, bei der Haushaltsaufstellung ihr Budget zu maximieren, während die Mittel dafür aus den generellen Einkünften der Gemeinden fließen sollen. Dies führt konsequenterweise zu Imbalancen in den lokalen Haushalten. Das Problem fällt geringer aus, wenn im Rahmen der Haushaltsaufstellung präzise kennzahlenbasierte Vorgaben gemacht werden und Akteuren ohne spezifische Ressortinteressen eine größere institutionelle und strategische Verhandlungsmacht eingeräumt wird.

Diese Diskussion ist in der deutschen Kommunalforschung wohlbekannt, vor allem im Rahmen von Gerhard Banners Verständnis der Rolle von *Fach- versus Steuerungspolitikern*. Fachpolitiker stellen dabei die Mehrheit kommunaler politischer Akteure dar. Ihnen obliegt die Verantwortung für einen bestimmten Themenbereich (bspw. Soziales, Bauwesen, Ordnung) und sie existieren sowohl auf Seiten der Verwaltung in Form von Ämtern und Dezernaten als auch auf Seiten des Rates als Ausschussmitglieder oder Fraktionsexperten. Deren vorrangige Strategie ist die Ausweitung von Ressourcen in ihrem jeweiligen Themenbereich, um sich zu profilieren und damit die persönlichen Aufstiegschancen zu steigern. Problematisch dabei ist die Orientierung der Fachpolitik an der Steigerung des eigenen Etats und ggf. der eigenen Wiederwahlchancen ohne einen spezifischen Blick auf den (längerfristigen) Gesamtetat. Steuerungspolitiker sind im Gegensatz dazu eher in einer Querschnittfunktion zu finden wie bspw. ratsseitig in den Finanz- und Hauptausschüssen und innerhalb der Verwaltung in der Verwaltungsspitze oder der Finanzverwaltung. Mit ihrer übergreifenden Perspektive – gerade auch auf den Etat – kommt den Steuerungspolitikern damit gewissermaßen die „Bremser-Rolle" zu, um die Maximierungstendenzen der sich meist in der Mehrzahl befindlichen Fachpolitiker einzudämmen. Aus haushaltspolitischer Sicht hat daher das Machtverhältnis beider Pole eine entscheidende Bedeutung (Banner 1984, S. 365). Abgeleitet aus qualitativer Empirie definiert Banner (1984, S. 366-372) darauf aufbauend drei Faktoren, die aus seiner Sicht Haushaltspolitik in den Kommunen maßgeblich beeinflussen: die Durchsetzungskraft der Fachpolitik, das Ausmaß der Parteipolitisierung von Entscheidungen und das Gewicht des zentralen Politikers. Als Schlussfolgerung aus diesen Beobachtungen empfiehlt Banner, das Steuerungsgefälle innerhalb der Kommunen zugunsten eines zentralen Steuerungspolitikers zu gestalten, also nach süddeutschem Vorbild einen starken Bürgermeister in der Gemeindeordnung zu institutionalisieren.

Im Kern – darum nur eine kurze Diskussion der Ansätze Banners – geht es in dieser Arbeit nicht um die Überprüfung seiner Thesen oder die Analyse von Kommunalverfassungen im engeren Sinn. Die Idee eines „Machtspiels" zwischen Fach- und Steuerungspolitik und dessen Konsequenzen für die Haushaltspolitik bietet jedoch einen sinnvollen Bezugsrahmen, um zu beurteilen, wie lokale Institutionen und Akteure bzw. deren Beeinflussung die Kapazität für umsichtige Haushaltspolitik einschränken oder begünstigen können. Mit Kapazitäten sind dabei vor allem die strategischen Positionen zentraler Steuerungspolitiker gemeint, deren Gewicht und Rolle sich je nach eingesetztem Instrument maßgeblich unterscheiden können. Eine zentrale Annahme dahinter ist, dass gerade die Zentralisierung und Hierarchisierung von Haushaltspolitik besser dazu geeignet sind, ein Gleichgewicht im Haushalt zu erreichen; dafür spricht auch die Empirie (Timm-Arnold 2011, S. 447-448). Daher lohnt sich bei der Beurteilung der Effektivität verschiedener Instrumente ein dezidierter Blick auf die Rolle steuerungsrelevanter Akteure wie dem Kämmerer oder dem Bürgermeister und deren strategischer Position gegenüber fachpolitischen Interessen.

Besonders wertvoll für die vorliegende Analyse ist die Perspektive auf die Kapazitäten und Institutionen für diejenigen Instrumente, die nicht explizit von der Kommunalaufsicht initiiert wurden wie Sparbürgerhaushalte oder freiwillige Schuldenbremsen. Durch diese Instrumente wird der institutionelle Rahmen in den Gemeinden auf eigene Initiative hin verschoben und nicht – wie bspw. im Fall eines Finanzhilfeprogramms – ein externer Trigger gesetzt. Insofern erscheint der politische Wille als Ausdruck unterschiedlicher Präferenzen in einer Prinzipal-Agenten-Beziehung im Fall dieser Instrumente weniger ausschlaggebend, die institutionelle Gestaltung vor Ort dafür umso mehr; auch wenn klar sein sollte, dass haushaltsrelevante Entscheidungen – und insbesondere Sparpolitik – nie gänzlich frei von externen Impulsen getroffen werden. Schließlich sei angemerkt, dass die konzeptionelle Unterscheidung in ability und willingness empirisch keineswegs trennscharf ist. Besonders deutlich wird dies am Zusammenspiel zwischen lokalen Institutionen und politischen Prozessen, da bspw. gerade die Rolle von Steuerungs-/Fachpolitikern deutliche Rückwirkungen auf den politischen Prozess der Entscheidungsfindung hat. Diese naturgemäßen Interdependenzen stellen für die theoretische Formalisierung allerdings kein grundsätzliches Problem dar.

Sowohl die Prinzipal-Agenten-Beziehung zwischen Kommunalaufsicht und Kommune mit allen hier angedeuteten potentiellen Agenturproblemen als auch die Rolle von Ressourcen und Institutionen bilden einen weitestgehend konstanten Rahmen, der nicht per se nur für die Analyse neuerer Instrumente Anwendung finden kann, sondern grundsätzliche Ausgangsbedingungen kommunaler Haushaltspolitik beschreibt. Um auf dieser Basis Schlussfolgerungen über die Wirksamkeit eben dieser neueren Instrumente zu ziehen, ist es daher notwendig herauszuarbeiten, wie die einzelnen Instrumente die Anreize und Möglichkeiten in den Kommunen vor Ort beeinflussen; oder – um im Sprachgebrauch der Literatur zu sozialen Mechanismen zu bleiben – wie der action-formation mechanism auf lokaler Ebene durch den situational mechanism aufgrund veränderter Rahmenbedingungen im Prinzipal-Agenten-Gefüge beeinflusst wird. Das Verhalten – gerade auch im Bereich der Haushaltspolitik – ist dabei letztlich von den Gewinnerwartungen der Akteure abhängig und davon, wie diese durch den Regelungskontext beeinflusst sind (Banner 1984, S. 366).

Die Agenturtheorie nennt bereits einige oben angesprochene grundsätzliche Möglichkeiten der Kontrolle des Agenten wie das Setzen von Anreizen, die Gewinnung zusätzlicher Information und hierarchische Steuerung. In der politik- und verwaltungswissenschaftlichen Literatur spielen Formen von Steuerungsarrangements naturgemäß eine zentrale Rolle. Häufig werden verschiedene Steuerungs- und Lenkungsarrangements dabei unter dem Begriff der *Governance* subsumiert, wenngleich man über die Sinnhaftigkeit des Begriffs im Deutschen und dessen Mehrwert im Vergleich zu einem einfachen Steuerungsbegriff sicherlich geteilter Meinung sein kann (Bohne 2018, S. 141-142). In jedem Fall ist das – womöglich teils inflationär gebrauchte – Governance-Konzept ein sehr offenes, worin gleichzeitig eine Stärke wie auch eine Schwäche liegt, und bedarf daher einer konzeptionellen Eingrenzung.

Ganz grundsätzlich soll Governance hier zunächst mal als ein analytisches Konzept verstanden werden (Lynn 2012, S. 51-53), im Gegensatz zu den zahlreichen, teils normativ aufgeladenen Konzepten wie bspw. New Governance, Good Governance oder Sustainable Governance. Pierre und Peters (2000) haben verschiedene analytische Zugänge zum Governance-Begriff vorgeschlagen. Im Grundsatz lässt sich Governance als strukturelles Arrangement und Governance als Prozess unterscheiden. Die strukturelle Perspektive fasst die – womöglich am weitesten verbreitete – Vierteilung von institutionellen Steuerungsarrangements zusammen: Hierarchie, Markt, Netzwerke und Gemeinschaft. Die prozessuale Perspektive nimmt dagegen stärker den Prozess und die Outcomes in den Blick und versteht Governance als eine Form von Steuerung und Koordination (Pierre und Peters 2000, S. 14-23).

Neben den verschiedenen Begriffsauffassungen haben sich zahlreiche theoretische Perspektiven entwickelt, die mit dem Governance-Konzept in Verbindung stehen und die Pierre und Peters (2000, S. 37) „theories of governance“ nennen. Eine der Perspektiven setzt sich explizit mit *policy instruments* auseinander. Während einige andere Governance-Ansätze das Zusammenspiel zwischen Staat und Gesellschaft in den Blick nehmen, ist die Instrumenten-Perspektive stärker Government-zentriert und geht davon aus, dass öffentliche Akteure gezielte und bewusste Entscheidung über den

Einsatz von Instrumenten zur Erreichung eines bestimmten Zieles treffen. Diese Betrachtungsweise verbindet Governance mit verschiedenen Ansätzen aus dem Bereich public policy („In this way the tools approach links governance with the large body of public policy research in political science and public administration." (Pierre und Peters 2000, S. 42)), die sich ihrerseits vor allem mit den Aspekten der Staatstätigkeit auseinandersetzt. Die Betonung verschiedener zur Verfügung stehender Instrumente zur Erreichung eines politischen Ziels stellt damit gewissermaßen eine stärker operationale, auf die konkreten Maßnahmen fixierte Perspektive auf Governance dar (Pierre und Peters 2000, S. 41-43).[28] Allein aus semantischen Gründen bietet sich eine Instrumentenperspektive für die vorliegende Arbeit an, doch auch sachliche Gründe sprechen dafür. Zum einen ist das Zusammenspiel mit der Gesellschaft, wie es in anderen Governance-Konzeptionen betont wird, im Kontext der kommunalen Verschuldung nicht von übergeordneter Bedeutung. Zum anderen – bezugnehmend auf Abschnitt A.III – bietet sich diese Perspektive an, da die Begründung für die Auswahl an Untersuchungsgegenständen auf der Annahme basiert, dass sich das Ziel gesunder kommunaler Finanzen nicht grundlegend geändert hat (unter Umständen deren Dringlichkeit), sondern lediglich das technisch-instrumentelle Portfolio zu dessen Erreichung.

Im Folgenden werden kurz einige zentrale Konzeptionen aus der Policy-Instrumenten-Literatur vorgestellt und zu einem Analyseraster synthetisiert, um daraufhin die Instrumente zur Schuldenbekämpfung in diesem Raster zu verorten. Dies ist gerade auch deshalb notwendig, da sich weder *die eine* Typologie von Instrumenten etabliert hat, noch ein umfassender Ansatz zu generalisierbaren Aussagen über den Implementationserfolg verschiedener Instrumente zur Verfügung steht (Knill und Tosun 2015, S. 132). Eine Synthese mehrerer Ansätze ist daher vielversprechender, um Rückschlüsse darüber zu ziehen, wie die einzelnen Instrumente bzw. deren Bestandteile den Rahmen kommunaler Haushaltsentscheidungen und damit deren Wirkung beeinflussen.

## *IV. Policy-Instrumente und deren Wirkung*

Um den Begriff der *policy instruments* oder *policy tools* hat sich bereits seit Jahrzehnten ein äußerst umfangreicher eigenständiger Literaturstrang entwi-

28 Für eine weitergehende Diskussion über die Schnittstellen zwischen der Governance- und der Instrumentenperspektive siehe Le Gales (2011).

ckelt. Im Zentrum stehen dabei vor allem zahlreiche Typologien, bei denen die Bandbreite an potentiellen Instrumenten stark variiert. Für den Bereich der Wirtschaftspolitik wurden bspw. in den 1960er Jahren 64 verschiedene Instrumente aufgezählt (Kirschen 1964). Je nach Differenzierungsgrad haben sich im weiteren Verlauf mehr oder weniger feingliedrige – und damit auch mehr oder weniger umfangreiche – Typologien entwickelt. Die inzwischen schier endlose Zahl an verschiedenen Konzeptionen stellt dabei einerseits eine Stärke im Hinblick auf die Vielfalt dar, andererseits erschwert diese Vielfalt auch die theoretische und empirische Weiterentwicklung von anwendbarem Wissen (Acciai und Capano 2020, S. 5). Spiegelt man die zahlreichen Ansätze an ihrer Verbreitung in etablierten Publikationen und ihrer tatsächlichen Anwendung auf *empirische* Fragestellungen, kristallisieren sich allerdings einige zentrale Konzepte heraus.[29] An dieser meta-analytischen Vorarbeit von Acciai und Capano (2020) orientiert sich die folgende Auswahl maßgeblich mit lediglich kleineren Abweichungen.

Häufig wird in der politikwissenschaftlichen Literatur die Arbeit von Lowi (1972) als einer der Ausgangspunkte für die Literatur zu Policy-Instrumenten betrachtet. Dabei unterscheidet er zwei unterschiedliche Dimensionen und leitet aus diesen vier verschiedene Instrumente ab. Die erste Dimension differenziert danach, ob politischer Zwang direkt oder indirekt ausgeübt wird, die zweite, ob individuelles Verhalten direkt oder über die Umwelt beeinflusst wird. Ausgehend davon existieren *distributive*, *redistributive*, *regulative* und *constituent* Policy-Instrumente (Lowi 1972, S. 299-300). Lowi folgt dabei einem eher induktiven Ansatz, indem er die vier Typen von realen Phänomenen ableitet („by converting these important phenomena into variables" (Lowi 1972, S. 299)). Unter distributiver Politik (indirekter Zwang, individuelle Beeinflussung) subsumiert er klassische Verteilungsinstrumente wie Zuschüsse und Subventionen, für regulative Politik (direkter Zwang, individuelle Beeinflussung) führt er vor allem Eingriffe in die Wirtschaft wie Maßnahmen gegen unfairen Wettbewerb oder Verbraucherschutz an. Redistributive Politik (direkter Zwang, Beeinflussung über die Umwelt) bezieht sich bspw. auf progressive Steuersätze oder generell soziale Sicherungssysteme. Die sogenannte constituent policy (indirekter Zwang, Beeinflussung über die Umwelt) bezeichnet Lowi (1972, S. 310) unter anderem auch als „system maintenance policy". Meier (1993, S. 110) definiert diese Form der Politik als „intended

29 Interessant zu bemerken ist dabei, dass Policy-Instrumenten-Ansätze in Publikationen häufig lediglich eine referentielle Funktion einnehmen und nicht den Kern eines empirisch zu testenden Frameworks bilden (Acciai und Capano 2020, S. 18).

to benefit government in general or the nation as a whole" und Denhardt und Denhardt (2008, S. 57-58) bringen vor allem nationale Sicherheitspolitik und die Schaffung bzw. die Umgestaltung von Regierungsagenturen als denkbare Beispiele.

Die Idee, Instrumente entlang der Dimension des damit verbundenen Zwangs zu kategorisieren, liegt auch der Arbeit von Doern (1981) zugrunde. Im Grundsatz unterscheidet er dabei zwischen vier – oder eigentlich drei – Instrumenten, wobei *self-regulation* als eine Kategorie lediglich privates Verhalten beschreibt und damit kein Instrument im engeren Sinn darstellt. Voranschreitend auf der „Zwang-Skala" definiert er *exhortation* als Form der politischen Mahnung, *expenditure* als ausgabenseitiges Eingreifen und schließlich *regulation* als das Schaffen von Regeln mit anhängigen Konsequenzen. Die direkte Regelsetzung stellt damit das schärfste Instrument dar (Doern 1981, S. 22-25). Eine Konsequenz aus der Orientierung am Ausmaß des Zwangs ist die Schlussfolgerung, dass in einer Demokratie Instrumente nach dem Motto „so wenig Zwang wie möglich, so viel wie nötig" eingesetzt werden, wenngleich dies in der empirischen Praxis nicht notwendigerweise zutrifft (Howlett und Ramesh 1993, S. 7-8).

Eine der prominentesten Konzeptionen von Policy-Instrumenten stammt von Christopher Hood, ursprünglich in Hood (1983) und überarbeitet in Hood und Margetts (2007). Grundsätzlich wird zwischen zwei verschiedenen Funktionen von Instrumenten unterschieden. In ihrer Funktion als *detectors* sind die Instrumente gewissermaßen zur Beobachtung und Aufnahme von Informationen konzipiert, während *effectors* notwendige Aktionen steuern und durchführen. Vier zentrale Ressourcen können dabei jeweils genutzt werden: *Nodality* beschreibt – wie der Name schon sagt – die Eigenschaft des Staates, ein zentraler Knoten in einem gesellschaftlichen oder Informationsnetzwerk darzustellen. *Authority* ist die Ressource legaler und offizieller staatlicher Macht. *Treasure* bezeichnet den staatlichen Besitz von Geld oder einem anderen „tauschbaren" Medium. Schließlich werden unter *organization* Ressourcen wie Personal und der physische Besitz des Staates, die wiederum in irgendeiner Form organisiert sind, zusammengefasst. Da jede der Ressourcen entweder zur Informationsbeschaffung oder direkt für staatliches Eingreifen genutzt werden kann, können die Ressourcen in insgesamt acht verschiedenen Formen auftreten (Hood und Margetts 2007, S. 3-10). Dabei stellen die Ressourcen noch nicht die tatsächlich eingesetzten Instrumente dar, sondern bilden lediglich deren Basis.

Die strategischen Probleme, die im Zusammenhang mit verschiedenen Policy-Instrumenten stehen, sind der Fokus eines Aufsatzes von Elmore

(1987). Eine Klasse von Instrumenten, die sogenannten *mandates*, bedient sich der klassischen Regelsetzung. In erster Linie soll dabei lediglich Compliance der Zielgruppe erreicht werden. Bei den *inducements* handelt es sich um zweckgebundene Zahlungen an Individuen oder Organisationen, um im Gegenzug kurzfristig eine bestimmte Leistung zu erhalten. Ebenfalls um Zahlungen handelt es sich bei den Maßnahmen des *capacity building*, allerdings eher investiv und damit auf langfristige Effekte hinsichtlich des Aufbaus von Kapazitäten und Kompetenzen angelegt. Schließlich werden beim *system changing* Verantwortlichkeiten zwischen Organisationen und Individuen verschoben und damit das grundsätzliche System der öffentlichen Leistungserbringung verändert (Elmore 1987, S. 175-177).

Die bis zu diesem Zeitpunkt entwickelten Typologien greifen Linder und Peters (1989) in einer Literatursynthese auf und thematisieren deren Schwächen. Dabei gehen sie unter anderem explizit auf die Tatsache ein, dass die bisherigen Ansätze zu Policy-Instrumenten lediglich Klassifikationen und keine Theorien mit Implikationen für deren Wirkungszusammenhänge darstellen (Linder und Peters 1989, S. 41). Um diese Lücke ein Stück weit zu füllen, definieren die Autoren vier Bestandteile einer Policy-Instrumenten-Theorie: (1) eine Definition der Instrumente an sich, (2) deren Eigenschaften, (3) die Umfeldbedingungen der Instrumente sowie (4) das Einbeziehen der Nutzer und Bereitsteller der Instrumente (Linder und Peters 1989, S. 42). Zu Beginn ihrer Analyse identifizieren die beiden Autoren sieben Klassen von Instrumenten, die in der Literatur häufig genannt werden: „1) direct provision 2) subsidy 3) tax 4) contract 5) authority 6) regulation (the only consensus class), and 7) exhortation" (Linder und Peters 1989, S. 44). Ausgehend von diesen Kategorien werden 23 einzelne Instrumente abgeleitet.

Auch Schneider und Ingram (1990) fassen einen Großteil des Diskurses bis Ende der 1980er zusammen und greifen dabei in ihrer eigenen Klassifikation drei klassische Typen von Policy-Instrumenten auf: zum einen *authority tools*, die das Setzen von Verboten und Erlaubnissen sowie deren Durchsetzung beschreiben, zum anderen *incentive tools*, die mit positiven oder negativen Anreizen bestimmtes Verhalten anregen oder verhindern sollen, und schließlich *capacity Tools*, die Individuen oder Organisation durch die Bereitstellung von Ressourcen wie Information, Bildung und Training in die Lage versetzen, Entscheidungen zu treffen oder Handlungen auszuführen. Neben diesen klassischen Instrumenten beziehen die Autoren auch explizit *symbolic and hortatory tools* in den Instrumentenkatalog mit ein. Diese eher weiche Kategorie bezieht sich auf Maßnahmen, die die Einstellungen und Überzeugungen (im Englischen präziser ausgedrückt: *beliefs*) der Zielgruppe beeinflussen und dadurch die Unterstützung oder Priorisierung politischer Ziele sowie Eigeninitiative hervorrufen. Als letzte Kategorie führen die Autoren sogenannte *learning tools* ein. Es handelt sich dabei um kein Instrument im engeren Sinn, sondern um ein Verhalten in einer Situation, in der die Lösung eines Policy-Problems nicht oder wenig bekannt bzw. unsicher ist. In einem solchen Fall bleibt den verantwortlichen Akteuren gewissermaßen das Ausprobieren von verschiedenen Instrumenten und das Lernen daraus. Charakteristisch für solche Problemkonstellationen ist, dass es auf niedrigen Entscheidungsebenen ein hohes Maß an Entscheidungsfreiheit und lediglich grobe Zielvorgaben von höheren Ebenen gibt. In Fällen, in denen Unklarheit über das zu wählende Instrument herrscht, kommen im Rahmen eines lernenden Ansatzes auch partizipative Instrumente wie Anhörungen, Beratungsgremien oder Bürgerversammlungen zum Einsatz (Schneider und Ingram 1990, S. 514-522).

Einen weiteren zentralen Beitrag zur Forschung haben Bemelmans-Videc, Rist und Vedung (2007) (Erstveröffentlichung 1998) in einem Sammelband vorgelegt, nachdem es um die spezifische Tools- und Instruments-Literatur in den 1990er Jahren zwischenzeitlich ruhiger geworden ist. Inspiriert durch Etzioni (1975) und seiner dreigeteilten Typologie von Macht führt der Sammelbandeintrag von Vedung (2007) die drei wesentlichen Klassen von Policy-Instrumenten ein: *regulations (sticks)*, *economic means (carrots)*, *information (sermons)* (Vedung 2007, S. 30). Die erste Klasse, Regulierung, stellt die klassischen hierarchischen Instrumente des Staates dar, die hauptsächlich durch das Setzen von Normen und die damit verbundenen Sanktionen charakterisiert sind (Lemaire 2007). Die zweite Kategorie, ökonomische Steuerung, beschreibt vereinfacht formuliert das Gewähren oder Entziehen von Ressourcen (meist Geld), um Verhalten zu steuern. Es handelt sich im Gegensatz zur Regulierung um negative und positive Anreize, die Betroffenen haben nach wie vor Spielraum in ihrem tatsächlichen Verhalten. Klassische Beispiele sind Zuschüsse und Subventionen sowie Steuern und Gebühren (Leeuw 2007). Die letzte Kategorie von Instrumenten bezieht sich ganz allgemein auf die Bereitstellung und Verbreitung von Information, entweder schlicht in Form von Fakten oder aber auch verknüpft mit normativen Standpunkten. Hauptsächlich unterscheiden kann man zwischen der direkten, interpersonellen Verbreitung von Information und einer breit gestreuten, massenhaften Informationsverbreitung (Vedung und van der Doelen 2007).

Ein neue Perspektive in die Forschung zu Policy-Instrumenten bringt Howlett (2000) ein, indem er auf Basis bisheriger Kategorisierungen und empirischer Beobachtung eine Differenzierung der Instrumente in *substantial* und *procedural* vorschlägt. Im Gegensatz zu ersteren beeinflussen prozedurale Instrumente nicht direkt gesellschaftliche Outcomes, sondern eher indirekt, in dem der Policy-*Prozess* beeinflusst werden soll. Als Beispiele nennt Howlett verschiedene Beteiligungsformen und öffentlich-private Partnerschaften, die sich nicht ohne Weiteres in klassische Instrumentenkategorien einordnen lassen (Howlett 2000, S. 413). In der Kategorisierung prozeduraler Instrumente beruft Howlett sich wiederum auf die Vierteilung von Steuerungsressourcen aus Hood (1983). Das Spektrum der Instrumente bewegt sich dabei entlang einer Dimension des Ausmaßes staatlichen Eingriffs von reiner Bereitstellung (oder Zurückhaltung) von Information bis hin zu institutionellen Reformen und Umstrukturierungen (Howlett 2000, S. 419-421).

Zum Abschluss dieser Übersicht über einen Teil der Literatur zu Policy-Instrumenten steht ein umfangreicher Sammelband von Salamon (2002b). Das besondere Merkmal der enthaltenen Beiträge ist die Tatsache, dass durch eine einheitliche Struktur die Vergleichbarkeit verschiedener Instrumente innerhalb eines einheitlichen konzeptionellen Rahmens gegeben ist. Dieser Rahmen umfasst unter anderem eine Charakterisierung der Instrumente entlang spezifischer Dimensionen: Ausmaß des Zwangs, Direktheit, Grad der Automatisierung und Sichtbarkeit.[30] Außerdem werden fünf explizite Evaluationskriterien für die Instrumente formuliert, die für jedes Instrument gesondert diskutiert werden: Effektivität, Effizienz, Gleichheit/Fairness, Handhabbarkeit und Legitimität/politische Umsetzbarkeit (Salamon 2002a, S. 23-37).[31] Zusätzlich zur Instrumentencharakterisierung und zu den Evaluationskriterien bieten die Kapitel Übersichten über einzelne Instrumententypen und -abstufungen, deren Einsatz sowie deren Begründungen. Inhaltlich werden dabei insgesamt 13 verschiedene Instrumente oder Klassen von Instrumenten erfasst. Eine Beschreibung aller Instrumente inklusive deren Evaluationserwartungen würde an dieser Stelle zu weit führen, nichtsdestotrotz bietet Salamon (2002b) die womöglich breiteste konzeptionelle Basis im Bereich der Policy-Instrumente.

Diese Literaturübersicht über verschiedene Typologien von Instrumenten wird für das weitere Vorgehen in einer eigenen Synthese aufgearbeitet, die

30 Der Versuch der deutschen Übersetzung erweist sich in diesem Fall als nicht uneingeschränkt zutreffend. Im Original ist von *Degree of Coerciveness*, *Directness*, *Automaticity* und *Visibility* die Rede.

31 ebd. *Effectiveness*, *Efficiency*, *Equity*, *Manageability*, *Legitimacy and Political Feasibility*.

vor allem auf die bei der Intervention eingesetzten Ressourcen fokussiert und damit einem bestimmten Typ von Policy-Instrumenten-Typologien folgt. Vedung (2007) unterscheidet bei Typologien zum einen zwischen „choice versus resource approach“ und zum anderen zwischen „maximalist versus minimalist approach“. Grundsätzlich unterscheidet sich choice von resource darin, dass bei Ersterem die gesamte Bandbreite staatlicher Möglichkeiten einbezogen wird, wobei der „Nicht-Eingriff“ der öffentlichen Hand einen zentralen Bestandteil darstellt. Der ressourcenbasierte Ansatz geht dagegen davon aus, dass die Entscheidung über das Ob bereits getroffen ist und lediglich das Wie auf der Basis der zur Verfügung stehenden Ressourcen eine Rolle spielt. Dementsprechend kann man den resource approach auch als eine Teilmenge des choice approach verstehen. Wie der Name schon sagt, unterscheiden sich minimalistische und maximalistische Ansätze in der Anzahl der genannten Instrumente bzw. in deren Abstraktionsgrad (Vedung 2007, S. 22-27). Die Entscheidung für eine eher minimalistische ressourcenbasierte Einordnung der Instrumente im Kontext der vorliegenden Arbeit fällt aus verschiedenen Gründen: Da sich die Analyse von instrumentellen Neuerungen im Bereich der Kommunalfinanzen in Deutschland explizit mit existierenden Eingriffen beschäftigt, ist der ressourcenbasierte Ansatz angemessen, da die Entscheidung für eine Intervention bereits per definitionem getroffen ist. Schließlich ist das Zurückgreifen auf eine überschaubare Zahl an Instrumentenklassen – im Gegensatz zur kleinteiligen Definition einzelner Instrumente – im vorliegenden Fall ausreichend, da alle hier thematisierten Instrumente sich in einem engen gemeinsamen Policy-Kontext befinden und die dahinterstehenden Policy-Ziele konstant sind.

Zur Synthese wurden die besprochenen Typologien nach deren Integrationsfähigkeit für andere Typologien bewertet und schließlich auch der spezifische Kontext der Forschungsfrage berücksichtigt, der gewisse Instrumente von vornherein ausschließt (Beispiel: *social regulation* oder *government corporations* (aus der Sammlung von: Salamon 2002a, S. 21)), da sie für einen gänzlich anderen Policy-Kontext konzipiert wurden. Tabelle 3 zeigt eine Kombination verschiedener Typologien mit einem Fokus auf Steuerungsressourcen. Diese Einteilung orientiert sich dabei stark an der Typologie von Schneider und Ingram (1990), die um die Nutzung von Information in Anlehnung an Hood (1983) und Bemelmans-Videc, Rist und Vedung (2007) erweitert wurde.

Unter *Autorität* werden alle direkten, hierarchischen Eingriffe verstanden. *(Finanz-)Mittel* beschreiben jegliche Form der Steuerung von Verhalten durch den Einsatz staatlicher Ressourcen. In den allermeisten Fällen sind diese

Ressourcen in irgendeiner Weise finanzwirksam und umfassen negative oder positive Anreize.[32] *Organisation* umfasst alle Möglichkeiten, mithilfe von Strukturveränderungen Politikziele durchzusetzen, während *Information und Symbolik* die Erfassung und Verbreitung von Information beschreibt, auch mit dem Zweck, Meinungen und Einstellungen zu beeinflussen. Darunter fallen auch Maßnahmen, die stärker symbolischen Charakter haben und bspw. Mahnung (exhortation) als politisches Instrument nutzen. *Trial and Error* orientiert sich hauptsächlich am Instrument des learning von Schneider und Ingram (1990) und stellt auf den ersten Blick keine klar definierte Ressource öffentlichen Handelns dar. Allerdings bietet sich das modellhafte Versuchen mit verschiedenen Instrumenten in Zeiten einer Unsicherheit über deren Wirkung, wie es im Learning-Konzept formuliert wird, an, um dezentrale und partizipative Instrumente zu erfassen.

Entscheidend sind die Implikationen für die Wirksamkeit der jeweiligen Instrumente. Die Erwartungen darüber – und damit letztlich die Instrumentenwahl – hängen von der Priorisierung verschiedener Ziele ab, wie sie Linder und Peters in ihrem zentralen Trade-off zwischen Ressourcenintensität, Zielgerichtetheit, politischem Risiko und Zwang formuliert haben (Linder und Peters 1989, S. 46-47). In diesen Kategorien lässt sich letztlich die bekannte „Trias" der Bewertung politischer Maßnahmen – Effektivität, Effizient und Legitimität – wiederentdecken. In dieser Arbeit steht eindeutig die Effektivitätsdimension – oder wie Hood und Margetts (2007, S. 145) sie nennen: „fitness for purpose" – im Zentrum. Im Folgenden werden daher in erster Linie Bedingungen formuliert, unter denen jede der fünf definierten Instrumentenklassen effektiv sein kann. Dies bildet eine weitere Grundlage dafür zu bewerten, ob die jeweiligen Instrumente im Kontext der Prinzipal-Agenten-Beziehung sowie den lokalen Ressourcen und Institutionen erfolgversprechend sind. Eine dezidierte, auf die spezifischen Instrumente bezogene Analyse erfolgt daraufhin in den Kapiteln zu den einzelnen Instrumenten.

Für den Einsatz von *Autorität* definiert Leman (2002, S. 61-62) fünf Situationen, unter denen *direct government* vielversprechend ist: (1) Eine legitime Gewaltanwendung ist notwendig; (2) die Zielerreichung darf nicht zufällig sein; (3) Gleichbehandlung nimmt eine wichtige Rolle ein; (4) es besteht kein wirksamer Markt; (5) staatliche Strukturen müssen aufrechterhalten

32 Die Verwendung des Begriffs „Anreize" als Überbegriff für diese Kategorie wäre nicht präzise genug, da Anreize neben einer finanziellen Komponente genauso auch eine moralische oder zwangsbasierte Komponente besitzen können (Dalkir 2005, S. 309).

Tabelle 3: Synthese verschiedener Typologien von Policy-Instrumenten (Quelle: eigene Darstellung)

| | Ressourcen | | |
|---|---|---|---|
| **Modelle** | **Autorität** | **(Finanz-)Mittel** | **Organisation** |
| Lowi (1972) | Regulative | Distributive, Redistributive | Constituent |
| Doern (1981) | Regulation | Expenditure | – |
| Hood (1983) | Authority | Treasure | Organization |
| Elmore (1987) | Mandates | Inducements | System Changing |
| Linder und Peters (1989) | Authority, Regulation | Subsidy, Tax | – |
| Schneider und Ingram (1990) | Authority | Incentive | Capacity |
| Bemelmans-Videc, Rist und Vedung (2007) | Stick | Carrot | – |
| Salamon (2002a) | Direct Government | Grants, Fees, Charges | Government Corporations |
| | **Ressourcen** | | |
| **Modelle** | **Information und Symbolik** | **Trial and Error** | |
| Lowi (1972) | – | – | |
| Doern (1981) | Exhortation | – | |
| Hood (1983) | Nodality | – | |
| Elmore (1987) | – | – | |
| Linder und Peters (1989) | Exhortation | – | |
| Schneider und Ingram (1990) | Symbolic and Horatory | Learning | |
| Bemelmans-Videc, Rist und Vedung (2007) | Sermon | – | |
| Salamon (2002a) | Public Information | – | |

werden.[33] Bezogen auf die Effektivität nennt Leman als Stärken des autoritativen Vorgehens vor allem die Unabhängigkeit von Kooperation und vergleichsweise niedrige Transaktionskosten (Leman 2002, S. 68). Lemaire (2007, S. 71) schränkt allerdings dahingehend ein, dass reiner staatlicher Eingriff meist nur effektiv ist, wenn nichtsdestotrotz ein gesellschaftlicher Konsens über das Ziel besteht und wenn die Erfüllung des Ziels klar gemessen und verbindlich eingefordert werden kann. Ähnlich argumentiert Elmore (1987, S. 177): Die pure Anordnung verlangt Informationen und Klarheit über die Ziele sowie ein gewisses Maß an Zwang und den Willen, Verhalten zu vereinheitlichen. Außerdem sollte gegeben sein, dass *ohne* Zwang das Ziel nicht erreicht würde. Zusammenfassend sind vielversprechende Kontextbedingungen: Messbarkeit und Klarheit über das Ziel, Konsens über die Notwendigkeit, eine Gleichbehandlung als Ziel und die Möglichkeit, Zwang bis zur endgültigen Durchsetzung auszuüben.

Im Kontext von *(Finanz-)Mitteln* ist es sinnvoll, Bezug auf Elmore (1987, S. 176-178) zu nehmen, da dieser auch explizit auf Beihilfen für öffentliche Akteure („grants-in-aid to governments") abstellt. Der Mitteleinsatz ist demnach in einem Umfeld effektiv, indem die grundsätzliche Kapazität zur Zielerreichung da ist, diese jedoch gewissermaßen „geweckt" werden muss. Das Vorhandensein dieser grundsätzlichen Kapazität ist dabei ausgesprochen zentral. Eine weitere Voraussetzung ist ein gewisses Maß an Kongruenz der Interessen von Geber und Empfänger. Aus einer problemorientierten Perspektive kann es daher aufgrund verschiedener Voraussetzungen und Präferenzen auch zu ungewollten oder zumindest ungleich verteilten Ergebnissen kommen, gerade wenn die Bedingungen, die an potentielle Zahlungen geknüpft sind, nicht ausreichend definiert sind. Beam und Conlan (2002, S. 360-362) führen bezugnehmend auf die Theorie des Fiskalföderalismus aus, dass es im Grundsatz sinnvoll sein kann, dass eine staatliche Ebene, die auf eine breitere Steuerbasis zugreifen kann, eine andere Ebene subventioniert. Allerdings wäre für eine komplette Vermeidung falscher Anreize oder von Mitnahmeeffekten ein äußerst differenziertes und umsichtiges Design der Subventionen notwendig. Dies ist laut den Autoren in der Praxis kaum umsetzbar. In der Gesamtschau stellen vor allem das Vorhandensein einer gewissen Kapazität (in gänzlich verschiedener Form) beim Empfänger, die

33 Im Original: (1) "the exercise of legitimate force is involved", (2) "performance cannot responsibly left to chance", (3) "equity considerations are especially important", (4) "no effective market exists", and (5) "the maintenance of some governmental capability is essential" (Leman 2002, S. 61-62).

Kongruenz bzgl. der Zielerreichungsinteressen, die Klarheit der Anreizbedingungen und – als übergeordneter Faktor – ein intelligentes Design des Mitteleinsatzes insgesamt wichtige Voraussetzungen für einen gelingenden Einsatz dieser Steuerungsressource dar.

Im Bereich der Steuerung über *Organisation* ist sich die Literatur nicht ganz einig, ob es sich um ein Instrument handelt oder letztlich nur um eine Grundbedingung, um überhaupt steuern zu können (so bspw. Vedung 2007, S. 37-38); beides scheint richtig zu sein: Eine gewisse organisatorische Verfasstheit ist die Voraussetzung für den Einsatz von Instrumenten. Andererseits kann das Mittel der bewussten organisatorischen Gestaltung durchaus als auf der gleichen Ebene wie der Einsatz von Anreizen oder Autorität betrachtet werden. Elmore (1987, S. 178) beschreibt mit dem Begriff des *system-changing* ein Instrument, das dem hier gewählten Verständnis von Organisation recht nahe kommt. Es geht dabei um den Transfer von Verantwortung zwischen Individuen oder Organisationen und die dadurch entstehende Veränderung der institutionellen Struktur; entweder durch Verschiebungen zwischen staatlichen Ebenen, zwischen Einheiten auf der gleichen Organisationsebene oder zwischen staatlichen und privaten Trägern. Die besonderen Herausforderungen bei einer solchen Umgestaltung bestehen unter anderem darin, dass bestehende institutionelle Verantwortlichkeiten – aufgrund existierender Machtstrukturen und Eigeninteressen – einer neuen institutionellen Ordnung im Wege stehen können. Genauso ist eine neue organisatorische Struktur mit einem vergleichsweise hohen Maß an Unsicherheit über deren Wirksamkeit und die Motive „neuer" Akteure belastet – ein klassisches Prinzipal-Agenten-Problem. Insgesamt kommt ein organisatorischer Wandel also mit einigen Unabwägbarkeiten einher und berührt in den meisten Fällen auch das Gesamtsystem von Policy-Instrumenten, da strukturelle Änderungen auch Konsequenzen bspw. für die Ausübung von Autorität oder das Verteilen von Geld nach sich ziehen. Dies hat zur Folge, dass für wirksame organisatorische Maßnahmen die neuen Strukturen einerseits Rückendeckung und politische Unterstützung benötigen, andererseits einer effektiven Kontrolle und einer engen Bindung an die Policy-Ziele unterliegen sollten, um die Etablierung neuer Strukturen zu ermöglichen und gleichzeitig Unsicherheiten bzgl. der Zielerreichung abzubauen.

Für den effektiven Einsatz von *Information und Symbolik* formulieren Vedung und van der Doelen (2007, S. 107-114) zahlreiche verschiedene Theorien bzgl. förder- und hinderlicher Bedingungen. Zuerst sind diese Instrumente in Fällen, in denen „universal compliance" notwendig ist (als Beispiele nennen die Autoren Straftatbestände), verständlicherweise ungeeignet. Im Rahmen der *theory of coinciding interests* wird Information als besonders effektiv eingestuft, wenn Steuernder und Betroffener im Kern dieselben Interessen teilen und diese Interessenkongruenz lediglich verdeutlicht werden muss oder wenn Vorteile für den Betroffenen herausgestellt werden sollen. Darüber hinaus wird Information im Kontext von kurzfristig eingetretenen Krisen als wirksam beurteilt, da Regulierung oder das Setzen von Anreizen schlicht nicht reaktionsschnell genug eingesetzt werden kann. Damit verknüpft kann der Einsatz von Informationsinstrumenten in Situationen, in denen keine effektive Aufsicht ausgeübt werden kann, berechtigterweise zum Einsatz kommen. Außerdem dient Information häufig als Vorstufe von stärker invasiven Instrumenten. Dahinter steckt die Erwartung, dass damit andere Instrumente vorbereitet werden oder deren Einsatz eventuell noch verhindert wird. Schließlich kann Information – wie die Kategorie schon besagt – einen symbolhaften Charakter haben, wenn es darum geht, Aufmerksamkeit zu erzeugen bzw. abzulenken. Eine sehr ähnliche Sammlung an Randbedingungen formuliert Weiss (2002, S. 233-234) und erweitert diese um Situationen, in denen ein Problem auf Informationsasymmetrien oder Informationskosten zurückzuführen ist.

Für die letzte Kategorie, *Trial and Error*, kann es verständlicherweise nur schwer klare theoretische Erwartungen geben, da diese Kategorie keine inhaltliche Ausrichtung hat, sondern lediglich den prozeduralen Aspekt des Suchens nach instrumentellen Lösungen beschreibt. Ein zentraler Bestandteil dieses „Ansatzes“ ist ein hohes Maß an Autonomie für die Akteure vor Ort, die direkt von einem Policy-Problem betroffen sind. Diese können ggf. auf partizipative Formen zurückgreifen, um Problemlösungen zu generieren. Denkbare Randbedingungen für ein solch iteratives Vorgehen können vor allem Problemstellungen sein, in denen ein Problem noch nicht gänzlich verstanden wird oder die Zielgruppe bzw. der Kontext sehr divers ist und damit kein etablierter Mechanismus zur Instrumentenwahl besteht (Schneider und Ingram 1990, S. 521-522).

Abschließend soll verdeutlicht werden, dass die vorgenommene getrennte Betrachtungsweise der Instrumente keine exakte Beschreibung der Realität darstellt. Bereits konzeptionell sind die Kategorien nicht immer trennscharf zu fassen und in der politischen Realität greift eine Intervention selten nur auf eine Ressource oder Instrumentenklasse zurück (Bemelmans-Videc und Vedung (2007, S. 257) sprechen bspw. vom „packaging of policy instruments“). Auch in der Entwicklung der Forschung zu Policy-Instrumenten lässt sich die zunehmende Entwicklung weg von der Betrachtung einzelner Instrumente („first generation“) hin zu den Fragen, die sich aus einem Mix von Instru-

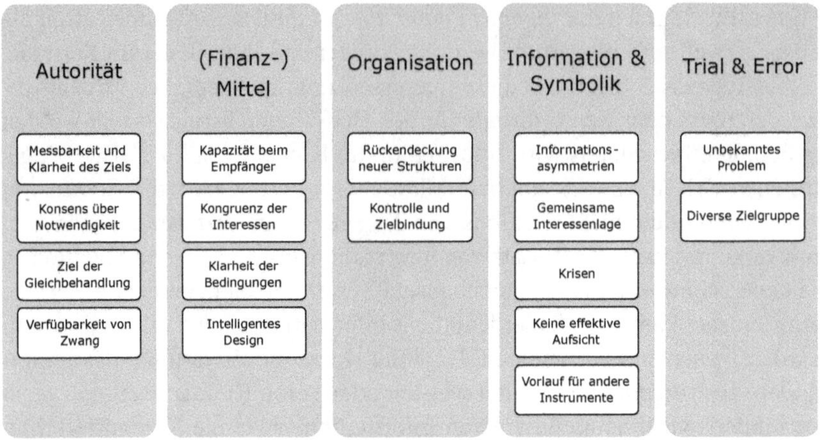


Abbildung 9: Rahmenbedingungen für die Wirksamkeit verschiedener Policy-Instrumente (Quelle: eigene Darstellung)

menten („second generation") ergeben, abbilden (Howlett, Kim und Weaver 2006, S. 129, 132). Dieses realitätsnähere Bild von Instrumenten generiert wiederum neue Fragestellungen, die sich vor allem mit der Komplementarität und mit potentiellen Konflikten verschiedener Instrumente befassen. Da auch im hier vorliegenden Anwendungsfall teils mehrdimensionale Instrumente im Fokus stehen, wird der Frage nach der „Verträglichkeit" verschiedener instrumenteller Mechanismen in der später folgenden Analyse Rechnung getragen.

## *V. Zusammenfassung*

Im vorangegangenen Abschnitt wurde analog zu den verschiedenen Funktionen, die Theorien in der sozialwissenschaftlichen Forschung einnehmen können, mit einem dreiteiligen Vorgehen die Grundlage geschaffen, um der empirischen Evaluation verschiedener Instrumente zur Bekämpfung kommunaler Schulden eine theoretische Einbettung voranstellen zu können. Der Rückbezug zum austerity management diente in erster Linie dazu, die Instrumente zu kategorisieren und deren Rolle im größeren Kontext kommunaler Austeritätspolitk zu verdeutlichen. Im Rahmen der erklärenden Theoriefunktion wurde zur Bewertung der Wirksamkeit der Instrumente mithilfe einer mechanistischen Perspektive herausgearbeitet, dass kommunale Haushaltspolitik letztlich das Ergebnis vorhandener Handlungsfähigkeit und notwendigen politischen Willens ist. Lokale haushaltsrelevante Entscheidungen fallen dabei allerdings nicht im „luftleeren Raum", sondern sind durch rechtliche Vorgaben und organisatorische Aufsichtsstrukturen in ein Mehrebenensystem eingebettet, in dem das Land die Überwachung kommunaler Haushalte wahrnimmt. In diesem System nehmen die Kommunalaufsichtsbehörden die Rolle eines Prinzipals ein, der versucht, das Ziel gesunder kommunaler Finanzen auf der Ebene der Agenten in den Kommunen durchzusetzen, verbunden mit den typischen Agenturproblemen wie abweichenden Präferenzen, Informationsasymmetrien und nicht intendiertem Verhalten des Agenten.

Diese Ausgangsstruktur in der Beziehung zwischen (Landes-)Aufsicht und Kommune erfuhr und erfährt durch den Einsatz von Instrumenten wie bspw. Sparkommissaren, Rettungschirmen und kommunalen Schuldenbremsen in Teilen eine Verschiebung in den Kontrollmechanismen. Die Charakteristiken dieser Instrumente lassen sich vor allem anhand unterschiedlicher Steuerungsressourcen wie bspw. Hierarchie, dem Einsatz von Mitteln, Organisation und Information differenzieren und spiegeln damit klassische ressourcenbasierte Ansätze von Policy-Instrumenten wider. Der Einsatz dieser Steuerungsressourcen verändert einerseits die willingness, den Vorgaben des Prinzipals zu folgen, und andererseits auch die lokale ability – als die zweite wichtige Bedingung für haushaltsrelevante Entscheidungen – dadurch, dass die Ressourcenausstattung sowie das institutionelle Gefüge vor Ort beeinflusst sind. Durch die Kombination der Perspektiven auf (1) Verschiebungen in der Prinzipal-Agenten-Beziehung, (2) die Änderung in der lokalen ability und (3) die in der Literatur zu Policy-Instrumenten postulierten Wirkungen verschiedener Steuerungsressourcen lassen sich im Vorfeld der empirischen Analysen theoretische Erwartungen zur Wirksamkeit der Instrumente formulieren. Insofern bilden die Policy-Instrumente eine sinnvolle Anreicherung zur Analyse der Haushaltsentscheidungen in den Kommunen, die ihrerseits maßgebliche Auswirkungen auf die Verschuldung haben dürften.

*Allgemeingültige* Aussagen über die Bedingungen für die Wirksamkeit von Policy-Instrumenten – oder Klassen von Policy-Instrumenten – lassen sich auf der Basis der eben angesprochenen komplexen und spezifischen Struktur im Bereich kommunaler Finanzen dabei nicht ohne Weiteres treffen. Aufbauend auf Ideen von Mayntz (1983) und ihrer kontingenztheoretischen Sichtweise auf die Passgenauigkeit zwischen Kontext und Policy-Instrument betonen Hood und Margetts (2007, S. 149) unter dem Stichwort „matching the tool to the job" vor allem die Berücksichtigung des konkreten Falls für einen gelingenden Einsatz von Policy-Instrumenten. Genauso schätzen Linder und Peters (1989, S. 53) die Notwendigkeit einer einzelfallartigen Herangehensweise wie folgt ein: „The evidence on instrument performance rests on the investigator's case-by-case judgments about the goodness of fit or match of instrument to problem". Für die vorliegenden Analysen bedeutet dies, die eingesetzten Instrumente dahingehend zu bewerten, inwiefern diese im Kontext lokaler Austeritätspolitik wirken und – spezifischer – in welcher Form die willingness und ability lokaler Haushaltspolitik beeinflusst werden. Beispielsweise berufen sich Finanzhilfeprogramme auf einen mehrschichtigen Mix aus verschiedenen Instrumenten, bei denen ein Bestandteil die Erweiterung der Informationsgrundlage durch zusätzliche Berichtspflichten die Wahrscheinlichkeit für nicht intendiertes Verhalten verringern oder, als weiterer Bestandteil, eine verbesserte Ressourcenausstattung die grundsätzliche Fähigkeit zum Schuldenabbau erweitern soll. Um daher Redundanzen zu vermeiden und der Individualität der eingesetzten Instrumente gerecht zu werden, erfolgt die dezidierte theoretische Analyse in den folgenden Einzelkapiteln direkt vor der jeweiligen empirischen Analyse.

# E. Anforderungen der Evaluation

Im Sinne der Bewältigung der Schwierigkeiten der Evaluation politisch-administrativer Programme, wie sie ganz zu Beginn der Einleitung formuliert wurden, ist ein Teil des vorgeschlagenen Vorgehens durch eine erste Einengung des analytischen Fokus auf die Instrumente in einem spezifischen Anwendungsbereich bereits geschehen. Bislang noch offen ist die Frage nach dem methodischen Zugang. Dazu wird zunächst das Konzept einer *Evaluation* kurz differenziert, um daraufhin den Bogen zu sozialwissenschaftlichen Grundlagen der kausalen Analyse zu spannen und schließlich den methodischen Schwerpunkt der angestrebten Evaluationen zu definieren.

Der Begriff der Evaluation im Bereich der Politik- und Verwaltungswissenschaften deckt ein kaum zu fassendes semantisches Spektrum ab, wobei eine der grundsätzlichsten Differenzierungen zwischen der Evaluation als Bestandteil des *policy cycle* einerseits und als Analyse mithilfe sozialwissenschaftlicher Methoden andererseits verstanden werden kann. Dementsprechend stellt die Evaluation einerseits ein Forschungsobjekt im Sinne eines konzeptionellen und realweltlichen Phänomens, andererseits einen Aspekt empirischer Forschung dar, wenngleich beides in enger Verbindung steht. So kann Programmevaluation letztlich auch als ein spezieller Teilbereich sozialwissenschaftlicher Forschung verstanden werden (Posavac und Carey 1992, S. 24-25). Als Minimaldefinition könnte man anführen, dass bei Evaluationen empirisches Wissen gesammelt und bewertet wird, auf dessen Basis Entscheidungen getroffen werden (können) (Stockmann 2011, S. 14-15). Konstituierende Elemente einer jeden Evaluation – und damit auch die Grundlage für die Bewertung von Evaluationen – sind die Fragen nach dem Wer, dem Was, dem Wie und mithilfe welcher Kriterien (Stockmann 2011, S. 16). Die Ziele einer Evaluation sind die folgenden: „(1) die Gewinnung von Erkenntnissen[,] (2) die Ausübung von Kontrolle[,] (3) die Schaffung von Transparenz, um einen Dialog zu ermöglichen [und] (4) die Dokumentation des Erfolgs“ (Stockmann 2004, S. 3). Diesen Zielen sind die vorliegenden Evaluationen verpflichtet, indem auf der Basis einer sorgsamen Analyse die Zielerreichung der Instrumente kontrolliert wird und die Dokumentation der Ergebnisse vollumfassend erfolgt.

Es existieren geradezu verwirrend viele Möglichkeiten, Evaluationen zu kategorisieren (Stockmann 2011, S. 29). Auf der Basis von Fitzpatrick, Worthen und Sanders (2004) präsentiert Stockmann (2011, S. 38-40) eine sehr umfangreiche Synthese verschiedener Ansätze, differenziert nach deren Zielen, Hauptvertretern, Stärken und Schwächen. Neben partizipativen, expertenbasierten sowie konsumenten- und managementbezogenen Formen steht zuvorderst der „[t]arget-oriented“ (Stockmann 2011, S. 38) Ansatz, der auf die Zielerreichung eines Programms fokussiert. Auch Vedung (2000) stellt eine ganze Bandbreite an verschiedenen Formen der Evaluation dar, wobei er grundsätzlich zwischen „effectiveness models, economic models, and professional models“ unterscheidet (Vedung 2000, S. 36). Unter Letzterem werden vor allem *peer-review* Verfahren verstanden, in denen Fachspezialisten die Leistungen anderer Mitglieder ihrer Gemeinschaft nach eigenen, disziplinspezifischen Kriterien bewerten (Vedung 2000, S. 87). Im Bereich der ökonomischen Evaluation stehen vor allem die Bewertung von Produktivität und Effizienz im Vordergrund (Vedung 2000, S. 83-87), während die Evaluation der Effektivität verschiedene Ziele in den Blick nimmt: „goal-attainment evaluation, (...) side-effects evaluation, goal-free evaluation, comprehensive evaluation, client-oriented evaluation, and the stakeholder model“ (Vedung 2000, S. 36).

Durch die hier gewählten Forschungsobjekte und den methodischen Ansatz steht die Zielerreichung eindeutig im Vordergrund. Im Grundsatz ist allerdings allen Evaluationsansätzen gemein, dass sie vor ähnlichen Herausforderungen und Problemen stehen. Analog zu den Kernelementen einer jeden Evaluation befinden sich darunter teils praxisorientierte Probleme wie die Frage nach dem Zweck der Evaluation, dem geeigneten Akteur, der die Evaluation durchführt, oder der Verwendung von Ergebnissen, aber vor allem auch Definitionsfragen, wie die Frage nach dem geeigneten Evaluationsgegenstand oder passenden Kriterien. Eine besonders zentrale Herausforderung von Evaluationen besteht in der Klärung von Ursache-Wirkungs-Zusammenhängen („impact problem“), oder vereinfacht formuliert: Was ist für beobachtete Ergebnisse tatsächlich ursächlich (Vedung 2000, S. 93-94). Im Hinblick auf die Frage nach der Kausalität stehen nach Stockmann (2011, S. 18) die Evaluationsforschung und sozialwissenschaftliche Grundlagenforschung prinzipiell vor denselben Herausforderungen.

## *I. Grundlagen der kausalen Analyse in den Sozialwissenschaften*

Mit Blick auf die Politikpraxis kommt der Problematisierung der Frage nach der kausalen Zurechenbarkeit von Effekten zu politischen Programmen und

Interventionen – zumindest aus Sicht des Autors – nicht immer eine angemessene Bedeutung zu. Wenn im Rahmen der Bewertung eines politischen Programms eine Analyse von Outcomes erfolgt, besteht diese meist aus simplen Vorher-Nachher-Vergleichen. So sind bspw. die Auswirkungen der Agenda 2010 überwiegend positiv bewertet worden, wenngleich in einem Beitrag der Bundeszentrale für politische Bildung explizit auf das Problem eines fehlenden kontrafaktischen Vergleichs hingewiesen wird (Walwei 2017). Als weiteres Beispiel auf niedrigerer Ebene – um bei den hier im Zentrum stehenden Instrumenten zu bleiben – kann die Schlussfolgerung der Bezirksregierung Münster genannt werden, die Stadt Waltrop habe sich durch den Einsatz eines beratenden Sparkommissars „gesund gespart" (Bezirksregierung Münster 2009, S. 41), ohne eine längerfristige, geschweige denn eine vergleichende Analyse vorzunehmen.

Die sozialwissenschaftliche Forschung hat sich der Thematisierung der Kausalität in der Forschungspraxis dagegen deutlich intensiver zugewandt; am meisten beachtet darunter sicherlich der Beitrag von Holland (1986). Dabei zeigt er zunächst, dass ein Großteil statistischer Zusammenhangsmaße in ihrem Kern deskriptive Maße sind, die per se keine Aussagen über Kausalität treffen. Ausgehend von Rubin (1974) nähert Holland sich der Identifizierung von Kausalität über eine Perspektive, die im Kontext experimenteller Forschung etabliert ist. Einer Untersuchungseinheit $u$ kann demnach ein Treatment $t$ zugewiesen werden oder diese befindet sich in der Kontrollgruppe $c$.[34] Bezogen auf *eine* Untersuchungseinheit ist die Identifikation eines kausalen Effekts denkbar simpel. Dieser ist definiert als die Differenz im Outcome $Y$ einer Untersuchungseinheit $u$, wenn sie ein gewisses Treatment $t$ erfahren hat oder in der Kontrollgruppe $c$ ist.

$$Y_t(u) - Y_c(u) \tag{1}$$

Das zentrale Problem und damit das „fundamental problem of causal inference" (Holland 1986, S. 947) wird schnell deutlich. Es ist faktisch nicht

34 In der einschlägigen Fachliteratur haben sich Begrifflichkeiten, wie sie ursprünglich im Kontext von Experimenten Anwendung finden, weitgehend durchgesetzt. Daher werden im Weiteren die Begriffe *Treatment* (und die dazugehörigen Begriffe wie Treatmentfall, Treatmenteinheit, Treatmentgruppe etc.) als Vorhandensein einer Intervention verstanden, wohingegen *Kontrolle* (Kontrollgruppe, Kontrollfall, Kontrolleinheit, etc.) die Abwesenheit einer solchen Intervention bezeichnet. Im vorliegenden Anwendungsfall ist damit die An- oder Abwesenheit eines Instrumenteneinsatzes gemeint.

möglich, eine Einheit in zwei Zuständen gleichzeitig zu beobachten: Entweder die Untersuchungseinheit ist dem Treatment ausgesetzt oder nicht.

Eine Strategie, dieses Problem zu überkommen, erscheint naheliegend und wurde von Holland (1986, S. 947) als „scientific solution“ bezeichnet. Man beobachtet eine Einheit zu zwei Zeitpunkten, zwischen denen man die Einheit dem Treatment aussetzt und interpretiert den Unterschied im Outcome als Treatmenteffekt. Allerdings trifft man damit implizit eine Homogenitätsannahme dahingehend, dass man davon ausgeht, dass $Y_c(u)$ zeitlich stabil ist und der Messzeitpunkt dementsprechend unerheblich ist. Die zweite Strategie („statistical solution“ (Holland 1986, S. 947)) besteht darin, die Informationen mehrerer Untersuchungseinheiten zu nutzen. Da es bei mehreren Einheiten prinzipiell möglich ist, Einheiten mit und ohne Treatment zu beobachten, lässt sich zumindest ein durchschnittlicher Effekt $T$ als Differenz der Erwartungswerte beobachten.

$$T = E(Y_t) - E(Y_c) \qquad (2)$$

Zwar bietet die statistische Lösung die Möglichkeit, zwei beobachtbare Werte zu vergleichen, allerdings bekommt dabei die Frage nach dem Mechanismus der Zuteilung zur Treatment- oder Kontrollgruppe eine besondere Bedeutung (Holland 1986, S. 947).

Beide Lösungen bedürfen der Formulierung verschiedener Annahmen, auf deren Basis die Eignung der eigenen Strategie zur Identifikation kausaler Effekte bewertet werden muss. Zwei zentrale Annahmen, *temporal stability* und *causal transience*, bezeichnen dabei die Tatsache, dass zum einen der Zeitpunkt für die Zuweisung des Treatmentstatus und für die Messung des Outcome unerheblich ist, dass also eine Einheit in ihrer Gesamtheit zeitlich stabil ist. Zum anderen darf das Outcome einer Einheit nicht durch ein voriges Treatment beeinflusst sein. Sollten diese Annahmen zutreffen, würde es genügen, *eine* Untersuchungseinheit schlicht vor Eintreten eines Treatments und danach zu messen und auf dieser Basis den Treatmenteffekt zu definieren; in Hollands Sinne also eine scientific solution. Eine weitere Annahme, die eine relativ simple Beobachtung eines kausalen Effekts ermöglichen würde, ist die sogenannte *unit homogeneity*. Werden zwei Einheiten als bis auf die Treatmentzuweisung identisch angenommen, genügt der Vergleich einer Treatment- mit einer Kontrolleinheit, um einen kausalen Effekt abzuleiten (Holland 1986, S. 948).

Im Rahmen statistischer Lösungen bildet die *independence* die zentrale Annahme. Die Idee dahinter besteht darin, dass bei einer *zufälligen* Zuweisung mehrerer Einheiten entweder zur Treatment- oder Kontrollgruppe diese Zuweisung unabhängig von allen anderen potentiell einflussreichen Variablen erfolgt. Durch diese Unabhängigkeit von Drittfaktoren ist es dann wiederum möglich, einen mittleren Effekt (*average treatment effect (ATE)*) als Differenz zwischen den Erwartungswerten der Kontroll- und der Treatmentgruppe zu ermitteln. Möchte man diesen mittleren Effekt schließlich auch noch als gültig für einzelne Einheiten annehmen, muss man zusätzlich die Annahme eines *constant effect* treffen; also die Annahme, dass das Treatment bei allen Einheiten im selben Maße wirkt. Oftmals liegt allerdings ohnehin der durchschnittliche Effekt per se im Forschungsinteresse (Holland 1986, S. 948-949).

Diese Annahmen zur potentiellen Identifikation kausaler Effekte erscheinen im Kontext der meisten sozialwissenschaftlichen Fragestellungen sehr schwerwiegend, da derlei Annahmen am ehesten Situationen optimaler Laborexperimente widerspiegeln, in denen die Zuweisung eines Treatments oder die Auswahl von Untersuchungseinheiten generell gesteuert werden kann. Da die soziale Realität ein „Experimentieren" in vielen Fällen praktisch sowie moralisch unmöglich macht, muss sich der allergrößte Teil sozialwissenschaftlicher Evidenz auf ex post Beobachtungsdaten stützen. Der Zugang, um unter diesen Umständen der Kausalität dennoch Rechnung tragen zu können, erfolgt häufig über das Prinzip der *conditional independence*. Im Gegensatz zur gerade formulierten Unabhängigkeitsannahme, die die Unabhängigkeit von weiteren Faktoren durch zufällige Zuweisung von Kontroll- und Treatmentstatus erreicht, kann im Fall der conditional independence die Kenntnis über potentielle Drittvariablen genutzt werden, um kontrollierte kausale Aussagen möglich zu machen (Holland 1986, S. 949). Angewandt auf die am meisten verbreitete Form von ex post Designs mit Beobachtungsdaten, der Regressionsanalyse, spielt gerade die Identifikation von Drittvariablen eine zentrale Rolle. Denn die Interpretation von Regressionsergebnissen als konsistente Schätzer von kausalen Effekten würde voraussetzen, dass es entweder keine Drittvariablen gibt, die sowohl mit dem Treatment als auch mit dem Outcome korreliert sind, oder dass diese in einer Regressionsgleichung berücksichtigt wurden (Morgan und Winship 2007, S. 130-132).

In Abbildung 10 ist diese an sich simple Logik der Kontrolle von Drittvariablen nochmals dargestellt und kann anhand eines Beispiels aus Morgan und Winship (2007, S. 130-132) veranschaulicht werden: Angenommen man untersucht den Effekt von Bildung auf Einkommen. In einer bivariaten Regression wäre der Zusammenhang deutlich überschätzt, da bspw. die Intelligenz als wichtige Drittvariable unberücksichtigt bleibt. Intelligenz korreliert stark mit dem Bildungsabschluss *und* mit dem Einkommen und

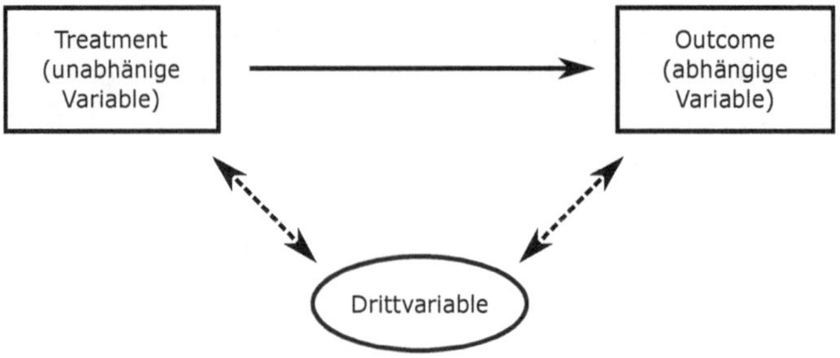


Abbildung 10: Logik der Drittvariablenkontrolle (Quelle: eigene Darstellung)

würde bei Berücksichtigung in der Regressionsgleichung den reinen Effekt der Bildung deutlich abschwächen. Die Suche nach Drittvariablen stellt also im Kern die eigentliche Herausforderung bspw. bei Regressionsmodellen dar. Unter realen Bedingungen erscheint es allerdings nahezu unmöglich, alle potentiellen Drittvariablen zu identifizieren; gerade im sozialwissenschaftlichen Bereich, in dem viele multikausale und latente Einflussfaktoren eine Rolle spielen. Der potentielle Effekt solcher relevanter Drittvariablen wird daher meist als *confounding* (englisch: to confound = vereiteln, verwirren) oder im Deutschen als *Konfundierung* bezeichnet. Gerade die Logik des confounding verdeutlicht die *eigentliche* Funktion von Kontrollvariablen in Regressionsdesigns, die für Hypothesentests genutzt werden. Die in der Praxis häufig zu beobachtende wahllose Integration von Kontrollvariablen, die in irgendeiner Form Einfluss auf das Outcome nehmen, dient ohne einen expliziten Bezug zu deren Rolle als confounder nicht der Absicherung eines kausalen Zusammenhangs.

Wichtig zu erwähnen ist an dieser Stelle, dass Regressionsanalysen in Abhängigkeit des *Forschungsziels* durchaus eine legitime Analysestrategie darstellen können. Unterscheiden kann man dabei grundsätzlich zwischen x-zentrierten Designs, die die Rolle *einer* zentralen unabhängigen Variable $x$ (oder eines Treatments) untersuchen, und einem y-zentrierten Vorgehen, das versucht, eine abhängige Variable $y$ möglichst vollumfänglich zu erklären (Gschwend und Schimmelfennig 2007). Bei erst genanntem Vorgehen – das weitgehend der Logik der hier im Zentrum stehenden Evaluationen entspricht – steht im Vordergrund, den Effekt einer zentralen unabhängigen Variable oder eines Treatments bestmöglich durch die Integration von potentiellen Drittvariablen abzusichern, während beim y-zentrierten Design Variablen ins Modell eingebracht werden, die generell einen Einfluss auf die abhängige

Variable entfalten können und damit nicht lediglich nach deren Rolle als confounder bewertet werden. Für y-zentrierte Ansätze, die einen möglichst großen Teil der Varianz in der abhängigen Variablen aufklären möchten, stellen Regressionsmodelle oder verwandte Verfahren wie bspw. Strukturgleichungsmodelle meist die einzig gangbare Alternative dar. Unabhängig vom Forschungsziel kann man Regressionsmodelle unter den gängigen Bedingungen schlicht auch als eine deskriptive Methode unter kontrollierten Randbedingungen und weniger als Möglichkeit der Kausalanalyse verstehen; nicht mehr und nicht weniger. Dieser deskriptiv-analytische Charakter hat durchaus seine Berechtigung, sollte allerdings in den entsprechenden Anwendungsfällen auch explizit als Limitation thematisiert werden.

Um unabhängig vom konkret gewählten Analyseverfahren Stärken und Schwächen verschiedener Möglichkeiten, kausale Schlüsse auf der Basis von nicht-experimentellen Designs zu ziehen, beschreiben und formalisieren zu können, bietet sich das *potential outcomes framework (POF)* an, wie es umfassend von Morgan und Winship (2007) aufgearbeitet wurde und direkt an die Arbeit von Holland (1986) anknüpft. Auch darin wird die Unmöglichkeit, einen individuellen Treatmenteffekt ($\delta_y = y_i^1 - y_i^0$) ohne extrem starke Annahmen zu beobachten, als Anlass dafür genommen, kausale Schlüsse auf der Basis mehrerer Untersuchungseinheiten in den Blick zu nehmen. Dabei spielt die Sicherstellung der Unabhängigkeit der Zuweisung des Treatments $D$ vom jeweiligen Outcome eine bedeutende Rolle.

$$(Y^0, Y^1) \perp\!\!\!\perp D \tag{3}$$

Diese Unabhängigkeit garantiert, dass der mittlere Effekt des Treatments (ATE) als Differenz der Erwartungswerte von Treatment- und Kontrollgruppe konsistent ist.

$$E[\delta] = E[Y^1] - E[Y^0] \tag{4}$$

Im Kontext von Experimenten wird diese Unabhängigkeit meist durch die *zufällige* Zuteilung zur Treatment- oder Kontrollgruppe erreicht. Damit ist ausgeschlossen, dass es einen systematisch verzerrenden Effekt von Drittvariablen gibt. Darin wird nun auch schon die Schwierigkeit der Arbeit mit Beobachtungsdaten deutlich: Es besteht keine Kontrolle über die Zuweisung des Treatments, da es sich in der Regel um reale soziale Phänomene handelt. Als Konsequenz daraus besteht in der Kausalanalyse die hauptsächliche Herausforderung darin, die „Zuteilung“ des Treatments zu analysieren (Morgan und Winship 2007, S. 43-54). Was sich so banal anhört, bewerten Morgan und Winship (2007, S. 54) folgendermaßen: „And herein lies the challenge of much scholarship in the social sciences".

Die mangelnde Kontrolle über das Treatment bei der Analyse von ex post Beobachtungsdaten hat zu verschiedenen Strategien geführt, wie dennoch kausale Schlussfolgerungen gezogen werden können. Diese Strategien haben in den letzten Jahren zu einer Art „design revolution" in den Sozialwissenschaften geführt und lassen sich grob in drei Kategorien einteilen: (1) Kausale Schlüsse können durch Konditionierung gezogen werden, indem Variablen berücksichtigt werden, die alle „Hintertüren" der Verbindung zwischen Treatment und Outcome blockieren („conditioning on variables that block all back-door paths from the causal to the outcome variable" (Morgan und Winship 2007, S. 105). (2) Darüber hinaus kann auch exogene Varianz in einer Instrumentalvariable genutzt werden, um die tatsächlich verursachte Varianz im Outcome zu isolieren. (3) Schließlich ist es grundsätzlich auch möglich, die beteiligten kausalen Mechanismen erschöpfend zu erfassen und zu verstehen (Morgan und Winship 2007, S. 105). Aus ersterem Bereich sind die prominentesten Vertreter sicherlich Regressionsmodelle und Matching-Verfahren, die versuchen die angesprochenen *back-door* Pfade durch im- oder explizite statistische Kontrolle auszuschließen. Zu dieser Klasse zählt auch die große Klasse von Modellen, die hauptsächlich mithilfe von Daten über Zeit zusätzliche „Kontrollinstanzen" einführen. Darunter bspw. das *regression discontinuity design*, das in seiner Grundform die Variation entlang zeitlicher Entwicklungsbrüche nutzt, oder auch verschiedene Regressionsmodelle mit Paneldaten, die zeitliche oder einheitenspezifische Heterogenität ausklammern. Die Palette an Untersuchungsdesigns ist beinahe unüberschaubar und entwickelt sich permanent, daher wird im Folgenden der Blick auf den Schwerpunkt der hier im Zentrum stehenden Analysen gerichtet.

## *II. Schwerpunkt der vorliegenden Evaluationen – Grundlagen des synthetischen Matching*

Die Übertragung vieler der im vorigen Abschnitt formulierten theoretischen Anforderungen und Strategien der kausalen Analyse auf die Evaluation von Instrumenten zur Bekämpfung kommunaler Schulden liegt nahe. Wie bereits eingangs erläutert, spielt eine explizite Berücksichtigung der Kausalität bei der Evaluation der Instrumente bislang kaum eine Rolle. Gerade die An- oder Abwesenheit eines Instruments im Sinne eines binären Treatments ist allerdings optimal dazu geeignet, die Anforderungen der kausalen Analyse mithilfe von ex post Beobachtungsdaten zu verdeutlichen, da ein experimentelles Randomisieren der Instrumente sich logischerweise ausschließt. Gleichzeitig ist der Prozess der Zuweisung des Treatments keineswegs zufällig, da der Einsatz von Instrumenten systematische Ursachen – in diesem Fall die jeweilige Haushaltssituation – besitzt. Dementsprechend bleibt zur Klärung der Wirksamkeit verschiedener Instrumente nur eine der drei oben genannten Strategien zum Umgang mit Kausalität mithilfe von Beobachtungsdaten. Die dritte Strategie, die Klärung aller beteiligten Mechanismen, liegt nicht im formulierten Forschungsinteresse, da in den folgenden Evaluationen in erster Linie eine klar quantifizierbare Analyse der Outcomes im Fokus steht. Die Nutzung exogener Varianz durch eine Instrumentalvariable, die zweite Strategie, schließt sich im vorliegenden Fall ebenfalls aus, da der Einsatz von Instrumenten als Treatment nicht exogen beeinflusst wird, sondern vielmehr sogar endogen mit dem Outcome in Verbindung steht.

Damit bleibt schließlich die Konditionierung durch die Kontrolle konfundierender Variablen und damit die Verhinderung der angesprochenen „Hintertürverbindungen" übrig. Dabei besteht grundsätzlich die Gefahr von *unberücksichtigten* Drittvariablen, der im Rahmen verschiedener Designs wiederum unterschiedlich begegnet wird. Die hier genutzten Methoden bedienen sich dabei vor allem zweier grundsätzlicher Möglichkeiten, um die Kontrolle von Drittvariablen quasi per Design zu erleichtern. Eine simple Herangehensweise, kausale Effekte zu identifizieren, besteht im Identifizieren zweier Einheiten, die sich lediglich im Treatment unterscheiden, analog zur Annahme der unit homogeneity. Statt Gruppen von Einheiten also das Treatment zufällig zuzuweisen, versuchen Methoden des *matching* ex post Einheiten zu finden, die sich hinsichtlich relevanter Drittvariablen sehr ähnlich sind. Findet man auf diese Weise mehrere (möglichst viele) Einheiten, die den Treatmenteinheiten gleichen, kann ein durchschnittlicher Effekt als Differenz zwischen Treatment- und Kontrollgruppe berechnet werden. Entscheidend ist dabei vor allem die Auswahl relevanter Variablen, auf deren Basis „gematched" werden soll, sowie die Methode, anhand derer die Nähe zwischen zwei Einheiten definiert werden soll. Dabei gibt es die Möglichkeit, Einheiten anhand exakter Kategorien zu matchen oder bestimmte Distanzmaße zu nutzen (bspw. *malahanobis distance*). Dies ist allerdings in der Praxis gerade bei kontinuierlichen Variablen oder einer großen Anzahl an Variablen schwer anzuwenden, weswegen sich vor allem das *propensity score matching* als dominante Methode durchgesetzt hat. Dabei dient der binäre Treatmentstatus als abhängige Variable für ein Regressionsmodell, das für jede Einheit mithilfe von Vorhersagevariablen die Wahrscheinlichkeit der Treatmentzuweisung (propensity score) errechnet. Daraufhin ist es möglich, Einheiten mit einem sehr ähnlichen propensity score und dennoch unterschiedlichem Treatmentstatus zu vergleichen. Dadurch handelt es sich gewissermaßen um ein kleines quasi-randomisiertes Experiment, zumindest auf der Basis der beobachteten Variablen (Stuart 2010, S. 6-8).

Grundsätzlich ist es allerdings analog zur Regression auch für das Matching entscheidend, eventuell konfundierende Variablen identifizieren und in die Berechnung integrieren zu können. Eine ergänzende Möglichkeit, mit dieser Schwierigkeit umzugehen, liegt in der Beobachtung von verschiedenen Einheiten über Zeit in einer Paneldatenstruktur. Eine solche Struktur ermöglicht es zum einen, eine Einheit über einen längeren Zeitraum vor und nach Einsetzen eines Treatments zu beobachten und zusätzlich auch den Verlauf von Einheiten, die das Treatment zu einem anderen Zeitpunkt oder überhaupt nicht erhalten haben (Morgan und Winship 2007, S. 363). Diese Eigenschaften machen sich verschiedene statistische Modelle zunutze, um bspw. im Rahmen eines *fixed effects* Modells einheitenspezifische zeitinvariante Störfaktoren auszuklammern, indem die im Modell integrierten Variablen um den einheitenspezifischen Mittelwert bereinigt werden (*time-demeaning*) und damit der einheitenspezifische zeitinvariante Bestandteil des Fehlerterms subtrahiert wird (Halaby 2004, S. 521-522). Prominent ist in diesem Zusammenhang auch das *difference-in-differences* Modell (oder auch *two-way fixed effects*) geworden, das zusätzlich zeitspezifische einheiteninvariante Faktoren kontrollieren kann. Das Problem, dass ein einheiten- *und* zeitspezifischer Bestandteil des Fehlerterms mit dem Treatment korreliert ist – damit einen confounder darstellt – bleibt allerdings bestehen.[35]

Die Vorzüge des Matching und der Nutzung von Paneldaten wurden im Rahmen einer zentralen methodischen Innovation, die sich speziell für die

35 Die Grundlage hierfür bildet eine Differenzierung des Fehlerterms in Regressionsmodellen. Gegeben sei ein lineares Modell:

$$Y_{it} = \beta_0 + \delta D_{it} + e_{it} \tag{5}$$

$$e_{it} = u_i + v_t + r_{it} \tag{6}$$

Der Regressionsfehler $e_{it}$ setzt sich wiederum aus verschiedenen Bestandteilen zusammen: ein einheitenspezifischer zeitinvarianter Bestandteil $u_i$, ein zeitspezifischer einheiteninvarianter Bestandteil $v_t$ und ein idiosynkratischer einheiten- und zeitspezifischer Bestandteil $r_{it}$.

vorliegenden Anwendungsfälle eignet, kombiniert. Gemeinsam ist dabei diesen Ansätzen, dass sie Paneldaten nutzen, um für einen oder mehrere Treatmentfälle *künstlich Vergleichsfälle herzustellen*, anstatt wie beim klassischen Matching reale Vergleichsfälle zu identifizieren; daher auch der Begriff *synthetisches* Matching. Dieser Ansatz wird zu Recht von Athey und Imbens (2017, S. 9) als „arguably the most important innovation in the policy evaluation literature in the last 15 years“ oder von Becker und Klößner (2018, S. 1) als „indispensable tool for program evaluation“ bezeichnet. Eine der herausragenden Qualifikationen für die Evaluationsforschung stellt dabei der Umgang mit extrem kleinen Fallzahlen dar. Gerade für *quantitative* Evaluationen wird in der Regel eine gewisse Anzahl an Treatment- und Kontrollfällen benötigt, um frequentistische Parameter wie Effektkoeffizienten und Standardfehler berechnen zu können. Dies stellt gerade im Evaluationsbereich, in dem politische Interventionen häufig einen Einzelfall- oder Pilotcharakter besitzen, eine der größten Herausforderungen dar; neben der Problematik des Nachweises von Kausalität sowie der gängigen Praxis der simplen einzelfallartigen Vorher-Nachher-Vergleiche, die aufgrund der Vernachlässigung alternativer Trends und Einflussfaktoren fehleranfällig sind.

In der Regel ist bei seltenen Ereignissen die vergleichende Fallstudie das klassische Mittel der Wahl. Bei vergleichenden Fallstudien ist eine geringe Anzahl an Treatmentfällen per se kein Problem, da ohnehin meist wenig Fälle oder sogar nur ein Treatmentfall in die Analyse einbezogen werden. Die Fallstudie bietet darüber hinaus die Möglichkeit einer vergleichsweise feinen Deskription und eventuell auch die Klärung beteiligter Mechanismen. Zumindest implizit bedienen sich auch qualitative Fallstudien der Konzepte von Treatment und Kontrollgruppe, spätestens bei der Auswahl von Vergleichsfällen (Abadie, Diamond und Hainmueller 2010, S. 493-494). Klassischerweise findet die Fallauswahl auf den Grundlagen von Mills (1906) *method of difference* bzw. Przeworski und Teunes (1970) *most similar systems design* statt. Mithilfe dieser Systematik wird versucht, bei vergleichenden Fallstudien möglichst viele Charakteristika der Vergleichsfälle gewissermaßen konstant zu halten. Dennoch ist die Wahl von Vergleichsfällen fehleranfällig, vor allem aufgrund der potentiellen Ambiguität und Subjektivität bei der Auswahl (Abadie, Diamond und Hainmueller 2010, S. 493). Zusätzlich steht die Analyse quantitativer Outcomes nicht im Vordergrund von Fallstudien.

Fallstudien mit quantitativen Methoden zu ergänzen und umgekehrt, entspringt keineswegs einer neuen Debatte. Die Auswahl von Fällen auf der Basis quantitativer Voranalysen oder die Strukturierung quantitativer Analysen mithilfe qualitativer Evidenz sind bekanntermaßen zentrale Möglichkeiten der wechselseitigen Beeinflussung (Abadie, Diamond und Hainmueller 2015, S. 495). Ausgehend davon soll mithilfe der *synthetic control method (SCM)* (analoger englischer Begriff zum synthetischen Matching) auf der Basis quantitativer Daten die Subjektivität bei der Auswahl von Vergleichsfällen für einen Treatmentfall eingeschränkt werden. Um die Idee des synthetischen Matching herum hat sich zwischenzeitlich bereits ein eigener Literaturstrang mit verschiedenen technischen Ansätzen gebildet, die im Folgenden noch genauer eingeführt werden. Gemeinsam ist diesen allen die grundsätzliche Idee der Methode: Dabei wird versucht, nicht einen zu einem Treatmentfall passenden Vergleichsfall zu *finden*, sondern man *erzeugt* ihn vereinfacht gesagt als gewichteten Mittelwert aus existierenden Kontrollfällen. Wie stark das Gewicht des jeweiligen Kontrollfalls ist, hängt davon ab, wie ähnlich er dem Treatmentfall im Hinblick auf das zentrale Outcome und dessen Prädiktoren ist. Die Ähnlichkeit im Hinblick auf das Outcome und dessen Vorhersage kann durch verschiedenste statistische Modelle spezifiziert werden. Damit wird zum einen der subjektive Entscheidungsspielraum des Forschers bei der Fallauswahl beschränkt, zum anderen ist es möglich (und auch notwendig), die Ähnlichkeit der Fälle empirisch-quantitativ aufzuzeigen und damit ein objektives Kriterium zur Gültigkeit des Vergleichs zu definieren (Abadie, Diamond und Hainmueller 2015, S. 496-497; Abadie, Diamond und Hainmueller 2010, S. 493-494).

Darin liegt zugleich Stärke und Herausforderung des synthetischen Matching, wobei es sich um einen *ganz entscheidenden Punkt handelt, den der Leser im Hinterkopf behalten sollte*: Es lässt sich während der Durchführung der Analyse diagnostisch feststellen, ob die Methode in der Lage ist, einen passenden Vergleichsfall zu generieren. Je nach dem, ob die zur Verfügung stehenden Vergleichsfälle ähnliche Charakteristika wie der Treatmentfall besitzen, kann die Konstruktion gelingen oder eben nicht. Damit fördert und fordert das synthetische Matching gewissermaßen die Ehrlichkeit („promoting research honesty" (Abadie, Diamond und Hainmueller 2010, S. 494)) bzgl. der Zulässigkeit von Vergleichen und deren Interpretation; ein Aspekt, dem im Rahmen von klassischen Regressionsmodellen oder vergleichenden Fallstudien kaum Aufmerksamkeit zukommt. Konsequenz daraus ist allerdings auch, dass ggf. *kein* gültiges empirisches Ergebnis für jeden Fall vorgelegt werden kann. Empirische Ergebnisse werden nur dann interpretiert, wenn es im Rahmen des methodischen Frameworks zulässig erscheint. Um eine größtmögliche Sicherheit bzgl. der Zulässigkeit des Vergleichs und damit der Robustheit der empirischen Ergebnisse zu erreichen, besteht der hier gewählte Ansatz darin, die Analyse der Instrumente einer Überprüfung durch verschiedenste Spezifikationen des synthetischen Matching zu unterziehen, deren Spezifika und technische Details im Folgenden dargestellt werden. Diese Darstellungen mögen auf den ersten Blick teils relativ komplex und theoretisch erscheinen, spätestens bei der Vorstellung der ersten empirischen Ergebnisse in Abschnitt G.IV werden in der praktischen Anwendung allerdings viele der Details für den Leser deutlich werden.

Die erste Anwendung der Methode erfolgte in einer Studie von Abadie und Gardeazabal (2003), die den Begriff *synthetic control method (SCM)* geprägt haben, in der die Autoren den Effekt der baskischen Terrororganisation ETA auf die wirtschaftliche Entwicklung im Baskenland dadurch quantifizieren, dass sie aus anderen spanischen Regionen ein künstliches Baskenland generieren, das bis auf das Einsetzen des Terrorismus dem realen Baskenland stark ähnelt. Dazu muss im ersten Schritt ein Pool an potentiellen Fällen definiert werden, die sich grundsätzlich dazu eignen, verschiedene Charakteristiken des Baskenlands nachzustellen. Dieser Ausgangspool besteht sinnvollerweise aus den nicht betroffenen spanischen Regionen. Diesen Regionen muss ein jeweils spezifisches Gewicht bei der Bildung des künstlichen Vergleichsfalls zugewiesen werden in Abhängigkeit davon, wie ähnlich sie dem Baskenland sind. Die Ähnlichkeit definiert sich wiederum darüber, wie vergleichbar der Verlauf der wirtschaftlichen Entwicklung vor Einsetzen des Terrorismus zwischen Baskenland und nicht betroffener Region ist und wie ähnlich sich relevante Prädiktoren der wirtschaftlichen Entwicklung zwischen beiden Regionen sind. Einfach formuliert bedeutet dies: Je ähnlicher eine Region bzgl. der wirtschaftlichen Entwicklung und deren Vorhersagevariablen in der Vor-Treatmentphase dem Baskenland ist, desto größer ist ihr Gewicht zur Bildung des Vergleichsfalls. Die Bedeutung der Prädiktoren wird dabei schlicht durch deren statistische Vorhersagekraft definiert.[36] Ergebnis dieses Vorgehens ist, dass sich die Charakteristiken des Baskenlands am besten zu 85 Prozent durch Katalonien und zu 15 Prozent durch Madrid bezogen auf die Vorhersage der Wirtschaftsleistung widerspiegeln lassen. Um den Effekt des Terrorismus daraufhin zu quantifizieren, haben die Autoren schließlich die wirtschaftliche Entwicklung im gebildeten Vergleichsfall schlicht der des Baskenlands gegenübergestellt und konnten einen circa zehnprozentigen Verlust an Wirtschaftskraft durch den Terrorismus im Baskenland in den 1980er und 1990er Jahren feststellen (siehe Abbildung 11).

Die explizite Bildung eines solchen Vergleichsfalls stellt in anschaulichem Maße die Nachbildung einer kontrafaktischen Situation im Sinne des POF

36 Die technischen Details einer solchen Schätzung finden sich in Abschnitt E.III.I.

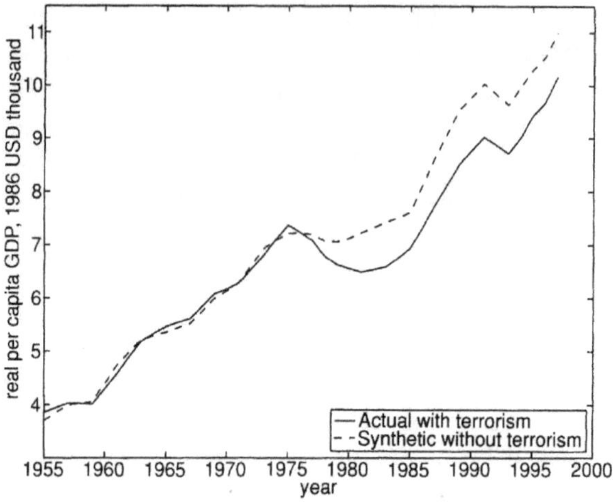


Abbildung 11: Gegenüberstellung der Entwicklung der Wirtschaftsleistung des Baskenlands und des künstlichen Vergleichsfalls (Quelle: Abadie und Gardeazabal (2003, S. 118))

dar. Ob diese Situation für die jeweilige Analyse angemessen nachgestellt werden kann, wird letztlich empirisch dadurch beantwortet, dass der Verlauf zwischen Treatmentfall und Vergleichsfall in der Vor-Treatmentperiode nahezu identisch sein sollte, wie dies in Abbildung 11 gegeben ist. Sollte diese Kongruenz vor Einsetzen des Treatment nicht beobachtet werden können, ist die SCM im vorliegenden Fall schlicht nicht die geeignete Wahl. Verständlicherweise ist bei diesem Vorgehen nicht gänzlich ausgeschlossen, dass konfundierende Drittvariablen beteiligt sind, allerdings konnten Abadie, Diamond und Hainmueller (2010) zeigen, dass bei einer genügend großen Menge an Vor-Treatmentperioden in der Analyse das Problem minimiert werden kann. In einfache Worte gefasst, beschreiben Abadie, Diamond und Hainmueller (2015, S. 498) diese Erkenntnis folgendermaßen: „[O]nly units that are alike in both observed and unobserved determinants of the outcome variable as well as in the effect of those determinants on the outcome variable should produce similar trajecotries of the outcome variable over extended periods of time“.

## *III. Varianten des synthetischen Matching*

Auf dieser Basis wurde die SCM in der jüngeren Vergangenheit beständig konkretisiert (Abadie, Diamond und Hainmueller 2010; Abadie, Diamond und Hainmueller 2011; Abadie, Diamond und Hainmueller 2015) und weiterentwickelt. Zu nennen ist dabei Xu (2017), der zum einen die Methode für mehrere Treatmentfälle generalisiert hat und darüber hinaus die Schätzung der Vergleichsfälle durch *interactice fixed effects (IFE)* deutlich verbessert hat; außerdem Becker und Klößner (2018), die mit ihrer *multivariate synthetic control method using time series (MSCMT)* für die Anwendung bei einem Treatmentfall die Präzision und Effizienz der Schätzung erhöht haben; und schließlich Hazlett und Xu (2018), die im Rahmen des *trajectory balancing* unter anderem eine Lösung für lange und kurze Vor-Treatmentperioden gefunden haben und den subjektiven Entscheidungsspielraum bei der Modellwahl weiter einschränken konnten. Da sich diese Ansätze in ihren technischen Details und ihren Einsatzmöglichkeiten unterscheiden, erfolgt nun direkt im Anschluss eine präzisere Einführung.

### 1. Synthetic control method (SCM)

Die Beschreibung der technischen Details der SCM in den folgenden Absätzen ist in dieser Ausführlichkeit stark an Abadie, Diamond und Hainmueller (2010, 494ff) angelehnt.[37] [38] Diese etwas stärker statistische Einführung der Methode an dieser Stelle ist nützlich, um die grundsätzliche Herangehensweise der SCM in ihren zentralen Bestandteilen zu verstehen, da alle Erweiterungen der Methode auf dieser Logik aufbauen.

> Den Ausgangspunkt bilden $J + 1$ Einheiten, von denen aus Gründen der einfacheren Notation die erste Einheit vom Treatment betroffen ist und insgesamt $J$ potentielle Kontrolleinheiten verbleiben. $Y_{it}^N$ bildet das Outcome für Einheit $i$ zum Zeitpunkt $t$ ohne Treatment für alle Einheiten $i = 1, ..., J + 1$ und Zeitpunkte $t = 1, ..., T$. $T_0$ bildet den Zeitraum vor dem Treatment mit $1 \leq T_0 < T$. Analog dazu ist $Y_{it}^I$ das Outcome für den Treatment-Status im Zeitraum von $T_0 + 1$ bis $T$. $\alpha_{it} = Y_{it}^I - Y_{it}^N$ stellt den interessierenden Effekt für eine bestimmte Einheit und einen bestimmten Zeitpunkt dar. Da wir für den Treatmentfall das Outcome $Y_{1t}^I$ beobachten können,

37 Für einen schnelleren, etwas weniger technischen Überblick bieten sich Abadie und Gardeazabal (2003) oder Abadie, Diamond und Hainmueller (2015) an.

38 Der folgende Abschnitt wurde vom Autor bereits wörtlich im Appendix von Zabler (2016) verwendet; der betroffene Bereich ist durch Einrückung markiert.

muss lediglich $Y_{1t}^{N}$ geschätzt werden, das durch ein Faktormodell charakterisiert werden kann:

$$Y_{it}^{N} = \delta_t + \boldsymbol{\theta}_t \boldsymbol{Z}_i + \boldsymbol{\lambda}_t \boldsymbol{\mu}_i + \epsilon_{it} \tag{7}$$

Dabei bildet $\delta_t$ einen unbekannten gemeinsamen Faktor mit konstanten Ladungen für alle Einheiten. $\boldsymbol{Z}_i$ ist ein $(r \times 1)$ Vektor beobachteter Kovariaten, $\boldsymbol{\theta}_t$ ein $(1 \times r)$ Vektor unbekannter Parameter. $\boldsymbol{\lambda}_t$ ist ein $(1 \times F)$ Vektor unbeobachteter gemeinsamer Faktoren, $\boldsymbol{\mu}_i$ ein $(F \times 1)$ Vektor unbekannter Faktorladungen. Die Fehlerterme $\epsilon_{it}$ sind vorübergehende Schocks auf der Ebene der Einheiten mit einem Mittelwert von null.

Weiterhin besteht ein $(J \times 1)$ Vektor von Gewichten $\boldsymbol{W} = (w_2, ..., w_{J+1})'$, die alle $\geq 0$ sind und sich zu eins addieren. Dieser Vektor $\boldsymbol{W}$ ist letztlich ein potentieller künstlicher Kontroll-Fall als gewichteter Mittelwert bestehend aus real existierenden Kontrolleinheiten. Daraus ergibt sich die Outcome-Variable für die synthetische Kontrolleinheit als:

$$\sum_{j=2}^{J+1} w_j Y_{jt} = \delta_t + \boldsymbol{\theta}_t \sum_{j=2}^{J+1} w_j \boldsymbol{Z}_j + \boldsymbol{\lambda}_t \sum_{j=2}^{J+1} w_j \boldsymbol{\mu}_j + \sum_{j=2}^{J+1} w_j \epsilon_{jt} \tag{8}$$

Die Gewichte $(w_2^*, ..., w_{J+1}^*)$ für die einzelnen Kontrolleinheiten werden so gewählt, dass gilt:

$$\sum_{j=2}^{J+1} w_j^* Y_{j1} = Y_{11}, \sum_{j=2}^{J+1} w_j^* Y_{j2} = Y_{12}, ... , \sum_{j=2}^{J+1} w_j^* Y_{jT_0} = Y_{1T_0} \text{ und} \tag{9}$$

$$\sum_{j=2}^{J+1} w_j^* \boldsymbol{Z}_j = \boldsymbol{Z}_1 \tag{10}$$

Es wird in der Schätzung der Gewichte letztlich versucht, eine Balance in den Vor-Treatmentphasen hinsichtlich des Outcomes $Y_{jt}$ und der bekannten Prädiktoren $\boldsymbol{Z}_j$ zu erreichen. Abadie, Diamond und Hainmueller (2010, 495, 503f) beweisen ausgehend von dem Faktormodell in Gleichung 7 und 8, dass, wenn die Anzahl an Vor-Treatment-Perioden groß genug ist, der beste Schätzer für den Treatment-Effekt $\alpha_{1t}$ ist:

$$\widehat{\alpha_{1t}} = Y_{1t} - \sum_{j=2}^{J+1} w_j^* Y_{jt} \tag{11}$$

Das Rational hinter dem Beweis von Abadie, Diamond und Hainmueller (2010), dass bei genügend Vor-Treatment-Perioden ein guter Schätzer für den Treatmenteffekt erreicht werden kann, der dem Problem unbeobachteter Einflussfaktoren und der Heterogenität von Effekten begegnen kann, beruht intuitiv betrachtet darauf, dass

> „only units that are alike in both observed and unobserves determinants of the outcome variable as well as in the effect of those determinants on the outcome variable should produce similar trajecotries of the outcome variable over extended periods of time" (Abadie, Diamond und Hainmueller 2015, S. 498).

Die Bedingungen aus Gleichung 9 und 10 zur Wahl der Gewichte sind für die Schätzung zentral. Sie gelten allerdings nur, wenn $(Y_{11}, ..., Y_{1T_0}, \boldsymbol{Z}_1')$ zur konvexen Hülle von

$$\{(Y_{21}, ..., Y_{2T_0}, \boldsymbol{Z}_2'), ..., (Y_{J+11}, ..., Y_{J+1T_0}, \boldsymbol{Z}'_{J+1})\} \tag{12}$$

gehört. Vereinfacht ausgedrückt bedeutet dies, dass die Vor-Treatment-Charakteristika in der Treatmenteinheit und den Kontrolleinheiten ähnlich sein müssen, um einen sinnvollen synthetischen Match zu erreichen. Die Frage, ob diese Übereinstimmung gegeben ist, kann allerdings schlicht empirisch beantwortet werden und gibt daher direkt Aufschluss über die Eignung der Methode für den jeweils vorliegenden Analysefall. Daher empfehlen Abadie, Diamond und Hainmueller (2010) bei mangelnder Übereinstimmung, den Pool an potentiellen Kontrollfällen von vornherein auf ähnliche Fälle zu beschränken.

Aus einer Perspektive von Panel-Regressionsmodellen handelt es sich bei Gleichung 7 um eine generalisierte Form des Difference-in-Difference Schätzers. Der Unterschied zum traditionellen Difference-in-Difference Schätzer besteht darin, dass $\delta_t$ nicht als konstant angenommen wird und folglich variieren darf. Dementsprechend werden unbeobachtete Konfundierungseffekte nicht durch die Nutzung der Zeitunterschiede eliminiert. Wenn allerdings

$$\sum_{j=2}^{J+1} w_j^* \boldsymbol{Z}_j = \boldsymbol{Z}_1 \text{ und } \sum_{j=2}^{J+1} w_j^* \boldsymbol{\mu}_j = \boldsymbol{\mu}_1 \tag{13}$$

gilt, dann ist die synthetische Kontrolleinheit ein unverzerrter Schätzer für $Y_{1t}^N$. Zwar kann $\boldsymbol{\mu}_1, ..., \boldsymbol{\mu}_{J+1}$ nicht beobachtet und damit die synthetische Kontrolleinheit nicht davon abhängig gemacht werden, unter Standardkonditionen können die Bedingungen für Gleichung 13 allerdings näherungsweise angenommen werden.

Zur Schätzung wird ein $(T_0 \times 1)$ Vektor $\boldsymbol{K} = (k_1, ..., k_{T_0})'$ mit Linearkombinationen der Vor-Treatment-Outcomes gebildet: $\overline{Y}_i^{\boldsymbol{K}} = \sum_{s=1}^{T_0} k_s Y_{is}$. Ausgehend von $M$ solchen Linearkombinationen $\boldsymbol{K}_1, ..., \boldsymbol{K}_M$ ist $\boldsymbol{X}_1 = (\boldsymbol{Z}_1', \overline{Y}_1^{\boldsymbol{K}_1}, ..., \overline{Y}_1^{\boldsymbol{K}_M})$ ein $(k \times 1)$ Vektor der Vor-Treatment-Eigenschaften für die vom Treatment betroffene Region. Analog dazu ist $\boldsymbol{X}_0 = (\boldsymbol{Z}_j', \overline{Y}_j^{\boldsymbol{K}_j}, ..., \overline{Y}_j^{\boldsymbol{K}_M})$ eine $(k \times j)$ Matrix für die Kontrolleinheiten. Der bereits zuvor eingeführte Vektor $\boldsymbol{W}^*$ soll danach die Distanz $||\boldsymbol{X}_1 - \boldsymbol{X}_0\boldsymbol{W}||$ minimieren. Um die Distanz ermitteln zu können wird $||\boldsymbol{X}_1 - \boldsymbol{X}_0\boldsymbol{W}||\boldsymbol{v} = \sqrt{(\boldsymbol{X}_1 - \boldsymbol{X}_0\boldsymbol{W})'\boldsymbol{V}\boldsymbol{X}_1 - \boldsymbol{X}_0\boldsymbol{W}}$ genutzt, wobei $\boldsymbol{V}$ als eine $(k \times k)$ symmetrische positiv semidefinite Matrix gewählt wird. Die Diagonale der Matrix bildet dabei die relativen Gewichte einzelner bekannter Prädiktoren der Outcome-Variable. Die Matrix, und damit die Gewichte für die Prädiktoren, kann aufgrund von subjektiven Kriterien gewählt werden, kann aber auch – wie bei Abadie und Gardeazabal (2003) – datenbasiert so gewählt werden, dass der Verlauf

der Outcome-Variable der Treatmenteinheit möglichst gut von der synthetischen Kontrolleinheit approximiert wird. Dazu wird der Mean Squared Prediction Error (MSPE) der Outcome-Variable in der Vor-Treatmentphase minimiert. Es zählt bei diesem Verfahren also letztlich die Güte der Vorhersage der Outcome-Variable in Abhängigkeit der in $\boldsymbol{Z}$ beobachteten Prädiktoren. Der Erhebung und Einführung relevanter Prädiktoren für das interessierende Outcome kommt also im Rahmen des synthetischen Matching eine ganz zentrale Rolle zu.
Sowohl die Schätzung des Vektors mit den Einheiten-spezifischen Gewichten $\boldsymbol{W}$ als auch der Gewichte für die beobachteten Prädiktoren $\boldsymbol{V}$ können am Ende sichtbar gemacht werden. Bei der Schätzung selbst besteht ein „nested optimization problem" (Abadie, Diamond und Hainmueller 2011, S. 5), da $\boldsymbol{W}$ und $\boldsymbol{V}$ sowohl für die Minimierung der Distanz $||\boldsymbol{X}_1 - \boldsymbol{X}_0\boldsymbol{W}||$ als auch zur Minimierung des MSPE benötigt werden. Dieses Problem wird durch das von Abadie, Diamond und Hainmueller (2011) geschriebene Programm *Synth* numerisch gelöst.

Damit überkommt die SCM verschiedenste Probleme, die mit klassischen vergleichenden Fallstudien, aber auch mit Regressionsmodellen einhergehen. Zum einen ermöglicht die Kombination verschiedener Fälle intuitiv einen präziseren Vergleich, als es ein einzelner Fall je könnte. Darüber hinaus wird der Beitrag jedes Kontrollfalls und dessen Ähnlichkeit zum Treatmentfall explizit deutlich gemacht. Schließlich verhindert die SCM damit, dass Ergebnisse zustande kommen, die durch Extrapolation in Wertebereichen entstehen, die von Treatment- und Kontrollfällen nicht gemeinsam geteilt werden (Abadie, Diamond und Hainmueller 2015, S. 496). Dies ist meist implizit der Fall, wenn kausale Interpretationen auf der Basis von Regressionsmodellen gezogen werden, da ein Regressionsmodell aufgrund seiner Annahme einer generellen funktionalen Form (bspw. einer linearen Form) auch Ergebnisse in Wertebereichen generiert, in denen Treatment- und Kontrollgruppe eigentlich keine gemeinsame Datengrundlage besitzen.[39] Schließlich ist ein zentrales Problem vergleichender Fallstudien die fehlende Möglichkeit, Unsicherheiten bzgl. der Ergebnisse anzugeben oder sogar zu quantifizieren. Im Kontext des klassischen SCM wird diesem Problem mit sogenannten *Placebo-Studien* begegnet. Die Idee dieser Studien besteht darin, mehreren Einheiten aus der Kontrollgruppe den Treatmentstatus rechnerisch zuzuweisen, obwohl bei diesen in der Realität kein Treatment stattgefunden hat. Auf diese Weise entsteht ein Pool mit mehreren berechneten Effekten, die wiederum miteinander verglichen werden können. Handelt es sich beim „echten" Treatmentfall um einen substantiellen Effekt, sollte dies daran sichtbar werden, dass sich der

---

39 Zum Problem der Extrapolation und des „lack of complete overlap" siehe unter anderem Gelman und Hill (2006, S. 199-204). In der Literatur ist dieses Problem auch häufig mit dem Begriff *common support* verknüpft.

Effekt deutlich von den Placebo-Effekten unterscheidet (Abadie, Diamond und Hainmueller 2015, S. 499-500). Dies kann schlicht grafisch überprüft werden, wie in Abschnitt G.IV deutlich werden wird.

## 2. Generalized synthetic control method (GSCM)

Den Ausgangspunkt für die Erweiterung der SCM von Xu (2017) bildet die Thematisierung der sogenannten *parallel trends assumption*. Diese Annahme besagt vereinfacht, dass unter Abwesenheit des Treatments der Verlauf von Treatment- und Kontrollgruppe gleich gewesen wäre und bildet damit eine wichtige Grundlage für die Identifikation kausaler Effekte mithilfe von Daten, die geografisch und über Zeit variieren (*time-series cross-sectional (TSCS) data*). Diese Annahme kann in der Regel nicht direkt getestet werden und ist vor allem aufgrund von konfundierenden Variablen häufig bedroht. Eine Möglichkeit, das Vertrauen in die Gültigkeit der parallel trends assumption zu steigern, ist zu versuchen, Ähnlichkeit zwischen Treatment- und Kontrollgruppe in der Vor-Treatmentphase herzustellen, wie es bei der oben diskutierten SCM der Fall ist. Ein zweite Möglichkeit besteht darin, die unbeobachteten konfundierenden Faktoren semi-parametrisch zu modellieren. Sehr vereinfacht gesagt, besteht die Idee dieser Modelle darin, iterative Faktoranalysen mit den Residuen eines linearen Modells zu berechnen, um auf dieser Basis Faktoren zu schätzen, die bestimmte Zeittrends semi-parametrisch abbilden und damit eine statistische Kontrolle für diese Trends ermöglichen. Da dazu Interaktionen zwischen einheitenspezifischen Intercepts und über Zeit variierenden Koeffizienten genutzt werden, wird das Modell als *interactive fixed effects (IFE)* bezeichnet.[40] In der *generalized synthetic control method (GSCM)* werden beide Ansätze verknüpft. Mithilfe der Daten aus der Kontrollgruppe werden die Faktoren der Zeittrends geschätzt. Daraufhin werden für jeden Treatmentfall mithilfe der identifizierten Faktoren die jeweiligen Faktorladungen geschätzt. Auf Basis der Faktoren und deren Ladungen können daraufhin zu den Treatmentfällen passende kontrafaktische Fälle imputiert werden (Xu 2017, S. 57-58).

Analog zu Abschnitt E.III.I werden im Folgenden kurz die technischen Details der Schätzung auf der Basis von Xu (2017, S. 59-66) erläutert. Die grundsätzliche funktionale Form unterscheidet sich dabei nicht von der SCM, lediglich in Teilen die Zusammensetzung und Schätzung der einzelnen Kom-

40 Die Grundlagen des Modells und Details sind in Bai (2009) zu finden.

ponenten. In der folgenden Gleichung ist die Schätzung für die Kontrolleinheiten angegeben, auf deren Basis die Faktoren und Ladungen für das weitere Vorgehen berechnet werden:

$$Y_{co} = X_{co}\beta + F\Lambda'_{co} + \epsilon_{co} \tag{14}$$

$Y_{co}$ ist dabei die Matrix mit den Outcomes für die Kontrolleinheiten. $X_{co}$ ist eine Matrix mit beobachteten Kovariaten und $\beta$ mit den entsprechenden Parametern. $F$ stellt eine Matrix mit den zu schätzenden Faktoren und $\Lambda'_{co}$ deren Ladungen dar. $\epsilon_{co}$ ist analog eine Matrix mit idiosynkratischen Fehlern mit Mittelwert null.

Der grundsätzlich interessierende Effekt besteht aus $\hat{\delta}_{it} = Y_{it}(1) - \hat{Y}_{it}$. Dafür müssen in einem ersten Schritt $\hat{\beta}$, $\hat{F}$ und $\hat{\Lambda}_{co}$ mit den Daten der Kontrollgruppe durch ein IFE geschätzt werden:

$$(\hat{\beta}, \hat{F}, \hat{\Lambda}_{co}) = \underset{\tilde{\beta}, \tilde{F}, \tilde{\Lambda}_{co}}{argmin} \sum_{i \in C} (Y_i - X_i\tilde{\beta} - \tilde{F}\tilde{\lambda}_i)'(Y_i - X_i\tilde{\beta} - \tilde{F}\tilde{\lambda}_i) \tag{15}$$

Die Minimierung der Funktion erfolgt iterativ dadurch, dass verschiedene Werte für $\beta$ „ausprobiert" werden und auf dieser Basis $F$ und $\hat{\Lambda}_{co}$ durch ein Faktormodell berechnet werden, das das jeweilige Outcome am besten vorhersagen kann.[41] In einem zweiten Schritt werden die Faktorladungen für die Treatmentfälle berechnet, indem der Fehler in der Vorhersage des Outcomes in den Vor-Treatmentphasen minimiert wird:

$$\hat{\lambda}_i = \underset{\tilde{\lambda}_i}{argmin} (Y_i^0 - X_i^0\hat{\beta} - \hat{F}^0\tilde{\lambda}_i)'(Y_i^0 - X_i^0\hat{\beta} - \hat{F}^0\tilde{\lambda}_i) \tag{16}$$

Dazu wurden $\hat{\beta}$ und $\hat{F}^0$ aus der Schätzung der Kontrolleinheiten in Gleichung 15 übernommen, die Nullen als Superskripte kennzeichnen die Nutzung der Vor-Treatmentphasen. Auf dieser Basis lassen sich dann die kontrafaktischen Fälle für die Treatmentfälle berechnen:

$$\hat{Y}_{it}(0) = x'_{it}\hat{\beta} + \hat{\lambda}'_i\hat{f}_t \tag{17}$$

Diese müssen dann abschließend nur noch mit dem Verlauf der tatsächlichen Treatmentfälle verglichen werden, um den *average treatment effect on the treated* (ATT) zu bestimmen.

41 Zur genauen Schätzung siehe den Online-Appendix von Xu (2017).

In der Praxis ist die Anzahl der Faktoren, die die Zeittrends erfassen sollen, in der Regel nicht a priori bekannt, da verschiedene Trends zugrunde liegen können. Um diesem Problem zu begegnen und die Anzahl der Faktoren determinieren zu können, besteht die Möglichkeit, die Anzahl der Faktoren iterativ zu bestimmen. Dazu wird zunächst das IFE aus Gleichung 15 für eine festgelegte Anzahl an Faktoren berechnet. Auf dieser Basis werden iterativ Vorhersagen für das Outcome in der Vor-Treatmentphase berechnet, indem nach und nach immer eine der Phasen (in diesem Fall ein Jahr) ausgelassen wird und deren Werte durch die anderen Phasen vorhergesagt werden. Anschließend lässt sich ein *mean square prediction error (MSPE)* als Maß für die Präzision der zusammengefassten Vorhersagen berechnen. Diese Prozedur wiederholt man mit verschiedenen Anzahlen an Faktoren und kann dann letztlich die Faktorlösung mit dem geringsten MSPE als Grundlage für die Schätzung der kontrafaktischen Fälle nutzen.

Zusätzlich ist im Rahmen der GSCM auch die Quantifizierung der Unsicherheit der Schätzung implementiert. Die Grundidee besteht ähnlich wie bei den Placebo-Studien darin, das Treatment künstlich nach und nach einer der Kontrolleinheiten zuzuweisen („(...) leave one control unit out (to be taken as a „fake" treat unit) and use the rest of the control units to predict the outcome of left-out unit" (Xu 2017, S. 65)) und eine Verteilung der Vorhersagefehler für „Quasi-Counterfactuals" zu generieren ($\hat{e}^p$). Zusätzlich kann eine weitere Verteilung von Vorhersagefehlern für die ursprünglichen Kontrollfälle berechnet werden ($\hat{e}$). Daraufhin werden mithilfe eines Bootstrap-Verfahrens zwei Outcomes berechnet – einmal auf der Basis einer Ziehung aus $\hat{e}^p$ und einmal aus $\hat{e}$. Diese Outcomes können einander gegenübergestellt und damit eine ganze Verteilung an ATTs berechnet werden. Die Varianz aus dieser Verteilung kann als Maß der Unsicherheit der Schätzung genutzt werden.

Die Vorteile der GSCM bestehen zum einen darin, dass im Vergleich zum SCM mehrere Treatmenteinheiten gleichzeitig analysiert werden können, und zum anderen, dass eine Angabe von Unsicherheit im klassisch frequentistischen Sinn möglich ist. Schließlich schränkt die automatisierte Wahl der Faktoren für die Zeittrends den subjektiven Spielraum weiter ein. Eine notwendige Bedingung für die Anwendung der GSCM besteht darin, dass vor allem eine hinreichend große Zahl an Vor-Treatmentperioden und Kontrolleinheiten gegeben sein sollte. Anhand von Monte-Carlo-Simulationen konnte gezeigt werden, dass bei weniger als zehn Vor-Treatmentperioden und weniger als 40 Kontrolleinheiten Vorsicht geboten ist. Zusätzlich sollte man bei der Diagnose der Schätzung darauf achten, dass es tatsächlich eine Überlappung der Faktorladungen zwischen den Treatment- und Kontrolleinheiten gibt, da im Fall einer fehlenden Überlappung – analog zur SCM – die Schätzung von Vergleichsfällen ggf. schlicht nicht möglich ist (Xu 2017, S. 59, 73).

### 3. Multivariate synthetic control method using time series (MSCMT)

Eine weitere Adaption der SCM hat zum Ziel, die Präzision und Zuverlässigkeit der Schätzungen zu steigern. Zugegebenermaßen geht es bei dieser Erweiterung von Becker und Klößner (2018) sehr stark um die technischen Details der Schätzung der SCM; vor allem um die Lösung mathematischer Probleme und Herausforderungen, die die Schätzung maßgeblich beeinflussen können.[42] Im Kern legen die Autoren eine mathematische Generalisierung der SCM vor und differenzieren die Schätzung in eine *inner optimization*, die sich auf die Suche nach den passenden Gewichten der Kontrollfälle bezieht, und eine *outer optimization*, die die Schätzung der Gewichte der Prädiktoren determiniert.

In Bezug auf die inner optimization wird eine Lösung vorgeschlagen, die die Kontrolleinheiten in *sunny* und *shady* einteilt; Einheiten, die entweder geeignet oder ungeeignet sind, um eine synthetische Kontrolleinheit herzustellen. Durch den Ausschluss von shady Einheiten wird die Dimensionalität der Schätzung deutlich reduziert und die Schätzung der outer optimization vereinfacht und beschleunigt. Im Weiteren werden von den Autoren vor allem alternative Algorithmen vorgestellt, zum einen um suboptimale oder fehlerhafte Optimierungen bei der inner optimization zu verhindern, zum anderen um mit dem Problem lokaler Optima bei der Schätzung der Gewichte der Prädiktoren in der outer optimization umzugehen (Becker und Klößner 2018, S. 5-11).

Implementiert sind diese Verbesserungen bei der Schätzung in einem Gesamtpaket namens MSCMT. Im Vergleich zur klassischen SCM sind vor allem die angesprochene größere Präzision und Zuverlässigkeit sowie eine effizientere und stabilere Schätzung vorteilhaft. Zusätzlich erlaubt die angesprochene Generalisierung die Integration von Vorhersagevariablen als zeitvariierende Faktoren. Aufgrund dieser hauptsächlich technischen

42 Aufgrund dieser im Kern lediglich die rein technischen Komponenten der Schätzung betreffenden Abweichungen zur SCM wird auf ausführliche Formeldarstellungen verzichtet. Genauere Details sind bei Becker und Klößner (2018) und deren Online-Appendix zu finden.

Abweichungen zur klassischen SCM eignet sich die MSCMT besonders zur zusätzlichen Validierung von Ergebnissen.

## 4. Trajectory balancing (TJBAL)

Um Modelle für die Schätzung von Treatmenteffekten mit TSCS-Daten weiter zu flexibilisieren, schlagen Hazlett und Xu (2018) das sogenannte *trajectory balancing (TJBAL)* vor. Den Ausgangspunkt bildet dabei die Kombination der Ideen des SCM und des *latent factor model (LFM)*, wie es in Xu (2017) bereits umgesetzt ist. Allerdings stellen die Autoren fest, dass den bisherigen Methoden eine zentrale Annahme gemein ist: Die Annahme der *linearity in prior outcomes (LPO)* besagt, dass die kontrafaktischen Outcomes nach dem Einsetzen des Treatments *linear* von den Outcomes und deren Prädiktoren in der Vor-Treatmentphase abgeleitet werden können. In einem ersten Schritt wird diese Annahme aufrecht erhalten, indem wie bei der SCM versucht wird, eine Balance zwischen Outcome und Prädiktoren in der Vor-Treatmentphase herzustellen. Wenn allerdings eine solche exakte Balance der Mittelwerte nicht möglich ist, wird stattdessen die Balance in $P$ Hauptkomponenten (*principal components*) hergestellt, die wiederum automatisch gewählt werden. Dieses Vorgehen wird als *mean balancing* bezeichnet und ermöglicht die Schätzung mit mehreren Treatmentfällen und mit deutlich kürzeren Vor-Treatmentphasen im Vergleich zur ursprünglichen SCM (Hazlett und Xu 2018, S. 3-4).

In einem weiteren Schritt argumentieren die Autoren, dass die Annahme der LPO bei einer hinreichenden Anzahl an Vor-Treatmentperioden angemessen ist, da die Wahrscheinlichkeit, wichtige zeitvariierende Faktoren zu beobachten, deutlich höher ist und diese Faktoren in der Balance der Mittelwerte „eingefangen" werden können. Die lineare Berechnung der Mittelwerte kann allerdings naturgemäß keine funktionalen Formen höherer Ordnung annehmen.[43] Um diesem Problem zu begegnen, wird das sogenannte *kernel balancing* eingeführt, das die Ähnlichkeit zwischen den Einheiten auf der Basis eines Vektors in einem multivariaten Raum bestimmt (Hazlett und Xu 2018, S. 4-5).

43 Eine wirklich schöne Übersetzung der „higher order features" (Hazlett und Xu 2018, S. 4) existiert nicht. Gemeint sind damit Funktionen, die nicht einfach nur linear sind, sondern höhere Polynome wie bspw. quadratische oder kurvenartige Zusammenhänge beschreiben.

Beim mean balancing gilt nach wie vor die Annahme der LPO und es werden Gewichte $w$ folgendermaßen gesucht:

$$\frac{1}{N_{tr}} \sum_{G_i=1} \boldsymbol{Y}^0_{i,pre} = \sum_{G_i=0} w_i \boldsymbol{Y}^0_{i,pre} \tag{18}$$

Dabei stellt $G_i$ den Treatmentindikator dar und bspw. via maximum likelihood können die Gewichte berechnet werden. Allerdings kann es in der Praxis vorkommen, dass entsprechende Gewichte nicht gefunden werden, wenn sich Treatment- und Kontrolleinheiten zu stark unterscheiden. Daher schlagen die Autoren eine zuverlässigere, näherungsweise Schätzmethode vor, bei der die Hauptkomponenten der Vor-Treatment-Outcomes $\boldsymbol{Y}^0_{pre} = (\boldsymbol{Y}^{0\prime}_{1,pre}, \boldsymbol{Y}^{0\prime}_{2,pre}, ..., \boldsymbol{Y}^{0\prime}_{N,pre})$ gesucht werden.[44] Um darauf aufbauend die Annahme der LPO abzuschwächen, wird im nächsten Schritt, dem kernel balancing, die Balance auch auf der Basis nicht linearer Eigenschaften durch die Einführung von $\phi$ gesucht:

$$E\left[Y^0_{it}|\boldsymbol{Y}^0_{i,pre}\right] = \phi(\boldsymbol{Y}^0_{i,pre})'\theta_t \tag{19}$$

$\theta_t$ stellt dabei einen Vektor von Koeffizienten dar, der die Ähnlichkeit für alle Zeitperioden $t$ erfasst. Zentral ist verständlicherweise die Wahl des Parameters $\phi$, der festlegt, wie genau die Ähnlichkeit definiert ist. Dafür wird ein *gaussian kernel* $k$ genutzt, der im Bereich des *machine learning* sehr verbreitet ist.

$$k(Y_i, Y_j) = exp(-\|Y_i - Y_j\|^2 / h) \tag{20}$$

Eine ausführliche Diskussion der Logik eines kernel soll hier ausbleiben. Die zentrale Botschaft ist an dieser Stelle, dass die euklidische Distanz $\|Y_i - Y_j\|$ zwischen zwei Outcomes minimiert wird und bei $N \to \infty$ einen Raum mit allen kontinuierlichen Funktionen enthält. Ganz vereinfacht gesagt wird durch den kernel also eine sehr große Menge auch an nicht-linearen Beziehungen zwischen den Outcomes der Einheiten berücksichtigt, die es sehr viel wahrscheinlicher machen, die tatsächlichen Beziehungen zwischen den Einheiten abzubilden und damit einen deutlich präziseren Vergleichsfall zu schaffen. Da die Berechnung exakter Gewichte in der Regel nicht möglich ist, werden analog zum mean balancing die Gewichte durch Hauptkomponentenanalysen berechnet (Hazlett und Xu 2018, S. 10-18).

44 Zur grundsätzlichen Logik von Hauptkomponentenanalysen und die Verbindung zu Faktoranalysen siehe unter anderem Abdi und Williams (2010).

Die bisherigen Gleichungen sind aus Gründen der Einfachheit explizit ohne Prädiktoren formuliert worden, allerdings können solche auch beim TJBAL integriert werden. Man sollte dabei im Hinterkopf behalten, dass sich durch die Nutzung des kernel die Dimensionalität durch eine Integration zusätzlicher Variablen bei der Findung der Balance deutlich erhöht, da alle möglichen Interaktionen zwischen den Variablen zusätzlich berücksichtigt werden. Dies ist problematisch, vor allem, wenn eventuelle Prädiktoren sich zwischen Treatment- und Kontrollgruppe deutlich unterscheiden, und es daher zu negativen Konsequenzen für die Schätzung der Gewichte kommen kann. Aus diesem Grund schlagen die Autoren in Fällen, in denen kaum vergleichbare Kontrolleinheiten zur Verfügung stehen, eine andere Möglichkeit vor, Balance herzustellen. Durch sogenanntes *demeaning* (eine Standardisierung durch Subtraktion der Outcome-Werte von ihrem Mittelwert) wird bewirkt, dass alle Treatment- und Kontrollfälle in der Vor-Treatmentperiode einen Mittelwert von null aufweisen. Durch diesen *intercept shift* wird gewissermaßen das Ausgangsniveau aller Einheiten egalisiert, lediglich die *Dynamik* des Outcomes wird zum ausschlaggebenden Kriterium für die Bewertung der Ähnlichkeit. Dadurch ist es einer größeren Anzahl an Kontrolleinheiten möglich, zur Bildung des kontrafaktischen Falls beizutragen (Hazlett und Xu 2018, S. 18-20).

Abschließend bietet auch das trajectory balancing die Möglichkeit zur Angabe statistischer Unsicherheit, die sich stark an der Logik der Placebo-Tests der SCM orientiert. Dabei werden zunächst sowohl Treatment- als auch Kontrollgruppe zufällig gezogen (mit Zurücklegen) und die Gewichte sowie die Treatmenteffekte für die Ziehungen berechnet. Durch diese Ziehungen lässt sich eine Verteilung der berechneten Parameter angeben, die einen Rückschluss darüber erlauben, ob der Effekt der tatsächlichen Treatmentgruppe überzufällig ist (Hazlett und Xu 2018, S. 21). Zusätzlich haben die Autoren einen Workflow vorgeschlagen, um möglichst gute Ergebnisse mit dem trajectory balancing zu erzielen, der von der annahmenärmsten Variante des kernel balancing ausgeht und je nach Ergebnissen ein weiteres Vorgehen erforderlich macht oder nicht (siehe Abbildung 12).

Der große Vorteil der Anwendung dieser Methode besteht darin, dass durch automatisierte Lösungen sehr wenige Modellannahmen getroffen werden müssen. Darüber hinaus garantiert die nicht mehr notwendige Fokussierung auf die Mittelwerte die Konstruktion von sehr präzisen Vergleichsfällen. Außerdem können die Autoren zeigen, dass das trajectory balancing deutlich weniger anspruchsvoll ist, was die Anzahl an Zeitperioden anbelangt, und damit für ein breiteres Spektrum an empirischen Beispielen zugänglich ist.

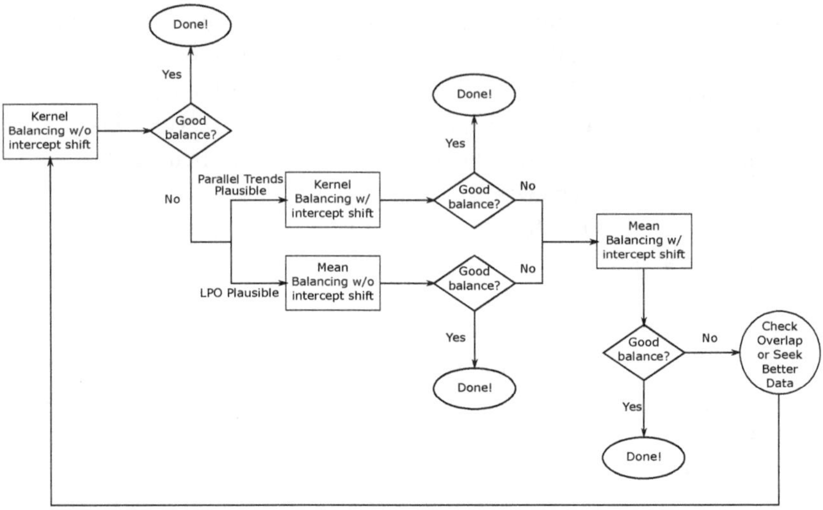


Abbildung 12: Workflow für die schrittweise Anwendung des trajectory balancing (Quelle: Hazlett und Xu (2018, S. 35))

Schließlich ist im Rahmen der Implementierung des Modells die Spezifikation nur weniger Inputs erforderlich, was die sogenannten „research degrees of freedom“ (Hazlett und Xu 2018, S. 36) deutlich einschränkt und damit eine objektivere Herangehensweise fördert (Hazlett und Xu 2018, S. 35-36).

### *IV. Zusammenfassung*

Betrachtet man zusammenfassend das Framework kausaler Analysen und die hier konkret vorgeschlagenen Analysemöglichkeiten, gilt es, die Form und Zielrichtung der Evaluationen in den einzelnen Anwendungen abschließend zu resümieren. Wie bereits mehrfach angesprochen wurde, erfolgt *keine umfassende Evaluation* aller möglichen Aspekte des Instrumenteneinsatzes.[45] Vielmehr konzentrieren sich die Analysen auf zwei Aspekte einer Evaluation. Erstens handelt es sich um eine Form der Outcome-Evaluation, die letztlich Aufschluss über den Erfolg eines Programms geben soll (Posavac und Carey 1992, S. 9). Im Sinne von Vedung (2000, S. 36) geht es um eine Evaluation

45 Der Autor stimmt dabei durchaus mit Vedung (2000, S. 9) überein: „Evaluation is more than impact assesment“.

der Effektivität mit einem Fokus auf eine konkrete, zuvor definierte Zielerreichung („goal-attainment“). Einen elementaren Bestandteil der hier gewählten Zieldefinition bildet die Konzentration auf quantitativ messbare Outcomes, da der Fokus auf Verschuldung dies nahe legt und auch die Programmdefinitionen der Instrumente im- oder explizit ein quantitatives Verschuldungsziel beinhalten. Zum zweiten ist es in den empirischen Analysen ein Anliegen, dem *impact problem* im Sinne einer sorgfältigen Absicherung der Kausalität besonderes Gewicht beizumessen, da dies in der Wahrnehmung des Autors einerseits in der politik-praktischen Betrachtungsweise nicht immer die notwendige Aufmerksamkeit erlangt und andererseits auch die verwaltungswissenschaftliche Forschung – speziell im Fall der deutschen kommunalen Ebene – hier hinter ihren Möglichkeiten zurückbleibt und dementsprechend Raum für methodische Alternativen bietet.

Unter Berücksichtigung dieser beiden Vorgaben für die Analysen wird deutlich, dass eine Evaluation in der hier angestrebten Form nicht unter allen Umständen möglich ist. Sollte zum Beispiel kein geeigneter Indikator für eine quantifizierbare Messung der Zielerreichung vorliegen oder sollte das Forschungssetting eine angemessene kausale Rückführung unmöglich machen, kann der hier gewählte Analysefokus zugegebenermaßen nicht weiterhelfen. Dies hat einerseits Konsequenzen für die zu treffende Auswahl der Analysefälle und ist andererseits ein Ansatzpunkt für zukünftige, alternative Forschungsansätze.

# F. Fallauswahl

In vergangenen Abschnitt wurde der analytische Schwerpunkt der empirischen Analysen hervorgehoben und auf die Verdeutlichung des Nutzens verschiedener Methoden des synthetischen Matching festgelegt. Durch diesen methodischen Fokus sind die empirischen Anwendungsfälle auf die Analysen von Instrumenten beschränkt, die ein binäres Treatment bilden; anders formuliert: Die zentrale unabhängige Variable nimmt die Form einer diskreten mit 1 und 0 kodierten Dummy-Variable an. Folglich stehen Instrumente im Vordergrund, die nicht in abgestufter Form wirken (ordinal oder kontinuierlich), sondern durch die beiden Zustände An- bzw. Abwesenheit des Instruments definiert sind. Die konkrete Fallauswahl erfüllt dabei *keineswegs den Anspruch der Vollständigkeit* und orientiert sich in erster Linie am Postulat der Illustration dieses methodisch innovativen Zugangs, soll allerdings in zweiter Linie durchaus auch eine gewisse Bandbreite der analytischen Perspektive auf den Bereich der Kommunalfinanzen in Deutschland zeigen.

Daher bleibt es nicht bei der Analyse eines einzelnen Instruments – was per se für die Demonstration des synthetischen Matching ausreichend wäre –, sondern es erfolgt eine abgestimmte Mischung der Analyse von Instrumenten, die (1) extern durch die Kommunalaufsicht sowie intern durch Kommunen selbst initiiert wurden, (2) ein unterschiedliches Maß an Interventionsintensität widerspiegeln, (3) verschiedene Kombinationen von Policy-Instrumenten abdecken und (4) die Anwendung des synthetischen Matching mit sehr wenigen sowie auch einer größeren Anzahl an Treatmentfällen ermöglichen. Die Wahl fällt dabei zunächst auf das Instrument der *Sparkommissare* in Abschnitt G als extern initiiertes Instrument, das je nach Ausgestaltung – Sparkommissar mit umfassenden Durchgriffsrechten oder mit lediglich beratender Funktion – ein breites Spektrum an Eingriffsintensität abdeckt. Weiterhin erfolgt in Abschnitt H eine Evaluation des *Stärkungspakt Stadtfinanzen*, der auf Initiative des Landes vielen Kommunen in NRW Konsolidierungshilfen zur Verfügung stellt und dabei auch Anpassungen in Berichtspflichten, Sanktionsinstrumenten und Aufsichtsstrukturen gebracht hat. Schließlich erfolgt eine Analyse *freiwilliger kommunaler Schuldenbremsen* (Abschnitt I), die auf Eigeninitiative einiger Kommunen hin zusätzliche kodifizierte Regeln zur Begrenzung der Verschuldung mit sich bringen.

# G. Die zwei Modelle des Sparkommissars[46]

Vom Volk gewählte politische Institutionen zu entmachten und durch einen mehr oder minder technokratischen Verwalter zu ersetzen, scheint dem gängigen Verständnis liberaler Demokratie deutlich entgegen zu stehen. Im Verhältnis zwischen Bundesland und Kommunen, die häufig als „Schule der Demokratie“ bezeichnet werden, steht genau ein solches Instrument in allen Gemeindeordnungen als repressives Aufsichtsmittel zur Verfügung: die Entsendung einer von der Staatsregierung bzw. deren Aufsicht ausgewählten Person, die temporär die ansonsten dem Rat und Bürgermeister zustehende Entscheidungsgewalt übernimmt. Historisch betrachtet ist dieses Instrument des *Beauftragten*, wie die offizielle Bezeichnung in den Gemeindeordnungen lautet, keineswegs neu, weder juristisch noch faktisch. Bereits in der Weimarer Republik wurden im Zuge der Folgen der Weltwirtschaftskrise Staatskommissare eingesetzt, um die durch die Krise geschwächten Kommunen zur Erhebung neuer Steuern und ggf. zu Ausgabenkürzungen zu zwingen. 1935 wurde die Beauftragtenbestellung deutschlandweit gesetzlich verankert und fand im weiteren Verlauf Eingang in die Gemeindeordnungen aller Bundesländer in der Nachkriegszeit. In der Geschichte der Bundesrepublik wurden Staatskommissare schwerpunktmäßig im Rahmen der kommunalen Neugliederung in NRW Ende der 1960er Jahre sowie in den neuen Bundesländern nach der Wiedervereinigung eingesetzt, dabei allerdings oft mit der Funktion, Vakanzen bis zu anstehenden Wahlterminen zu füllen (Duve 2008, S. 286-287).

Im Kontext der Verschärfung der kommunalen Haushaltssituation vieler Kommunen in NRW erlangte der meist als Sparkommissar bezeichnete Beauftragte vermehrt Aufmerksamkeit; spätestens seit 2006, als die Bezirksregierung Münster eine „bislang fehlende Eskalationsstufe im Wege freier Rechtsfortbildung“ für die Stadt Waltrop schuf (Effer-Uhe 2008, S. 26). Ausgangspunkt dieser Entscheidung war die Diagnose, dass Haushaltssicherungskonzepte sowie das Nothaushaltsrecht ein nicht mehr für alle Fälle ausreichendes Sanktionspotential besitzen, auf der anderen Seite der Be-

46 Die Ausführungen in diesem Kapitel beziehen sich in Teilen auf zwei bereits veröffentliche Publikationen des Autors. Siehe dazu Zabler (2016) und Zabler (2020). Alle Analysen wurden für diese Arbeit allerdings komplett neu, mit einer erweiterten Datenbasis und zusätzlichen methodischen Spezifikationen durchgeführt.

auftragte nach § 124 GO NRW als ultima ratio der repressiven Aufsicht rechtliche Schwierigkeiten nach sich ziehen könnte (Effer-Uhe 2008, S. 27) sowie darüber hinaus kaum einen breiten sozialen und politischen Konsens finden dürfte (Holtkamp 2010, S. 63; Duve 2008, S. 290). Als Konsequenz daraus bestand die erwähnte fehlende Eskalationsstufe aus einem sogenannten *Beratenden Sparkommissar* oder auch *Sanierungsmanager*, der zwar von der Kommunalaufsicht bestellt wird, dieser auch untersteht, allerdings lediglich beratend in der jeweiligen Kommune tätig ist und daher die entsprechenden Konsolidierungsmaßnahmen nach wie vor vom Rat beschlossen werden müssen.

Doch auch der „echte" Sparkommissar mit umfänglichen direkten Durchgriffsrechten rückte mit dem Stärkungspakt Stadtfinanzen der nordrhein-westfälischen Landesregierung seit 2011 wieder deutlich in den Fokus. Gemäß § 6 des Stärkungspaktgesetzes sind die am Programm beteiligten Kommunen verpflichtet, Haushaltssanierungspläne mit dem Nachweis eines künftigen Haushaltsausgleichs den Bezirksregierungen vorzulegen. Entscheidender an dieser Stelle ist allerdings § 8 Abs. 1 des Stärkungspaktgesetz, der die Folgen von Pflichtverstößen regelt:

> „(1) Kommt die Gemeinde ihrer Pflicht zur Vorlage des Haushaltssanierungsplans nicht nach, weicht sie vom Haushaltssanierungsplan ab oder werden dessen Ziele aus anderen Gründen nicht erreicht, setzt die Bezirksregierung der Gemeinde eine angemessene Frist, in deren Lauf die Maßnahmen zu treffen sind, die notwendig sind, um die Vorgaben dieses Gesetzes und die Ziele des Haushaltssanierungsplans einzuhalten. Sofern die Gemeinde diese Maßnahmen innerhalb der gesetzten Frist nicht ergreift, ist durch das für Kommunales zuständige Ministerium ein Beauftragter gemäß § 124 der Gemeindeordnung für das Land Nordrhein-Westfalen zu bestellen."

Damit ist in dieser Form einmalig der Einsatz eines Sparkommissars konditional als Sanktionsmittel mit der Nichterfüllung von Vorgaben im Rahmen eines Finanzhilfeprogramms verknüpft. Programme in anderen Bundesländern haben diese direkte Folge nicht spezifiziert (Heinelt und Stolzenberg 2014, S. 237). Wie oben bereits beschrieben, existiert das Mittel des Beauftragten unabhängig von Finanzhilfeprogrammen in allen Bundesländern, meist mit der Klausel, dass alle vorgelagerten aufsichtsrechtlichen Mittel ausgeschöpft sein müssen.[47] Im Grundsatz könnte dieses Mittel folglich in allen Bundesländern eingesetzt werden, wenn rechtswidriges Verhalten der

47 Beispiele für die Verankerung des Beauftragten in verschiedenen Gemeindeordnungen lauten wie folgt:

§ 124 GO NRW: „Wenn und solange die Befugnisse der Aufsichtsbehörde nach den §§ 121 bis 123 nicht ausreichen, kann das für Kommunales zuständige Ministerium einen

Kommunen nicht durch mildere Mittel sanktioniert werden kann. Gerade die langfristige Verwendung kommunaler Kassenkredite stellt ein besonders eklatantes Beispiel eines solchen Rechtsverstoßes dar, der bislang allerdings in weiten Teilen geduldet wird (Gröpl, Heinemann und Kalb 2010, S. 186).

Der Einsatz beratender Sparkommissare hat sich bislang auf Waltrop 2006, Marl 2007 sowie Hagen 2008 beschränkt. Dabei handelt es sich um Kommunen, die einerseits mit problematischen strukturellen Rahmenbedingungen zu kämpfen haben, allerdings darüber hinaus in der Vorgeschichte auch schwierige politische Konstellationen, mangelnden politischen Willen und teilweise bilanzielles „Schönrechnen" aufwiesen. Von offizieller Seite wurden im Nachgang alle drei Einsätze als Erfolg bezeichnet – konkrete Evaluationen blieben dabei aus –, allerdings kommen wissenschaftliche fallstudienbasierte Einschätzungen zu einer eher ernüchternden Bilanz der Einsätze beratender Sparkommissare (Holtkamp 2009; Bajohr 2009). Im Fall des Beauftragten nach § 124 GO NRW erfolgten in der jüngeren Vergangenheit bislang drei Einsätze; alle im Rahmen des Stärkungspakts. In Nideggen wurde 2013 ein Beauftragter als Konsequenz aus dem fehlenden Beschluss eines Sanierungsplans entsendet. Zwar hatte in diesem Fall die Bürgermeisterin aktiv für den Beschluss geworben, der Rat konnte sich allerdings insbesondere nicht auf steigende Grundsteuerhebesätze einigen. Der daraufhin entsandte Sparkommissar hob Hebesätze und Gebühren an, strich bei freiwilligen Leistungen und baute Personal ab (Burth 2013). In Altena wurde im Jahr 2014 zwar ein Sanierungsplan verabschiedet, dieser genügte allerdings den Anforderungen der Bezirksregierung nicht und so kam es zur Entsendung (Gnädinger 2014). Schließlich wurde in Haltern am See im Jahr 2017 nach mehreren genehmigten Sanierungsplänen in den Jahren zuvor eine Lücke

---

Beauftragten bestellen, der alle oder einzelne Aufgaben der Gemeinde auf ihre Kosten wahrnimmt. Der Beauftragte hat die Stellung eines Organs der Gemeinde."
§ 124 GemO BW: „Wenn die Verwaltung der Gemeinde in erheblichem Umfang nicht den Erfordernissen einer gesetzmäßigen Verwaltung entspricht und die Befugnisse der Rechtsaufsichtsbehörde nach §§ 120 bis 123 nicht ausreichen, die Gesetzmäßigkeit der Verwaltung der Gemeinde zu sichern, kann die Rechtsaufsichtsbehörde einen Beauftragten bestellen, der alle oder einzelne Aufgaben der Gemeinde auf deren Kosten wahrnimmt."
§ 117 Abs. 1 SächsGemO: „Entspricht die Verwaltung der Gemeinde in erheblichem Umfang nicht den Erfordernissen einer gesetzmäßigen Verwaltung und reichen die Befugnisse der Rechtsaufsichtsbehörde nicht aus, die Gesetzmäßigkeit der Verwaltung der Gemeinde zu sichern, kann die Rechtsaufsichtsbehörde einen Beauftragten bestellen, der alle oder einzelne Aufgaben der Gemeinde auf deren Kosten wahrnimmt."

beim Abbau der Konsolidierungshilfen entdeckt, was schließlich zu einem Sparkommissareinsatz geführt hat (Mohl 2017).

Aus einer internationalen Perspektive stellt das Instrument eines Sparkommissars im weiteren Sinn keinesfalls ein Alleinstellungsmerkmal Deutschlands dar. Besonders im US-amerikanischen Kontext ist das Konzept des *municipal takeover* in Teilen sehr nah mit dem deutschen Modell verwandt und wird in der Public-Administration-Literatur durchaus seit Längerem, aber auch aktuell rezipiert. Im Grundsatz sind die US-amerikanischen Bundesstaaten analog zu den Bundesländern in Deutschland für die finanzielle Stabilität der Kommunen zuständig und unterstützen diese in Fällen finanzieller Bedrängnis. Sollten weiche Mechanismen der Unterstützung allerdings nicht mehr genügen, gehen manche Bundesstaaten dazu über, das lokale Budget stärker zu kontrollieren oder im Extremfall gewählte lokale Institutionen zu ersetzen (Gillette 2014, S. 1373). Dies kann einerseits durch sogenannte „takeover boards“ (Gillette 2014, S. 1373) in Form eines Gremiums oder durch einen einzelnen „emergency manager“ (Honadle 2003, S. 1453) geschehen. Genaue Informationen zur Verbreitung solcher „Übernahmen“ liegen nicht vor, allerdings zählt Berman (1995, S. 56) in den 1990er Jahren ungefähr 50 Fälle seit den 1970er Jahren in den USA, die sich einerseits auf Kommunen in finanziellen Schieflagen und andererseits auf Schulbezirke, die als „academically bankrupt“ eingestuft werden und in denen neben finanziellen Schwierigkeiten auch teilweise Missmanagement eine Rolle gespielt hat, beziehen. Durch die spezifische Verschuldungsproblematik einiger – auch international bekannt gewordener – Fälle in der jüngeren Vergangenheit hat die wissenschaftliche Diskussion um emergency manager in den USA zumindest in einigen Studien ihren Niederschlag gefunden. Loh (2016) nimmt dabei in einer vergleichenden Fallstudie von sieben Kommunen im Bundesstaat Michigan deren Planungsprozesse in den Fokus und kommt zu dem Ergebnis, dass die Gleichzeitigkeit von Planungsprozessen und Austeritätsmaßnahmen problematisch ist. Nickels (2016) beschäftigt sich vor allem mit den potentiellen Auswirkungen der emergency manager auf die sogenannte *home rule*, die man in groben Zügen mit dem Selbstverwaltungsrecht der Kommunen in Deutschland vergleichen könnte. Dabei betrachtet sie Takeover-Maßnahmen in Michigan und New Jersey und kommt zu dem Schluss, dass die Selbstverwaltung in teils problematischer Weise beeinträchtigt wurde. Nickels, Clark und Wood (2020) vergleichen schließlich die Auswirkungen auf lokale politics in zwei Kommunen und diagnostizieren eine deutliche, teils auch längerfristige Veränderung des politischen Prozesses vor Ort durch die Entsendung der emergency manager.

Weitere wissenschaftliche Studien zu analogen Modellen in anderen Ländern konnten nicht recherchiert werden – sicherlich aufgrund einer starken Länderspezifität und damit einhergehenden Sprachbarrieren. Allerdings wurde der Autor durch den Kontakt mit einer ehemaligen Ministeriumsmitarbeiterin in Großbritannien auf ein vergleichbares Instrument im Kontext von UK hingewiesen. So erlaubt Abschnitt 15(6) des *Local Government Act 1999* die Übernahme jeglicher Funktion auf lokaler Ebene durch einen *Secretary of State* oder einen durch diesen Ernannten. In diesem Zusammenhang ist explizit von „commissioners" die Rede, die in einem Zeitraum von 2001 bis 2017 insgesamt sieben Mal zum Einsatz kamen (Sandford 2017). Nach Aussage der Mitarbeiterin waren die Einsätze in sechs Fällen durch Verfehlungen im Bereich lokaler Kinderbetreuung (teils aufgrund von Missbrauchsskandalen), in einem Fall (London Borough of Tower Hamlets 2014-2017) durch den fehlerhaften Umgang mit Fördergeldern begründet („worrying pattern of divisive community politics and alleged mismanagement of public money by the Mayoral administration of Tower Hamlets" (Ministry of Housing, Communities & Local Government 2014)). In einem offiziellen Bericht wurde dieser Einsatz thematisiert, allerdings ohne eine explizite Evaluation zu beinhalten (House of Commons – Communities and Local Government Committee 2016).

Sowohl für den amerikanischen als auch den englischen Fall sind dem Autor keine systematischen Outcome-Evaluationen bekannt. Gleichermaßen gilt allerdings auch für die Einsätze in Deutschland eine insgesamt eher spärliche wissenschaftliche Thematisierung der Einsätze von Sparkommissaren sowie eine – nach Kenntnis des Autors – bislang komplett fehlende Evaluation der fiskalischen Outcomes. Bezogen auf Deutschland ist diese Lücke gerade vor dem Hintergrund beachtenswert, dass das Berater-Modell Pilot-Charakter besitzt und der Beauftragte im eigentlichen Sinn einen höchst kontroversen Eingriff in die kommunale Selbstverwaltung darstellt. Die Analyse des beratenden Sparkommissars ist bislang über einzelne Fallstudien sowie konzeptionelle Arbeiten nicht hinausgekommen (Holtkamp 2009; Bajohr 2009; Duve 2008; Holtkamp 2006). Im Fall des echten Sparkommissars liegt nach Kenntnis des Autors bislang überhaupt keine wissenschaftliche Analyse vor.[48] Gerade im Hinblick auf die Evaluation der fiskalischen Outcomes mag dies

48 Ausgeklammert sind bei dieser Diagnose die beiden eigenen Studien des Autors (Zabler 2020; Zabler 2016), da diese in Teilen die Grundlage für die hier angestrebten Analysen liefern.

in den geringen Fallzahlen begründet sein. Genau diesem Problem wird im vorgeschlagenen statistischen Vorgehen begegnet.

### *I. Wirkmechanismen und theoretische Erwartungen*

Hält man sich den in Abschnitt D formulierten theoretischen Rahmen inklusive der Ausführungen über die Logik verschiedener Policy- Instrumente vor Augen, wird deutlich, dass die beiden Sparkommissar-Modelle grundsätzlich verschiedene Ansätze widerspiegeln. Bereits auf den ersten Blick repräsentieren beide Modelle zwei grundsätzlich verschiedene Pole, von einem konsultativ angelegten weichen Instrument bis hin zur womöglich schärfsten Form hierarchischer Intervention. Dementsprechend werden beide Instrumente hinsichtlich ihrer Wirkmechanismen getrennt betrachtet.

#### 1. „Echter" Sparkommissar

In der Studie von Overmans und Timm-Arnold (2016) über das austerity management stehen im Kern die Entscheidungen lokaler Eliten über die Ausgestaltung von Austeritätsmaßnahmen. Die Entsendung eines Sparkommissars, der Entscheidungen vor Ort in Eigenregie fällt, hebelt diesen Entscheidungsprozess komplett aus. Im Rahmen der im Modell spezifizierten austerity conventions spielt zwar das Ausmaß interner oder externer Initiative bei Austeritätsentscheidungen eine wichtige Rolle, im Grundsatz bildet allerdings selbst bei großem Einfluss externer Stellen die Entscheidung durch lokale Akteure den finalen Prozessschritt. Insofern kann man im Fall des Einsatzes eines Sparkommissars von einem Mittel sprechen, das sogar noch außerhalb der klassischen Austeritätsmaßnahmen steht. Interessant ist an dieser Stelle dennoch, dass Overmans und Timm-Arnold (2016, S. 1047) mutmaßen, dass bei einem hohen Maß an externer Eingriffsintensität ggf. das Risiko besteht, dass die Kohärenz neuer und bestehender Sparmaßnahmen eingeschränkt sein könnte.

Fokussiert man in einem nächsten Schritt auf den action-formation mechanism, die haushaltsrelevanten Entscheidungen auf lokaler Ebene, wie sie in Abbildung 8 dargestellt sind, wird deutlich, dass Entscheidungen nach wie vor vor Ort getroffen werden, allerdings nicht mehr von den Akteuren, die üblicherweise ins lokale politische System eingebunden sind. Dies hat Konsequenzen sowohl für die willingness als auch die ability, maßgebliche haushaltsrelevante Entscheidungen zu treffen. Der Sparkommissar hat massive – wenn nicht die massivsten – Konsequenzen für beide Aspekte. Die Bedeutung des politischen Willens, den Absichten der Kommunalaufsicht als Prinzipal Folge zu leisten, wird letztlich „aus der Gleichung gestrichen", indem der Agent und damit alle verbundenen Agenturprobleme zumindest temporär ausgeklammert werden. Ähnlich verhält es sich mit der Rolle von lokalen Institutionen als Bestandteil der ability. Die in diesem Zusammenhang angesprochene common pool Problematik von Haushaltspolitik ist dadurch, dass um Ressourcen konkurrierende Akteure quasi ausgeschlossen werden, beseitigt. Analog dazu wird temporär gewissermaßen die „Diktatur" eines Steuerungspolitikers etabliert. Der Ressourcenaspekt wird auf den ersten Blick nicht tangiert, da mit dem Sparkommissareinsatz kein Transfer einhergeht. Man könnte dennoch insofern von einer veränderten Ressourcenbasis sprechen, als die Gemeinde die Kosten des Sparkommissars trägt. Die fiskalische Relevanz dieses Ausgabepostens dürfte sich allerdings in Grenzen halten. Zusammengefasst bedeutet der Einsatz eines Sparkommissars – zumindest in den Grenzen des angenommenen theoretischen Frameworks – (1) eine Auflösung der klassischen Prinzipal-Agenten-Probleme und (2) eine Steigerung der institutionellen Kapazität für Sparmaßnahmen, bei (3) einer leicht erhöhten Ressourcenbelastung.

Die zentralen Steuerungsressourcen, wie sie in Tabelle 3 zusammengefasst sind, bestehen im Fall des Sparkommissars aus einer Kombination aus Autorität und Organisation. Auf der einen Seite handelt es sich um die Sanktion als Konsequenz aus einem regulativen Instrument (bspw. im Sinne des *stick* (Lemaire 2007)), auf der anderen Seite werden zumindest temporär definitiv Verantwortlichkeiten verlagert und damit wird im Sinne von Elmore (1987) system changing betrieben. Dies deckt sich auch mit der oben thematisierten US-amerikanisch fokussierten Aufarbeitung von Sparkommissaren. In diesem Zusammenhang spricht Honadle (2003, S. 1453) von einem „Takeover Approach" seitens der Bundesstaaten. Diese Form der Übernahme geht über die pure Nutzung hierarchischer Regulierung hinaus und besitzt damit auch eine organisatorische Komponente.

Insofern lohnt sich ein Blick auf die zuvor identifizierten Faktoren, die einen erfolgreichen Einsatz sowohl von autoritativen Instrumenten als auch organisationalen Anpassungen bedingen können (siehe Abbildung 9). In erster Linie sollte die Ausübung von Zwang faktisch möglich sein. Dies ist durch die in den Gemeindeordnungen kodifizierten repressiven Aufsichtsmittel gedeckt und wurde bislang auch juristisch noch nicht anders bewertet (Eine Klage der Stadt Altena gegen die Einsetzung eines Sparkommissars scheiterte vor dem Oberverwaltungsgericht (Städte- und Gemeindebund Nordrhein-Westfalen 2014)). Darüber hinaus ist die Klarheit und Messbarkeit des mit dem hierarchischen Eingriff verbundenen Ziels eine zentrale Voraussetzung für Erfolg. Sieht man die Herstellung eines genehmigungsfähigen Konsolidierungsplans bzw. die Erarbeitung eines Haushaltsausgleichs als die primäre Rolle eines Sparkommissars, ist – gerade im Vergleich zu anderen denkbaren Politik-Zielen – die Klarheit und Messbarkeit eindeutig gegeben. Ähnliches gilt für den Erfolg von organisatorischen Umgestaltungen, da auch in diesem Fall Kontrolle und Zielbindung wichtige Erfolgskriterien darstellen.

Ob und inwiefern Konsens über die Notwendigkeit des Einsatzes besteht, muss allerdings differenzierter betrachtet werden. Aus juristischer und aufsichtsbehördlicher Sicht dürfte die Notwendigkeit kaum bestritten werden. Dass sich allerdings ein solcher Konsens bei lokalpolitischen Akteuren sowie der Bevölkerung vor Ort wiederfinden lässt, ist aufgrund der einschneidenden Rolle für die lokale Demokratie und Gesellschaft (Nickels 2016, S. 205) höchst unwahrscheinlich. Damit ist ein aus theoretischer Sicht deutlich kritisch zu bewertender Aspekt des Sparkommissareinsatzes bereits angedeutet: Die Auflösung von Prinzipal-Agenten-Strukturen, die Stärkung eines zentralen steuerungspolitischen Akteurs sowie die klare Möglichkeit zur Zielerreichungskontrolle liefern zwar starke Argumente für die Effektivität des Sparkommissars, bezieht man allerdings die zeitliche Dimension mit ein, ist diese Schlussfolgerung weit weniger eindeutig. Ein mittel- und langfristiger Erfolg setzt eine längerfristige Beeinflussung des Verhaltens sowie eine Rückendeckung für neue organisatorische Strukturen voraus. Eine längerfristige Rückendeckung ist bei der Bestellung eines Sparkommissars verständlicherweise explizit nicht vorgesehen, weswegen die angesprochenen Unsicherheiten, die mit jeder Strukturveränderung einhergehen, bei einem vergleichsweise kurzen Zeithorizont des Instruments problematisch sein können. Noch deutlicher wird die Problematik der zeitlichen Dimension unter Legitimitätsaspekten. Aufgrund der Schärfe des Eingriffs und der nicht unumstrittenen demokratischen Legitimation ist mit Widerständen der lokalen Politik und Bevölkerung zu rechnen. Dieser fehlende gesellschaftliche Konsens über die Angemessenheit eines Instruments kann allerdings eine wichtige Bedingung für den langfristigen Erfolg sein. Vor dem Hintergrund, dass nach dem Einsatz eines Sparkommissars die ursprüngliche Prinzipal-Agenten-Konstellation wieder in Kraft tritt, ist diese Beziehung möglicherweise von einem noch größeren Interessengegensatz und gesteigertem Konfliktpotential geprägt, wodurch eine langfristige Konsolidierung konterkariert werden könnte.

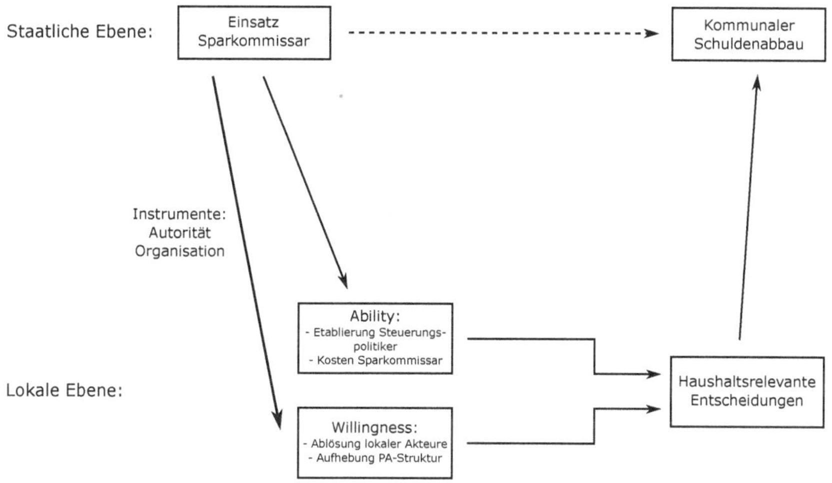


Abbildung 13: Wirkmechanismus des Sparkommissareinsatzes auf lokale Haushaltsentscheidungen (Quelle: eigene Darstellung)

In Abbildung 13 ist nochmals kurz zusammengefasst, wie der Einsatz eines Sparkommissars gewissermaßen als externer Trigger in erster Linie lokale Haushaltspolitik beeinflussen kann. Als zentrale Steuerungsressourcen kommen Autorität und Organisation zum Einsatz und entfalten dabei ihre Wirkung auf die lokale ability dahingehend, dass auf Seiten der Institutionen ein starker Steuerungspolitiker installiert wird und – wenn auch von untergeordneter Bedeutung – die lokale Ressourcenausstattung durch die Kosten für den Einsatz beeinflusst ist. Die willingness ist durch eine temporäre Aufhebung lokalpolitischer Prozesse im Bereich des Haushalts und eine Auflösung der Prinzipal-Agenten-Struktur zwischen Aufsicht und Kommune gekennzeichnet. Bezieht man diese Auswirkungen und die vergleichsweise klaren und leicht zu messenden Zielvorgaben des Sparkommissareinsatzes mit ein, kommt man auf theoretischer Ebene zu einer erfolgversprechenden a priori Beurteilung dieses Instruments. Die Analyse hat allerdings auch gezeigt, dass sich daraus nicht notwendigerweise ein mittel- und langfristig positiver Effekt ergibt. Haushaltskonsolidierung und Schuldenabbau sind langwierige Prozesse, die grundsätzlicher Veränderungen der lokalen Haushaltspolitik bedürfen. Grundlage für längerfristig veränderte Politik ist ein in gewissem Umfang existierender Konsens in Politik und Bevölkerung – spätestens, wenn in Wahlen über künftige Politik entschieden wird.

Analog dazu bedeutet die Entsendung eines Sparkommissars, der in erster Linie einen kurzfristigen Haushaltsausgleich oder die Aufstellung eines genehmigungsfähigen Konsolidierungsplans zum Ziel hat, keinerlei Garantie für einen darüber hinaus reichenden Schuldenabbau oder die Erreichung von Haushaltszielen in der Folgezeit. Die Makro-Auswirkungen des Einsatzes eines oder mehrerer Sparkommissare auf den kommunalen Schuldenabbau – im Sinne eines transformational mechanism – hängen also in ganz erheblichem Maße von der Nachhaltigkeit der Einsätze ab. Diese scheint unter den gegebenen Voraussetzungen allerdings weit weniger wahrscheinlich als die bloße kurzfristige Beeinflussung der Haushaltsergebnisse. Zusätzlich sollte an dieser Stelle Erwähnung finden, dass sich quantitativ gesehen erfolgreicher Schuldenabbau in vergleichsweise kleinem Maßstab vollzieht; zumindest bezogen auf die Bundesländerebene, da der Einsatz wie dargestellt nur in vereinzelten Kommunen zum Tragen kommt. Dieser seltene Einsatz ist allerdings sicherlich auch im eigentlichen Sinne des Instruments, da das Ziel des Staates sich nur auf den Eingriff in einzelnen Kommunen bezieht. Daher ist die Bewertung der Effektivität beim Schuldenabbau auf Basis der Beurteilung einzelner Fälle angemessen.

### 2. Beratender Sparkommissar

Beim beratenden Sparkommissar handelt es sich trotz der semantischen Nähe um ein Instrument, das einer gänzlich anderen Logik folgt. Die zentrale Entscheidung über Austeritätsmaßnahmen im Sinne des austertiy management verbleibt beim beratenden Modell bei den lokalen Eliten, da in erster Linie lediglich Vorschläge erarbeitet werden. Nichtsdestotrotz stellt die Bestellung eines beratenden Sparkommissars eine externe Initiative zur Einleitung von Konsolidierungsmaßnahmen dar. Zusätzlich wird die Basis der sources of austerity ideas durch die Hinzuziehung externer Expertise maßgeblich erweitert und damit potentiell ein größeres Portfolio an Maßnahmen zugänglich (Overmans und Timm-Arnold 2016, S. 1047).

Das System lokaler haushaltsrelevanter Entscheidungen gestaltet sich deutlich anders, da die Entscheidungskompetenz bei den lokalen Akteuren verbleibt. Dennoch sind ability und willingness in verschiedenerlei Form beeinflusst. Der politische Wille, Haushaltseinschnitte vorzunehmen, erscheint durch einen reinen Berater in erster Linie nicht tangiert zu sein. Allerdings wird bei einem genaueren Blick auf die Einsätze beratender Sparkommissare deutlich, dass diese häufig im Kontext der Androhung eines echten Sparkommissars stattfanden (Holtkamp 2009, S. 151). Dies zeigt sich auch daran, dass die Ermächtigungsgrundlage für den Einsatz darauf basiert, dass in den Augen der Kommunalaufsicht die Voraussetzungen für einen echten Sparkommissar gegeben gewesen wären (Effer-Uhe 2008). Demzufolge ist der Druck des Prinzipals auf die lokale Politik mindestens indirekt durch weitere Sanktionsandrohungen erhöht. Darüber hinaus erweitert die Kommunalaufsicht ihre Informationsbasis durch einen von ihr installierten Beauftragten direkt in den Kommunen vor Ort deutlich und kann damit ihr Wissen über (un-)intendiertes Verhalten maßgeblich steigern. Die steuerungspolitischen Institutionen vor Ort sind formal vom beratenden Sparkommissar nicht beeinflusst, allerdings sind diese durch die höhere Manpower und Expertise sicherlich aufgewertet. Die Ressourcenausstattung ist durch die Übernahme der Kosten seitens der Kommune in ähnlicher Weise beeinflusst wie beim echten Sparkommissar. Zusammengefasst hat der beratende Sparkommissar für die Strukturen vor Ort folgende Auswirkungen: (1) eine verbesserte Position der Interessen des Prinzipals durch eine im Raum stehende weitergehende Sanktion und eine verbreiterte Informationsbasis, (2) eine Aufwertung steuerungspolitischer Institutionen, (3) eine leicht erhöhte Ressourcenbelastung.

Im Kern stellen die zentralen Steuerungsressourcen erneut ein gewisses Maß an Autorität in diesem Fall allerdings kombiniert mit Information und Symbolik dar. Eine Verlagerung organisatorischer Zuständigkeiten findet im engeren Sinne nicht statt. Die Anwendung von Autorität ist im Vergleich zum zuvor diskutierten Modell deutlich weniger stark ausgeprägt, allerdings handelt es sich bereits bei der Installation eines beratenden Sparkommissars nach wie vor um einen hierarchischen Eingriff, der durch die Androhung weitergehender Sanktionen verstärkt wird. Darüber hinaus wird durch den Einsatz die Informationsbasis der Aufsicht sowie auch der Kommune selbst erweitert. Damit einher geht zusätzlich auch ein „mahnendes Symbol" dadurch, dass der Einsatz eines Sparkommissars vergleichsweise öffentlichkeitswirksam ist und damit Druck auf die Lokalpolitik ausübt.

Mit Blick auf die Bedingungen, unter denen sich diese Steuerungsressourcen erfolgreich einsetzen lassen, zeigt sich im Fall der Autorität ein in einigen Punkten vom vorigen Sparkommissarmodell abweichendes Bild. Prinzipiell sind Klarheit und Messbarkeit des Ziels nach wie vor gegeben, da sich Haushaltsdaten bzw. deren Verbesserung vergleichsweise leicht erfassen lassen. Allerdings ist die Möglichkeit und Bereitschaft, Zwang bis zur Erreichung des Ziels auszuüben, explizit kein Charakteristikum dieses Instruments. Inwiefern als weiterer Erfolgsfaktor Konsens über die Notwendigkeit für den Einsatz eines beratenden Sparkommissars herrscht, muss differenziert betrachtet werden. Sicherlich gelten für diese Form der Intervention ebenfalls deutliche Vorbehalte auf der Ebene kommunaler Akteure; ein breiter politischer und gesellschaftlicher Konsens sowie ausbleibende Widerstände sind nicht wahrscheinlich. Nichtsdestotrotz ist für diese weichere Intervention von einem geringeren Konfliktniveau als beim echten Sparkommissar auszugehen. Nur weil das Konfliktniveau allerdings etwas geringer ausfallen dürfte, ist dies keine hinreichende Bedingung für einen nachhaltigeren oder längerfristigen positiven Effekt des beratenden Sparkommissars.

Für die erfolgreiche Nutzung von Information und Symbolik als Steuerungsressourcen gelten wiederum andere Voraussetzungen. Verständlicherweise bieten sich die Generierung, Sammlung und Weitergabe von Informationen in Konstellationen mit großer Informationsasymmetrie an. Dies ist ein zentrales Charakteristikum der Beziehung zwischen Kommune und Aufsicht, dem im Rahmen notwendiger Haushaltskonsolidierung zusätzliche Bedeutung zukommt. Eine Abschwächung der Asymmetrie sollte für eine stärkere Bindung an die Präferenzen des Prinzipals sorgen und damit Haushaltskonsolidierung wahrscheinlicher machen. Genauso kann die Verbreitung von Information hilfreich sein, wenn eine eigentlich existierende Interessenkongruenz in erster Linie deutlich gemacht werden muss; dafür ist der Bereich kommunaler Haushaltskonsolidierung ein Paradebeispiel, da vor allem langfristig die Konsolidierung der Haushalte und damit die Sicherstellung der Handlungsfähigkeit in beiderseitigem Interesse liegt (oder liegen sollte). Prinzipiell könnte sich gerade vor dem Hintergrund zweier Sparkommissarmodelle ein informationsbasiertes oder symbolisches Instrument in Situationen anbieten, in denen ein weitergehendes Instrument vorbereitet oder sogar vermieden werden soll. Da es in dieser Analyse allerdings um den genuinen Effekt auf die Verschuldung geht, steht die Fähigkeit eines Instruments, ein anderes vorzubereiten bzw. zu vermeiden, auch theoretisch hier nicht im Zentrum.

Wie in Abschnitt D.IV angesprochen, erscheint die Nutzung von Information und Symbolik vor allem in Fällen sinnvoll, in denen einerseits keine effektive Aufsicht ausgeübt werden kann oder in denen bspw. das Auftauchen kurzfristiger Krisen schärfere Mittel aufgrund mangelnder Reaktionsgeschwindigkeit erschwert. Beides trifft für die Überwachung kommunaler Haushalte nicht zu; de jure und de facto kann effektive Aufsicht ausgeübt werden und die fiskalischen Entwicklungen in den Kommunen sind in den allerseltensten Fällen überraschend. Unter diesen Aspekten könnte man daher mutmaßen, dass die Nutzung von Information für die anzugehende Aufgabe eventuell nur eine „Second-best-Lösung“ im Vergleich zum autoritativen

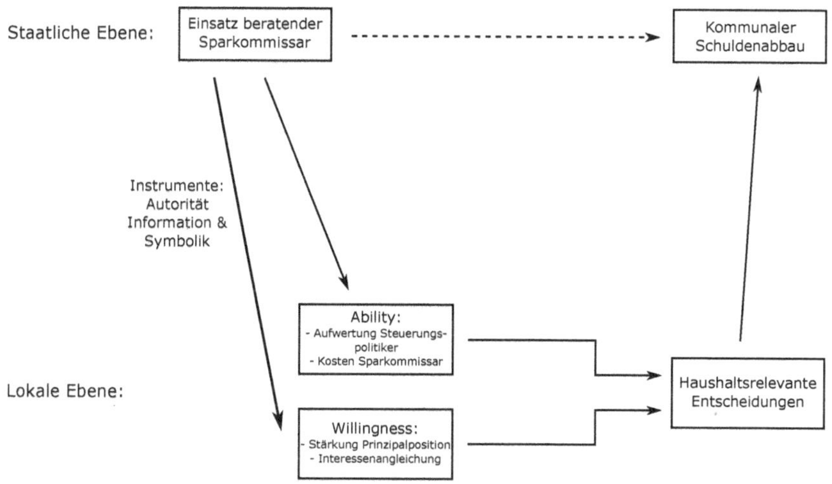


Abbildung 14: Wirkmechanismus des beratenden Sparkommissareinsatzes auf lokale Haushaltsentscheidungen (Quelle: eigene Darstellung)

Durchgriff darstellt, wobei damit nicht gesagt sei, dass Autorität und Information im Fall des beratenden Sparkommissars gar nicht wirken können.

Zusammengefasst stellt der beratende Sparkommissar ebenfalls ein extern initiiertes Instrument mit erheblichem Einfluss auf die kommunale Entscheidungsfindung dar, unterscheidet sich aber in Form und Tiefe des Effekts deutlich vom echten Sparkommissar. Zwar dient Autorität auch hier ein Stück weit als Steuerungsressource – dadurch, dass die Entsendung pflichtig erfolgt und auch mit der Androhung eines echten Sparkommissars verknüpft ist –, allerdings in deutlich milderer Weise, da zentrale lokale Akteure ihre Funktion behalten. Nichtsdestotrotz ist durch die Androhung schärferer Mittel die Position von Steuerungspolitikern zumindest informell gestärkt sowie das Gewicht des Prinzipals gegenüber der lokalen Politik erhöht; nicht zuletzt auch durch eine breitere Informationsbasis. Ergänzend kann wiederum die Verbreitung von Information dazu dienen, eine Angleichung der Interessen für einen mittel- und langfristig stabilen kommunalen Haushalt herbeizuführen. Auch bei diesem Modell stellt der Einsatz eine Belastung auf der Ressourcenseite dar, da die Kommune die Kosten dafür trägt.

Insgesamt betrachtet bieten die beteiligten Mechanismen durchaus die Möglichkeit, das Gefüge haushaltsrelevanter Entscheidungen positiv zu beeinflussen; gerade im Vergleich zum Status quo ohne Intervention. Unter den Annahmen des hier gewählten theoretischen Modells ist allerdings auch davon auszugehen, dass der echte Sparkommissar einen stärkeren Effekt auf die ability und willingness für Konsolidierungsentscheidungen entfaltet – zumindest in der kurzen Frist. Die quantitativen Auswirkungen auf den generellen Schuldenabbau bei den Kommunen sind aufgrund der geringen Fallzahlen analog zum echten Sparkommissar ebenfalls begrenzt und bilden auch nicht das primäre Ziel. Deutlich relevanter sind die längerfristigen Auswirkungen in der jeweils betroffenen Kommune. Für die Entsendung des beratenden Sparkommissars gilt wiederum analog zum echten Sparkommissar, dass die Frage nach einer längerfristigen Wirksamkeit nicht ohne Weiteres beantwortet werden kann. Man kann davon ausgehen, dass – vorausgesetzt der beratende Sparkommissar kann gemeinsam mit den lokalen Akteuren Konsolidierungsstrategien entwickeln – diese eine nachhaltigere Wirkung entfalten, da sie auf einem Konsens aufbauen und deutlich weniger konfliktiv implementiert werden als im Fall des echten Sparkommissars.

In aller Kürze zusammengefasst: Grundsätzlich besitzen sowohl der echte als auch der beratende Sparkommissar unter den hier getroffenen theoretischen Annahmen über die lokalen haushaltsrelevanten Entscheidungen das Potential, die Verschuldung in den betroffenen Kommunen zu begrenzen. Differenzieren sollte man dabei allerdings zwischen den kurz- und längerfristigen Wirkungen. Bei den kurzfristigen Effekten deutet einiges darauf hin, dass der echte Sparkommissar aufgrund der stärkeren Durchgriffsrechte größeres Potential besitzt. Für einen mittel- und langfristigen Schuldenabbau gelten allerdings andere Erwartungen. Da eine dauerhafte Veränderung der kommunalen Haushaltspolitik ein gewisses Maß an Konsensfähigkeit benötigt, ist davon auszugehen, dass das weniger interventionistische Instrument des beratenden Sparkommissars im Vergleich nachhaltiger wirkt. Die Voraussetzung dafür ist allerdings, dass der beratende Sparkommissar *überhaupt* Impulse während seines Einsatzes einbringen kann, was wiederum aufgrund des lediglich beratenden Charakters keinen Automatismus darstellt. Zum Abschluss der theoretischen Bewertung sei einmal mehr darauf verwiesen, dass sowohl die theoretische als auch die folgende empirische Analyse die Frage nach der Wirksamkeit der Schuldenbegrenzung zum Fokus haben und sich daher nicht auf weitere Aspekte wie bspw. die Auswirkungen auf die lokale Demokratie beziehen.

## *II. Daten*

Wie zuvor bereits beschrieben, kommen für die Analyse der Effekte sowohl des echten als auch des beratenden Sparkommissars nur wenige Fälle in Betracht. In der jüngeren Vergangenheit, auf die man sich schlicht aus Gründen der Datenverfügbarkeit konzentrieren muss, kam es jeweils zu drei Einsätzen. Der Einsatz eines Sparkommissars in Haltern am See im Jahr 2017 muss von der Analyse ausgeschlossen werden, da eine vernünftige Effektspanne für einen Einsatz vor so kurzer Zeit nicht sinnvoll in den bislang bis 2018 zur Verfügung stehenden Daten dargestellt werden kann. Damit verbleiben schließlich fünf Fälle, die sich alle in NRW befinden, was deutlich positive Konsequenzen für den Ausschluss unerwünschter Heterogenität hat. In erster Linie wird durch die Konzentration auf ein Bundesland der Rechtsrahmen der Kommunen und deren Beziehung zur staatlichen Ebene per Design konstant gehalten. Darüber hinaus erhöht die Nutzung statistischer Daten aus einem Bundesland die Wahrscheinlichkeit für vergleichbare Daten, da sich in Deutschland auch ein gewisser „Datenföderalismus", was die Nutzung unterschiedlicher Indikatoren und Berechnungsgrundlagen sowie deren Bereitstellung zwischen den Bundesländern angeht, beobachten lässt.

Die notwendigen Daten sind allesamt der *Landesdatenbank NRW* des *Landesbetriebs Information und Technik Nordrhein-Westfalen (IT.NRW)*, der unter anderem die Rolle des Statistischen Landesamtes ausfüllt, entnommen.[49] Damit ist eine bestmögliche Datenqualität und -beständigkeit sichergestellt. Um darüber hinaus Fehler bei der Datenerfassung und -aufbereitung vermeiden zu können, wurden *ohne händische Bearbeitung* alle Originaldatensätze aus der Landesdatenbank in ein Statistikprogramm (R oder Stata) geladen und jegliche notwendigen Datenaufbereitungen automatisiert vorgenommen sowie in einem Skript nachvollziehbar dokumentiert. Damit ist es jederzeit möglich, ausgehend von den Originaldatensätzen die zur Analyse verwendeten Datensätze nachzustellen. In Kombination mit den zur Analyse verwendeten Skripten ist damit das höchste Maß an Transparenz und Absicherung gegen zufällige oder systematische Fehler gegeben.

Der Zeitraum elektronisch verfügbarer Daten erstreckt sich von 1995 bis 2018, wobei die Indikatoren auf jährlicher Basis für jede Kommune in NRW erfasst werden. Mit 24 Zeitperioden steht damit ein vergleichsweise großes Panel an Daten zur Verfügung, innerhalb dessen sich die zentralen

49 Zugänglich sind diese Daten ohne Einschränkung öffentlich unter: https://www.landesdatenbank.nrw.de/ldbnrw/online/

Entwicklungstendenzen kommunaler Verschuldung gut abbilden lassen. Für die Analyse der Effekte der Sparkommissare wurde das Panel auf alle Kommunen eingegrenzt, die am Stärkungspakt Stadtfinanzen teilnehmen. Damit soll in erster Linie sichergestellt werden, dass kein zweites systematisches Treatment wirkt, das die Ergebnisse nachhaltig verfälschen könnte. Darüber hinaus ist eine Eingrenzung der Kontrolleinheiten auch dahingehend sinnvoll, dass dadurch von vornherein Kommunen gewählt werden, deren fiskalische und strukturelle Bedingungen bzw. Problemlagen ähnlich sind. So wird verhindert, dass es in den Schätzungen zum sogenannten *overfitting* kommt. Die Gefahr des overfitting besteht darin, dass durch idiosynkratische Variation in einer (zu) großen Zahl an Kontrolleinheiten Fälle zur Bildung des synthetischen Falls beitragen, die eigentlich keine oder kaum ähnliche Charakteristiken wie der Treatmentfall besitzen (Abadie, Diamond und Hainmueller 2015, S. 500).

Bei der Nutzung des synthetischen Matching stellt sich die abschließende Frage der Wahl relevanter Variablen. Bezüglich der abhängigen Variablen beziehen sich die folgenden Analysen auf die Kassenkreditverschuldung. Wie in Abschnitt B.I diskutiert wurde, haben sich die Kassenkredite zum zentralen Krisenindikator entwickelt. Diesen stehen keine investiven Gegenwerte gegenüber und gleichzeitig unterliegen sie einem deutlich höheren Zinsrisiko. Im Kern bilden die Kassenkredite Löcher in den Haushalten ab, die nicht ohne Weiteres durch konventionelle Finanzierungsstrategien gestopft werden können (Holtkamp 2010, S. 14-15). Darüber hinaus hat die deskriptive Analyse der Verschuldung die bedeutende quantitative Rolle der Kassenkredite in einigen Bundesländern gezeigt, in denen sich Kassenkredite und längerfristige Schulden in ihrem Ausmaß deutlich angenähert haben; so auch in NRW. Aus analytisch-pragmatischer Sicht sind die Kassenkredite ein über Zeit stabiler Indikator, der nicht von den Verwerfungen durch Änderungen in den Berechnungsgrundlagen seit dem Jahr 2010 betroffen ist. Ob die Kassenkredite in absoluter Form oder als Pro-Kopf-Werte genutzt werden, ist keine – wie es in anderen Analysen häufig der Fall ist – konzeptionelle, sondern eine empirische Frage: Ob es präziser ist, einen synthetischen Vergleichsfall auf der Basis absoluter oder relativer Werte zu bilden, kann schlicht durch den Fit der Modelle beantwortet werden. Bei einem Vergleich der *Entwicklung* des Outcomes für einen *einzelnen* Fall ist es unerheblich, ob die Verschuldung ins Verhältnis zur Bevölkerung gesetzt wird oder nicht – wenngleich die Einheit der Variable bei der Ergebnisinterpretation selbstverständlich berücksichtigt werden muss.

Die Frage, ob und welche Prädiktoren für die Modellvorhersage genutzt werden, ist analog dazu ebenfalls rein empirischer Natur und erfordert nicht die im Fall von Regressionsmodellen sorgfältige theoriebasierte Auswahl. Alle synthetischen Modelle eint die Tatsache, dass in der Vor-Treatmentphase lediglich eine möglichst präzise Vorhersage des Outcomes geleistet werden soll. Daher bemisst sich die Eignung potentieller Prädiktoren ausschließlich an deren Vorhersagekraft und nicht im engeren Sinn an deren theoretischer Relevanz, auch wenn theoretische und empirische Relevanz selbstverständlich in der Regel korrespondieren. Die genaue Wahl der Prädiktoren ist damit hauptsächlich durch Vorhersagekraft und Datenverfügbarkeit determiniert und kann im Rahmen der Analysen auch schlicht „ausprobiert" werden. Die für die erzielten Ergebnisse genutzten Variablen sind bei der Vorstellung der jeweiligen Ergebnisse angegeben.

## *III. Analysestrategie*

Wie bereits eingangs erwähnt, bildet das synthetische Matching die methodische Klammer um die Analyse der verschiedenen Instrumente. Im Fall des Einsatzes echter und beratender Sparkommissare wird die Sinnhaftigkeit und Notwendigkeit dieses Vorgehens nochmals mehr als deutlich. Die absolute Seltenheit der Einsätze, die Wichtigkeit einer kontrafaktischen Perspektive sowie der quantitative Anspruch der Evaluation machen das synthetische Matching gewissermaßen alternativlos und bilden zugleich einen mehr als geeigneten Rahmen für die Veranschaulichung der methodischen Vorzüge.

Zu den technischen Details der im Weiteren folgenden Schätzungen sei an dieser Stelle auf Abschnitt E.III verwiesen. Das Vorgehen erfolgt analog zur Reihenfolge der vorgestellten Verfahren. Zur Rekapitulation: Im ersten Schritt kommt das „Basismodell", die klassische synthetic control method (SCM), zum Einsatz. Dabei werden die Sparkommissareinsätze einzeln analysiert, da die SCM mehrere Treatmentfälle gleichzeitig nicht zulässt. Im Rahmen der generalized synthetic control method (GSCM) können dagegen im zweiten Schritt jeweils die Fälle der Sparkommissarmodelle simultan geschätzt werden. Zusätzlich erlaubt die Nutzung eines interactice fixed effects (IFE) Modells die automatisierte Erfassung von Zeittrends, um dadurch die Konstruktion von Vergleichsfällen noch präziser zu ermöglichen; im Gegensatz zur Vorhersage von Mittelwerten über Zeit in der klassischen SCM. Der maßgebliche Unterschied der dritten Analyseform, der multivariate synthetic control method using time series (MSCMT), zur klassischen

SCM besteht hauptsächlich in technischen Details der Schätzung und der Integration der Vorhersagevariablen als zeitvariierende Faktoren, wodurch auch im Fall der MSCMT mehr Information aus den vorhandenen Daten genutzt wird. Schließlich können im Rahmen des trajectory balancing (TJBAL) – als die womöglich ausgereifteste der Methoden – erneut mehrere Treatmentfälle berücksichtigt werden und die Schätzung sogenannter kernel erlaubt eine äußerst annahmenarme Schätzung von Vergleichsfällen.

Dieses vierstufige Vorgehen mag auf den ersten Blick in Teilen redundant erscheinen, da bei statistischen Analysen in vielen Fällen a priori aufgrund der Datenstruktur beurteilt werden kann, welche Methode angemessen ist. In diesem Fall geht es aufgrund des methodischen Fokus allerdings explizit um die Illustration verschiedener Zugänge, um dadurch potentielle Stärken und Schwächen aufzuzeigen. Darüber hinaus besitzt das synthetische Matching die oben angesprochene beinahe einzigartige Eigenschaft, dass im Verlauf der Analyse klar wird, ob es überhaupt möglich ist, synthetische Vergleichsfälle zu generieren. Daher kann es allein aus pragmatischen Gründen nötig sein, die vorhandenen Daten verschiedenen Modellen zu unterziehen, um überhaupt zu einem sinnvoll interpretierbaren Ergebnis zu kommen. Damit ist auch aus inhaltlicher Sicht eine größtmögliche Validierung der Bewertung verschiedener Instrumente gegeben.

### *IV. Ergebnisse: „Echter“ Sparkommissar*

In einem ersten Schritt werden mithilfe einer klassischen SCM die Vergleichsfälle sowohl für Altena als auch für Nideggen geschätzt. Die Outcome-Variable dieser Analysen bilden die Kassenkredite pro Kopf. Um die Präzision der Schätzung zu erhöhen, wurden die Einwohnerzahl, die Steuerkraft pro Kopf, der Personalschlüssel pro Kopf sowie die Einnahmen und Ausgaben pro Kopf (bereinigt um Ein- und Auszahlungen für Kredite) als Vorhersagevariablen miteinbezogen. Zentrales Kriterium für die Eignung der SCM zur Analyse ist wie angesprochen die Fähigkeit, den Verlauf der Pro-Kopf-Kassenkredite vor dem Einsatz der Sparkommissare in beiden Kommunen möglichst exakt nachbilden zu können. Dazu genügt in der Regel zunächst eine simple grafische Analyse, die den Verlauf der Kassenkredite pro Kopf in der jeweiligen Kommune dem Verlauf des synthetischen Vergleichsfalls gegenüberstellt.

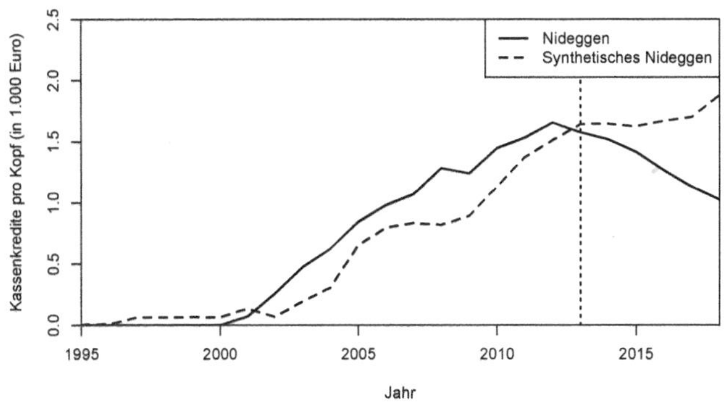


Abbildung 15: Vergleich des Verlaufs der Pro-Kopf-Kassenkredite in Nideggen mit dem synthetisch gebildeten Fall vor und nach dem Sparkommissareinsatz 2013 auf der Basis der SCM (Quelle: eigene Darstellung)

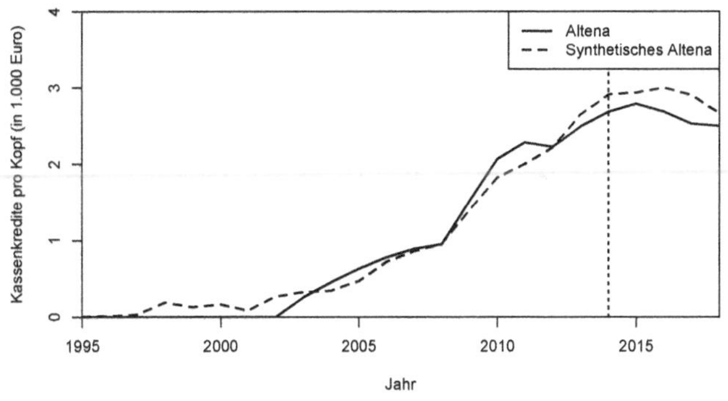


Abbildung 16: Vergleich des Verlaufs der Pro-Kopf-Kassenkredite in Altena mit dem synthetisch gebildeten Fall vor und nach dem Sparkommissareinsatz 2014 auf der Basis der SCM (Quelle: eigene Darstellung)

Bereits ein erster Blick in die Abbildungen 15 und 16 zeigt, dass ein „perfekter" Fit in der Vor-Treatmentphase nicht erreicht werden konnte.[50] Dabei ist für das synthetische Nideggen bereits ab Beginn des Ansteigens der Kassenkredite durchgängig eine Entwicklung auf einem niedrigeren Niveau vorhergesagt worden. Ab dem Jahr 2013 prognostiziert das Modell für das künstliche Nideggen eine schlechtere Schuldenentwicklung, als es in der Realität der Fall war. Dies spräche auf den ersten Blick für einen wünschenswerten Effekt des Sparkommissars. Durch den schlechten Fit in der Phase vor 2013 sollte eine solche substantielle Interpretation an dieser Stelle allerdings unterbleiben. Im Fall von Altena konnte eine etwas bessere Passform geschätzt werden und auch hier deutet der Verlauf nach dem Einsetzen des Treatments auf eine etwas positivere Entwicklung hin. Da allerdings zum einen der Fit nach wie vor noch Spielraum für Optimierung bietet und zum anderen das Einsetzen des Effekts nicht präzise mit dem Zeitpunkt des Sparkommissareinsatzes korrespondiert, ist eine zusätzliche Validierung mit weiteren Methoden unerlässlich. Da diese für beide Fälle notwendig ist, wird an dieser Stelle auf vertiefende diagnostische Maßnahmen wie der Vergleich der geschätzten Gewichte oder eine präzisere Ergebnisinterpretation verzichtet.

Stattdessen werden im Folgenden unmittelbar die Ergebnisse der GSCM dargestellt, die mit denselben Variablenspezifikationen gerechnet wurden. Zur Erinnerung: Der zentrale Unterschied zur SCM besteht darin, dass automatisiert latente zeitvariierende Faktoren geschätzt werden, die allgemeine Zeittrends in der Entwicklung der Kassenkredite einfangen sollen und damit zuverlässigere Schätzungen liefern. Im Grundsatz ist es bei der GSCM auch möglich, die durchschnittlichen Entwicklungen statt der einzelnen Entwicklungen anzugeben, bei lediglich zwei Treatmentfällen ist die Darstellung der einzelnen Schätzungen allerdings deutlich sinnvoller. Sowohl in Abbildung 17 als auch in Abbildung 18 wird sofort deutlich, dass ein außerordentlich guter Fit in der Vor-Treatmentphase erreicht werden konnte; der Verlauf der Kassenkredite stimmt beinahe perfekt überein. Dies ist ein deutliches Zeichen dafür, dass in diesem Fall die Anwendung der GSCM angemessen ist.

---

50 Durch die unterschiedliche Definition von Objekten und die Nutzung verschiedener grafischer Oberflächen in der Programmierung der Funktionen der einzelnen Analysemethoden kann es in der Darstellung der Ergebnisse zu leichten optischen Abweichungen kommen (bspw. in der Benennung der Legenden).

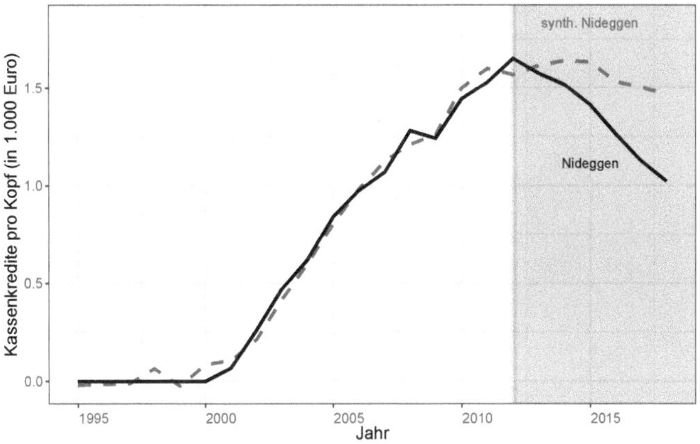


Abbildung 17: Vergleich des Verlaufs der Pro-Kopf-Kassenkredite in Nideggen mit dem synthetisch gebildeten Fall vor und nach dem Sparkommissareinsatz 2013 auf der Basis der GSCM (Quelle: eigene Darstellung)

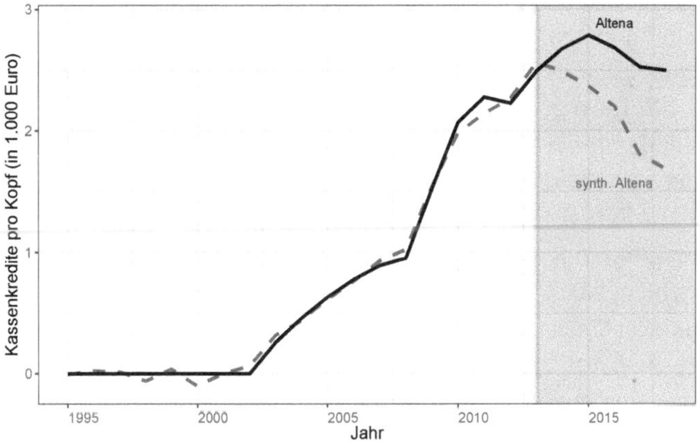


Abbildung 18: Vergleich des Verlaufs der Pro-Kopf-Kassenkredite in Altena mit dem synthetisch gebildeten Fall vor und nach dem Sparkommissareinsatz 2014 auf der Basis der GSCM (Quelle: eigene Darstellung)

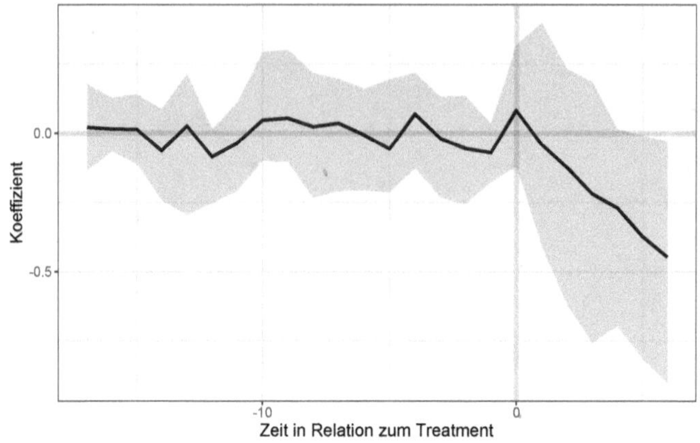


Abbildung 19: Treatmenteffekt in Nideggen vor und nach dem Sparkommissareinsatz 2013 inklusive eines 95-Prozent-Konfidenzintervalls auf der Basis der GSCM (Quelle: eigene Darstellung)

Aus substantieller Sicht sind die Ergebnisse allerdings doch eher überraschend. Im Fall von Nideggen setzt nach dem Sparkommissareinsatz ein leichter Abwärtstrend bei der Kassenkreditverschuldung ein, der durch den kontrafaktischen Fall so nicht vorhergesagt worden wäre, da dessen Kurve ein stagnierendes Niveau beschreibt. Bis zum Jahr 2018 steigert sich die abweichende Entwicklung bis hin zu einem Treatmenteffekt von -0,447, was einer um 447 Euro geringeren Pro-Kopf-Kassenkreditverschuldung gleichkommt und damit bei einem Gesamtstand von 1.022 Euro im Jahr 2018 eine beträchtliche Größe darstellt; der durchschnittliche Effekt für die Jahre 2013 bis 2018 beträgt -0,198. Damit scheint sich in Nideggen der gewünschte schuldenbegrenzende Effekt zu bewahrheiten. In Altena lässt sich Gegenteiliges beobachten, da die Entwicklung schlechter verlief, als die Vorhersage dies vermuten ließe. Unter den Voraussetzungen von Altena hätte nach der Modellschätzung ein deutlicher Abwärtstrend der Verschuldung einsetzen müssen, eine solche Tendenz zeigt sich allerdings erst ab dem Jahr 2016 und auch deutlich schwächer als prognostiziert. Der Unterschied im Jahr 2018 beläuft sich hier auf eine um 811 Euro höhere Pro-Kopf-Kassenkreditverschuldung bei einer Gesamthöhe von 2.499 Euro; der durchschnittliche Effekt für die Jahre 2014 bis 2018 liegt bei 0,359.

Eine von Xu (2017) angeratene Überprüfung, ob sich die Treatmentfälle in der konvexen Hülle der geschätzten Faktoren befinden, bestätigt dies und

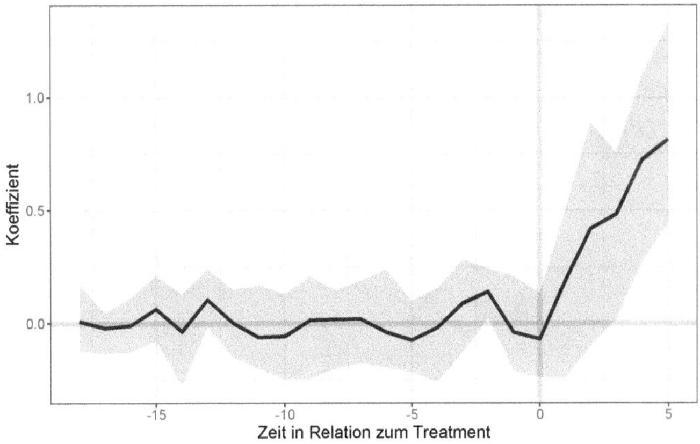


Abbildung 20: Treatmenteffekt in Altena vor und nach dem Sparkommissareinsatz 2014 inklusive eines 95-Prozent-Konfidenzintervalls auf der Basis der GSCM (Quelle: eigene Darstellung)

gibt dadurch zusätzliche Gewissheit über die Angemessenheit der Schätzung. Eine konvexe Hülle bezeichnet dabei nichts anderes als einen Raum, den der Wertebereich der geschätzten Faktoren aufspannt. Würden die Treatmentfälle sich nicht darin befinden, wäre die Schätzung aufgrund einzigartiger Charakteristiken der beiden Fälle nicht erfolgreich.

Wie oben angedeutet ermöglicht die GSCM eine Angabe der Unsicherheit der geschätzten Effekte auf der Basis von Placebo-Studien und Bootstrap-Standardfehlern. Die Treatmenteffekte und deren Unsicherheiten können in sogenannten *gap plots* in den Abbildungen 19 und 20 grafisch analysiert werden. In der Vor-Treatmentphase sind die Effekte verständlicherweise in beiden Fällen nahe der Null, da eine größtmögliche Annäherung das Ziel ist. Ab dem Einsetzen des Sparkommissars beobachten wir für Nideggen einen negativen, für Altena einen positiven Effekt, was wiederum erwartungsgemäß die beobachtete Differenz zwischen realem und synthetischem Fall widerspiegelt. In Bezug auf die Unsicherheit umschließt das 95-Prozent-Konfidenzintervall für Nideggen in den letzten drei Jahren des Beobachtungszeitraums nicht mehr die Null; für diesen Zeitraum würde man in frequentistischer Terminologie von einem signifikanten Effekt auf 5-Prozent-Niveau sprechen. Für Altena gilt Ähnliches bzgl. der letzten drei Zeitperioden, allerdings in umgekehrter Richtung.

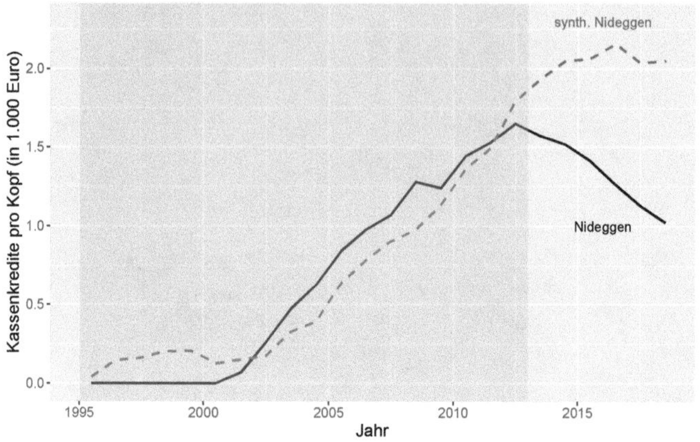


Abbildung 21: Vergleich des Verlaufs der Pro-Kopf-Kassenkredite in Nideggen mit dem synthetisch gebildeten Fall vor und nach dem Sparkommissareinsatz 2013 auf der Basis der MSCMT (Quelle: eigene Darstellung)

Bei einer zusätzlichen Validierung der Ergebnisse mit der MSCMT bleibt die Präzision des synthetischen Falls etwas hinter der GSCM zurück, übertrifft allerdings teilweise die Balance der klassischen SCM. Im Fall von Nideggen ist der Fit in der Vor-Treatmentphase auf Basis der grafischen Analyse in Abbildung 21 nicht als besonders überzeugend zu bezeichnen. Nichtsdestotrotz bieten die Ergebnisse leichte Unterstützung für die bisher gewonnene Erkenntnis, dass es in Nideggen zu einer Trendwende in der Kassenkreditverschuldung gekommen ist, die sich doch deutlich von der prognostizierten Entwicklung des synthetischen Falls unterscheidet. Für Altena beobachten wir in Abbildung 22 dagegen einen beinahe identischen Trend wie bei der SCM in Abbildung 16. Daraus lässt sich kaum eine zuverlässige Aussage ableiten.

Dies spiegelt sich auch in der Quantifizierung der Unsicherheit in Placebo-Studien wider. Für Altena zeigt sich nach Einsetzen des Treatments keine signifikant abweichende Entwicklung. Dies äußert sich auch an den auf Basis der Verteilung der Placebos berechneten p-values,[51] die für alle Perioden nach dem Treamtent deutlich über einem akzeptablen Signifikanzniveau

51 Die sogenannten p-values werden häufig als Maß für statistische Signifikanz genutzt. Dabei herrscht in Teilen begriffliche Verwirrung um diesen Begriff. Im strengen Sinne bezeichnet *p* die Wahrscheinlichkeit, einen mindestens gleich großen Effekt zu schätzen, gegeben dass die Nullhypothese wahr ist (Gibbons und Pratt 1975, S. 20).

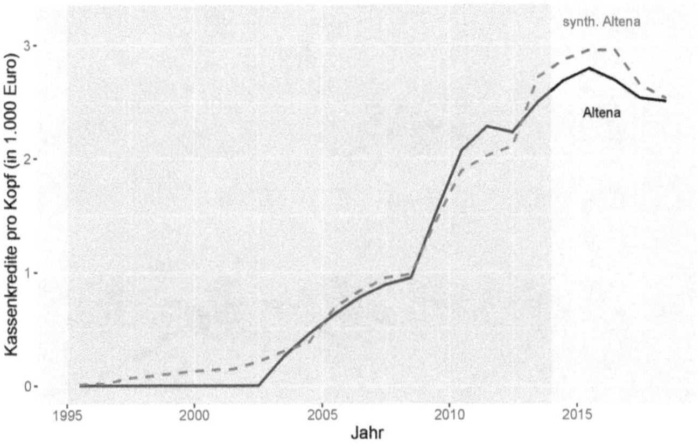


Abbildung 22: Vergleich des Verlaufs der Pro-Kopf-Kassenkredite in Altena mit dem synthetisch gebildeten Fall vor und nach dem Sparkommissareinsatz 2014 auf der Basis der MSCMT (Quelle: eigene Darstellung)

liegen (zwischen 0,27 und 0,55). Im Fall von Nideggen sieht die Entwicklung dagegen etwas anders aus, da sich die Differenz im Vergleich zu einem großen Teil der Placebo-Studien abweichend entwickelt. Sichtbar wird dies auch daran, dass die p-values in vier von sechs Nach-Treatmentperioden immerhin ein 10-Prozent-Signifikanzniveau erreichen. Eine zusätzliche Möglichkeit zur Quantifizierung der Unsicherheit ist die Berechnung eines *difference-in-differences estimators* für die Nach-Treatmentperiode. Dabei lässt sich für die gesamte Periode ein p-value von 0,042 und damit ein auf dem 5-Prozent-Niveau signifikantes Ergebnis attestieren. In substantieller Hinsicht ist der gemessene Effekt von -1,029 (entspricht einer Differenz in der Pro-Kopf-Kassenkreditverschuldung von 1.029 Euro) für das Jahr 2018 durchaus beachtlich, genauso wie der durchschnittliche Effekt von -0,728. Insgesamt betrachtet kann der Vor-Treatment-Fit der MSCMT allerdings nicht das Niveau der GSCM halten.

Abschließend werden die Ergebnisse nochmals mit TJBAL repliziert. Seit dem neuesten Update von TJBAL im März 2020 ist dabei die simultane Berücksichtigung von Treatments zu verschiedenen Zeitpunkten (in diesem Fall 2013 in Nideggen und 2014 in Altena) möglich. Allerdings ist die Schätzung von Unsicherheiten für sehr wenige Treatmentfälle zum aktuellen Zeitpunkt nicht implementiert. Zu Beginn wurde nach Empfehlungen von Hazlett und Xu (2018) nach dem in Abbildung 12 dargestellten stufenweisen Verfahren

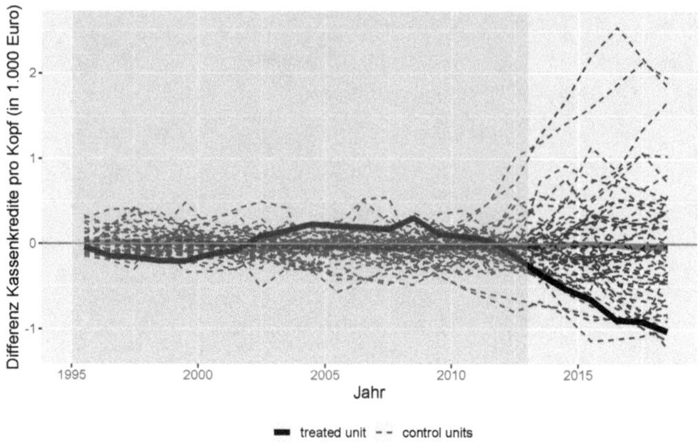


Abbildung 23: Ergebnisse der Placebo-Studie für Nideggen auf der Basis der MSCMT (Quelle: eigene Darstellung)

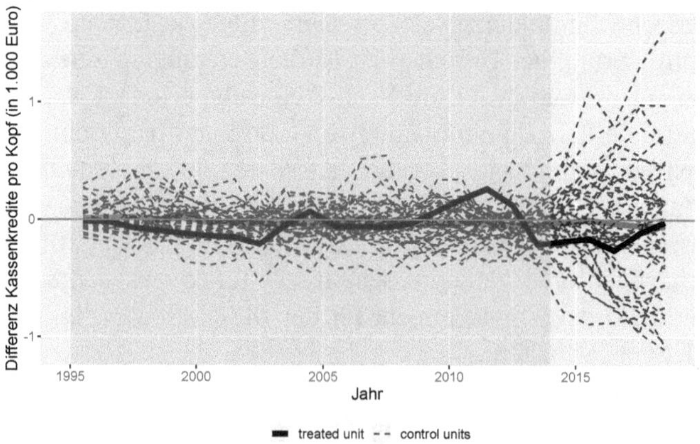


Abbildung 24: Ergebnisse der Placebo-Studie für Altena auf der Basis der MSCMT (Quelle: eigene Darstellung)

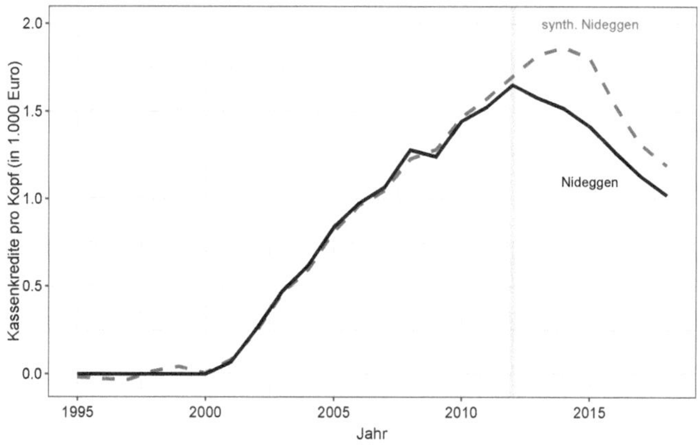


Abbildung 25: Vergleich des Verlaufs der Pro-Kopf-Kassenkredite in Nideggen mit dem synthetisch gebildeten Fall vor und nach dem Sparkommissareinsatz 2013 auf der Basis des TJBAL (Quelle: eigene Darstellung)

vorgegangen, um die bestmögliche Balance zu erreichen. Zusätzlich wurde bei der Schätzung auf die Integration von Prädiktoren verzichtet, da diese in keinem der Fälle die Schätzung verbessern konnten und gerade im Fall der Kernel-Schätzung potentiell Probleme verursachen können. Nach Berücksichtigung des vorgeschlagenen Workflow hat sich die Variante des kernel balancing inklusive intercept shift als am besten passend erwiesen. Die Ergebnisse des Vergleichs für Nideggen in Abbildung 25 zeigen dabei zum einen einen ausgezeichneten Fit in der Vor-Treatmentphase und zum anderen eine Bestätigung der bisherigen Ergebnisse, zumindest in der Tendenz. Der schuldenbegrenzende Effekt fällt in diesem Fall ähnlich wie bei der GSCM und deutlich niedriger als bei der MSCMT aus, da der durchschnittliche Treatmenteffekt nach dem Sparkommissareinsatz 267 Euro weniger Pro-Kopf-Kassenkreditverschuldung beträgt; die höchste Differenz mit 389 Euro lässt sich im Jahr 2015 beobachten. Die Ergebnisse des TJBAL für Altena in Abbildung 26 weisen in deutlicher Weise auf einen Null-Effekt hin, da es kaum zu nennenswerten Abweichungen nach Einsetzen des Treatments kommt.

Mit Blick auf die Ergebnisse für die beiden analysierten echten Sparkommissare zeigt sich trotz der Unterschiede über die verschiedenen Modellspezifikationen hinweg ein konsistentes Bild. In Nideggen hat ab dem Zeitpunkt des Einsatzes des Sparkommissars ein deutlicher Trend zu einer besseren

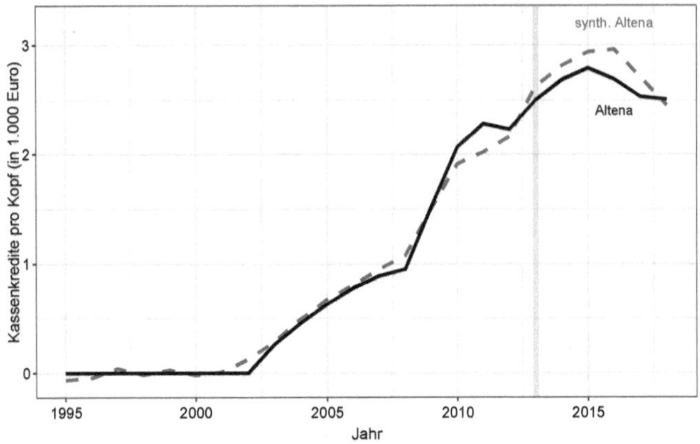


Abbildung 26: Vergleich des Verlaufs der Pro-Kopf-Kassenkredite in Altena mit dem synthetisch gebildeten Fall vor und nach dem Sparkommissareinsatz 2014 auf der Basis des TJBAL (Quelle: eigene Darstellung)

Entwicklung der Kassenkreditverschuldung eingesetzt, gerade im Vergleich zu den synthetischen Vergleichsfällen. Dieses Ergebnis zieht sich durch alle Modelle hindurch und gerade auch in dem Modell mit dem augenscheinlich besten Fit (GSCM) spricht die Quantifizierung der Unsicherheit für einen substantiellen Effekt. Bei der Stadt Altena kann man im „besten" Fall von keinem Effekt sprechen. Ein Großteil der Ergebnisse deutet darauf hin, während im Fall der GSCM sogar eine signifikant negative Entwicklung der Verschuldung nachgewiesen werden konnte.

Eine genauere Analyse und Diskussion der Ergebnisse erfolgt in Abschnitt G.VI. Allerdings sei an dieser Stelle bereits auf das hohe Maß an Spezifität der Ergebnisse in Abhängigkeit der gewählten Analysemethode verwiesen. Es sind deutliche Unterschiede in der Passform der verschiedenen Varianten des synthetischen Matching zutage getreten, die die Sinnhaftigkeit der Validierung der Ergebnisse mithilfe mehrerer Ansätze – auch für die noch kommenden Analysen – maßgeblich untermauern.

## *V. Ergebnisse: Beratender Sparkommissar*

Im Fall der beratenden Sparkommissare können alle drei Fälle analysiert werden, da die Einsätze in Waltrop, Marl und Hagen bereits zwischen 2006 und

2008 erfolgten. Zur Schätzung des Outcomes wurden – soweit nicht anders vermerkt – dieselben Variablen wie bei den echten Sparkommissaren verwendet. In der Anwendung der klassischen SCM zeigt sich für die kreisfreie Stadt Hagen in Abbildung 27 ein ordentlicher Fit in der Vor-Treatmentphase, wenngleich im Jahr 2007 sich die Verläufe bereits vor dem Treatment unterscheiden. Spannend ist allerdings vor allem das deutlich höhere Verschuldungsniveau in Hagen im Vergleich zu seinem synthetischen Vergleichsfall. Für die Stadt Marl (Abbildung 28) ist die Passform etwas weniger präzise, wenn auch immer noch in akzeptablem Rahmen. Im Gegensatz zu Hagen kann in Marl eine Verschuldungsentwicklung auf einem niedrigeren Niveau in Relation zum Vergleichsfall beobachtet werden. Für Waltrop (Abbildung 29) lassen sich auf dieser Basis überhaupt keine Rückschlüsse ziehen. Ein Fit konnte nicht einmal annäherungsweise erreicht werden, was auf den ersten Blick dafür spricht, dass Waltrop einen im Vergleich einzigartigen Verlauf genommen hat. Vor dem Hintergrund, dass die Passform der Vergleiche nach wie vor Raum für Verbesserungen bietet und darüber hinaus die klassische SCM sensibel für eine geringere Zahl an Zeitperioden vor Einsetzen des Treatments ist (Abadie, Diamond und Hainmueller 2015, S. 500), schließen sich ohne tiefer gehende Diskussion die Validierungen mit den erweiterten Methoden an.

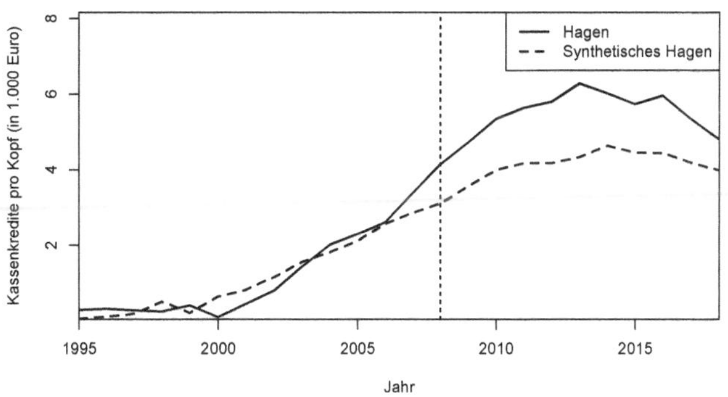


Abbildung 27: Vergleich des Verlaufs der Pro-Kopf-Kassenkredite in Hagen mit dem synthetisch gebildeten Fall vor und nach dem Einsatz des beratenden Sparkommissars 2008 auf der Basis der SCM (Quelle: eigene Darstellung)

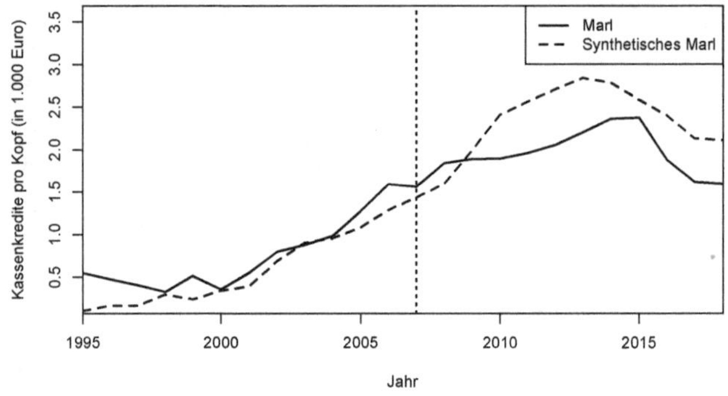


Abbildung 28: Vergleich des Verlaufs der Pro-Kopf-Kassenkredite in Marl mit dem synthetisch gebildeten Fall vor und nach dem Einsatz des beratenden Sparkommissars 2007 auf der Basis der SCM (Quelle: eigene Darstellung)

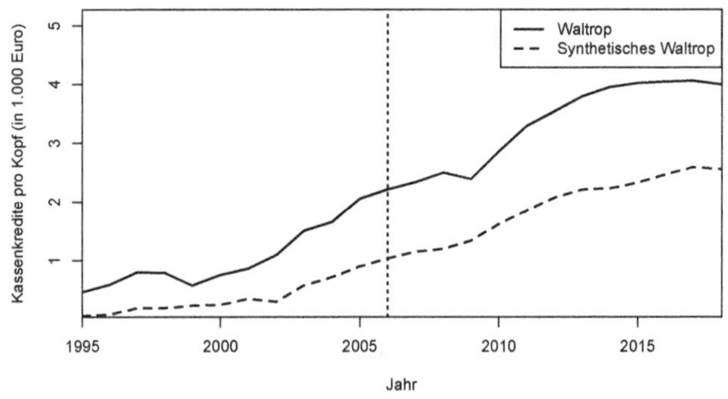


Abbildung 29: Vergleich des Verlaufs der Pro-Kopf-Kassenkredite in Waltrop mit dem synthetisch gebildeten Fall vor und nach dem Einsatz des beratenden Sparkommissars 2006 auf der Basis der SCM (Quelle: eigene Darstellung)

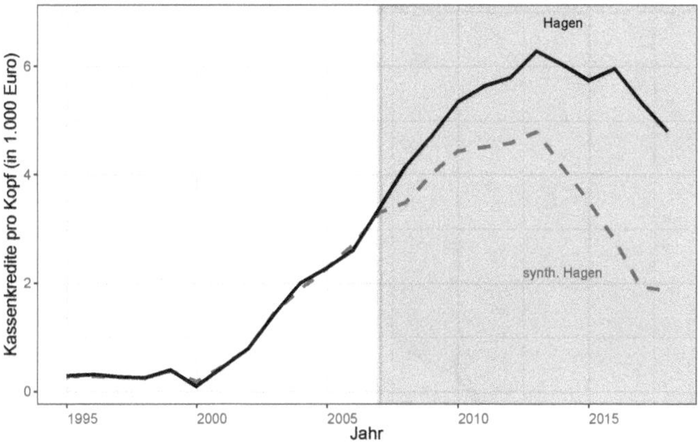


Abbildung 30: Vergleich des Verlaufs der Pro-Kopf-Kassenkredite in Hagen mit dem synthetisch gebildeten Fall vor und nach dem Einsatz des beratenden Sparkommissars 2008 auf der Basis der GSCM (Quelle: eigene Darstellung)

Bei der Analyse mit der GSCM zeigt sich in allen drei Fällen nochmals eine deutliche Verbesserung der Passform, da die Überlappungen in der Vor-Treatmentphase in den Abbildungen 30, 31 und 32 sehr präzise ausfallen. Darüber hinaus haben sich die vorläufigen Ergebnisse der SCM in Teilen bestätigt: In Hagen steigt nach dem Sparkommissareinsatz die Kassenkreditverschuldung unvermindert weiter, während der synthetische Vergleichsfall einen eher moderaten Anstieg sowie einen darauf folgenden deutlichen Abwärtstrend prognostiziert hat. In Marl bewegt sich dagegen die Verschuldung auf einem niedrigeren Niveau als im vorhergesagten Fall. In Waltrop scheint der Zeitpunkt des Sparkommissareinsatzes zunächst überhaupt keine Auswirkungen auf die Schulden zu haben, im weiteren Verlauf nimmt die Kassenkreditverschuldung daraufhin allerdings einen äußerst dramatischen Verlauf, der aufgrund der geschätzten Rahmenbedingungen nicht zu erwarten gewesen wäre und der aufgrund der zeitlichen Verzögerung kaum mehr auf den Sparkommissareinsatz zurückgeführt werden kann.

Schaut man sich darüber hinaus die Effektgrößen und Unsicherheiten in den Abbildungen 33, 34 und 35 an, sind die Entwicklungen durchaus als bedeutsam zu bewerten. In Hagen ist der Effekt ab dem Einsetzen des Treatments durchweg signifikant positiv und beträgt im Durchschnitt 1.797 Euro. Im Jahr 2017 beläuft sich der Unterschied in der Spitze sogar auf 3.413 Euro. Im Fall von Marl ist der Effekt für die überwiegende Zahl an Perioden nicht

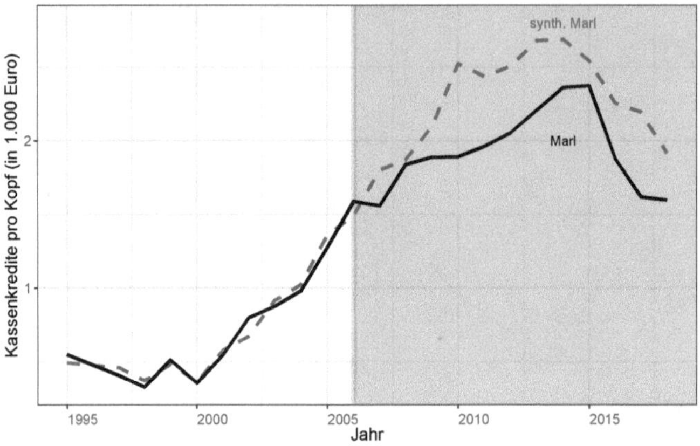


Abbildung 31: Vergleich des Verlaufs der Pro-Kopf-Kassenkredite in Marl mit dem synthetisch gebildeten Fall vor und nach dem Einsatz des beratenden Sparkommissars 2007 auf der Basis der GSCM (Quelle: eigene Darstellung)

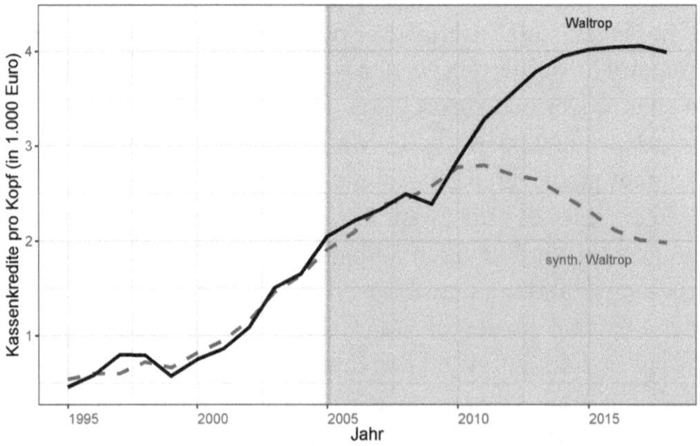


Abbildung 32: Vergleich des Verlaufs der Pro-Kopf-Kassenkredite in Waltrop mit dem synthetisch gebildeten Fall vor und nach dem Einsatz des beratenden Sparkommissars 2006 auf der Basis der GSCM (Quelle: eigene Darstellung)

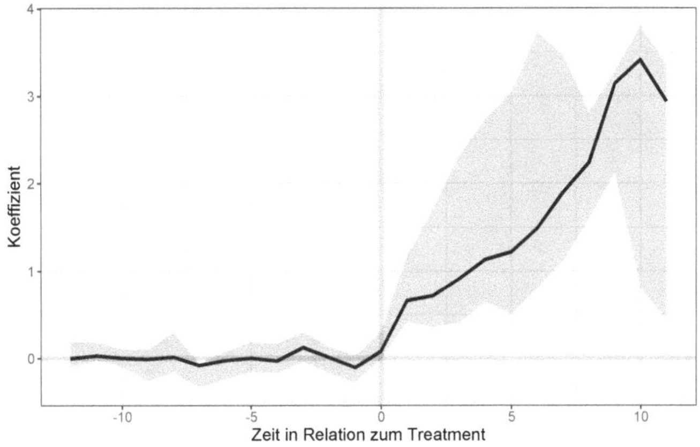


Abbildung 33: Treatmenteffekt in Hagen vor und nach dem Sparkommissar-einsatz 2008 inklusive eines 95-Prozent-Konfidenzintervalls auf der Basis der GSCM (Quelle: eigene Darstellung)

statistisch signifikant, wenngleich der durchschnittliche Treatmenteffekt mit -358 Euro bei den Pro-Kopf-Kassenkrediten auch nicht zu vernachlässigen ist. Für Waltrop lässt sich ein signifikanter Effekt erst im sechsten Jahr nach dem Sparkommissareinsatz beobachten, dann allerdings deutlich positiv (895 Euro im Durchschnitt).

Die grafische Analyse mithilfe der MSCMT entfällt an dieser Stelle aus Gründen der Redundanz, da die Balance im Vergleich zur GSCM schlechter ausfällt und für Waltrop erneut überhaupt kein synthetischer Vergleichsfall gefunden werden kann. Für Hagen und Marl können die substantiellen Ergebnisse dahingehend gestützt werden, dass der Verlauf der Pfade nach dem Einsetzen des Treatment der Analyse der GSCM sehr ähnlich ist. Für Hagen ergibt die Schätzung eines difference-in-differences Modells auf der Basis von Placebostudien einen Treatmenteffekt von einer um 1.528 Euro höheren durchschnittlichen Verschuldung mit einem p-value von 0,037 und damit auf dem 5-Prozent-Niveau signifikant. Für Marl beläuft sich der ATT auf -720 Euro bei einem p-value von 0,096 und damit lediglich auf einen auf dem 10-Prozent-Niveau signifikanten negativen Effekt.

Die Ergebnisse des TJBAL bestätigen die bislang gewonnenen Ergebnisse eindeutig und können für den Fall von Waltrop weitere Erkenntnisse liefern. Der Verlauf von Hagen und seinem synthetischen Vergleichsfall in Abbildung 36 ähnelt stark den vorigen Analysen und kommt auf einen durchschnittlichen

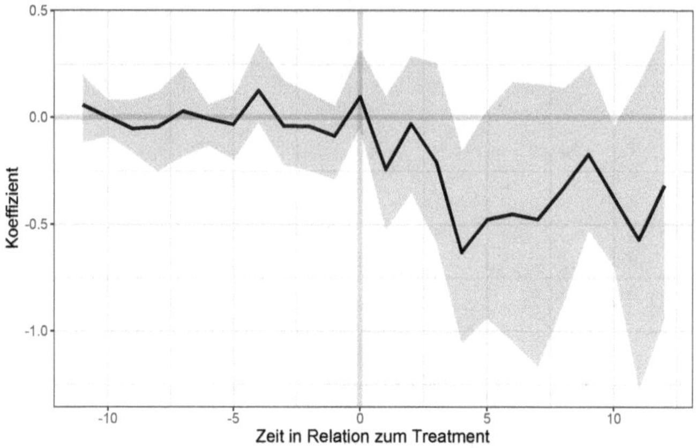


Abbildung 34: Treatmenteffekt in Marl vor und nach dem Sparkommissareinsatz 2007 inklusive eines 95-Prozent-Konfidenzintervalls auf der Basis der GSCM (Quelle: eigene Darstellung)

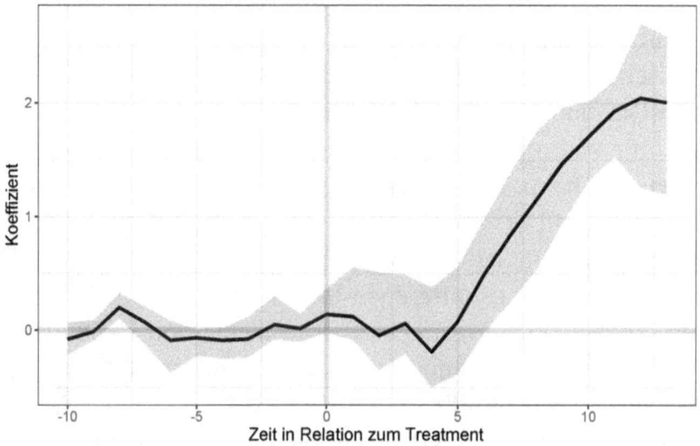


Abbildung 35: Treatmenteffekt in Waltrop vor und nach dem Sparkommissareinsatz 2006 inklusive eines 95-Prozent-Konfidenzintervalls auf der Basis der GSCM (Quelle: eigene Darstellung)

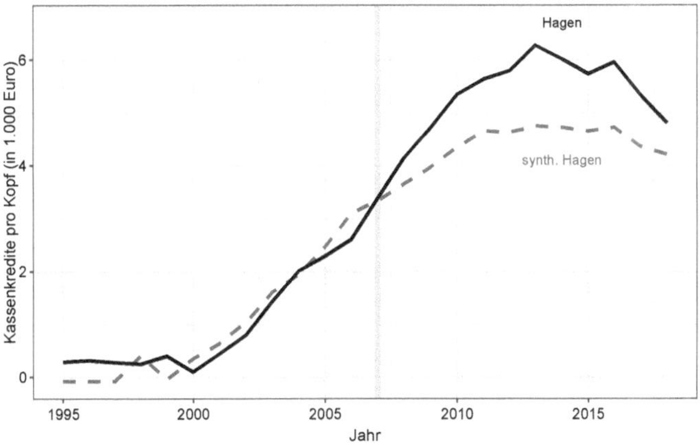


Abbildung 36: Vergleich des Verlaufs der Pro-Kopf-Kassenkredite in Hagen mit dem synthetisch gebildeten Fall vor und nach dem Einsatz des beratenden Sparkommissars 2008 auf der Basis des TJBAL (Quelle: eigene Darstellung)

Treatmenteffekt von 1.456 Euro, genau wie Marl in Abbildung 37 mit einem Effekt von -417 Euro und einem ähnlichen Verlauf. Im Gegensatz zu SCM und MSCMT ist die Methode des TJBAL in der Lage, einen guten Fit in der Vor-Treatmentphase für Waltrop zu erreichen. Nach dem Einsatz des beratenden Sparkommissars zeigt sich in der Folge allerdings kein konsistenter Effekt in eine bestimmte Richtung (siehe Abbildung 38).

Trotz leichter Unterschiede in den unterschiedlichen methodischen Spezifikationen sind auch für den beratenden Sparkommissar die Ergebnisse vergleichsweise konsistent. In Hagen hat der Einsatz auf den ersten Blick die Verschuldungssituation weiter verschärft, keinesfalls verbessert; dafür spricht auch die Quantifizierung der Unsicherheit. Für die Stadt Marl deuten die Ergebnisse – wenn auch nicht gänzlich statistisch abgesichert – darauf hin, dass sich die Kassenkreditverschuldung im Vergleich zum synthetischen Fall besser entwickelt hat als prognostiziert. Für Waltrop sind zwei der vier Modelle überhaupt nicht in der Lage, einen vernünftigen Vergleichsfall zu generieren. Die GSCM zeigt einen Effekt, der allerdings nicht mit dem Zeitpunkt des Einsatzes korrespondiert, während die Ergebnisse des TJBAL auf keinen konsistenten Effekt hindeuten.

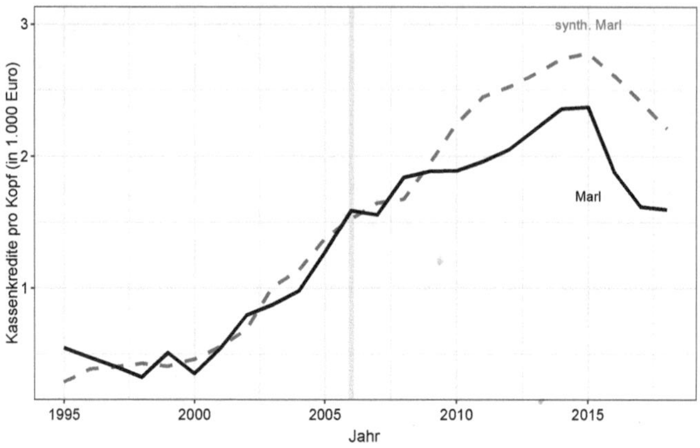


Abbildung 37: Vergleich des Verlaufs der Pro-Kopf-Kassenkredite in Marl mit dem synthetisch gebildeten Fall vor und nach dem Einsatz des beratenden Sparkommissars 2007 auf der Basis des TJBAL (Quelle: eigene Darstellung)

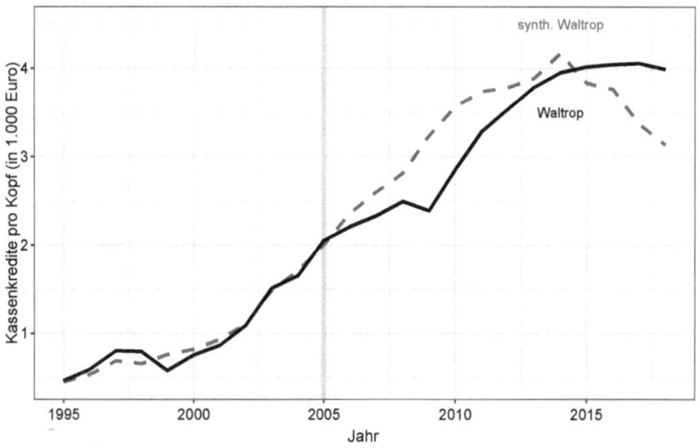


Abbildung 38: Vergleich des Verlaufs der Pro-Kopf-Kassenkredite in Waltrop mit dem synthetisch gebildeten Fall vor und nach dem Einsatz des beratenden Sparkommissars 2006 auf der Basis des TJBAL (Quelle: eigene Darstellung)

## *VI. Ergebnisdiskussion und Fazit*

Aus der Gesamtschau der Ergebnisse beider Sparkommissarmodelle ergibt sich aus empirischer Sicht eine zentrale Botschaft: Ein über eine Mehrzahl der Fälle hinweg *konsistenter schuldenbegrenzender Effekt lässt sich nicht bestätigen.* Die Ergebnisse besitzen starken Einzelfallcharakter und lassen daher – zumindest auf der Basis der bisherigen Fälle – keine Generalisierung zu. Zwar deuten in beiden Modellen einzelne Fälle – Nideggen und Marl – darauf hin, dass der Sparkommissareinsatz in Teilen den erwünschten Effekt gezeitigt hat, genauso sind allerdings Nulleffekte oder sogar negative Auswirkungen zutage getreten. Aus praktischer Sicht ist diese Erkenntnis durchaus ernüchternd, da diese beiden vergleichsweise schwerwiegenden Eingriffe in die kommunale Selbstverwaltung ihre Berechtigung höchstens aus einer gewissen „Erfolgs*garantie*" hätten ableiten können. Die Erkenntnis, dass „es in manchen Fällen eventuell funktioniert", reicht dabei sicherlich nicht aus. In diesem Zusammenhang dürfte darüber hinaus auch spannend sein, wie der durchaus umstrittene Einsatz von Sparkommissaren vor dem Hintergrund eines fehlenden Wirkungsnachweises juristisch zu bewerten ist.

Die fehlende Generalisierbarkeit sowie die teilweise kontraintuitiven schuldenerhöhenden Effekte machen es zugegebenermaßen schwierig bis unmöglich, allgemeine Aussagen über die Ursachen dieser Effekte auf der Basis der unter G.I formulierten theoretischen Mechanismen zu treffen. Die Policy-Instrumente, die im Rahmen beider Sparkommissarmodelle zum Tragen kommen, scheinen im Grundsatz durchaus geeignet, sowohl die Fähigkeit als auch den Willen zu Sparmaßnahmen – gerade im Vergleich zum Status quo – zu steigern. Dass sich dies empirisch nicht über alle Fälle hinweg bestätigen lässt, führt zu dem Schluss, dass spezifische lokale Randbedingungen, unter denen die Instrumente ihre Wirkung entfalten, eine überaus bedeutsame Rolle spielen. Über diese Randbedingungen herrscht aufgrund sehr begrenzter qualitativer Evidenz über die Einsätze der Sparkommissare zum jetzigen Zeitpunkt keine Klarheit. Einige vorsichtige Hinweise aus der öffentlichen Berichterstattung und aus Fallstudien deuten allerdings darauf hin, dass durchaus eine gewisse „Aufnahmebereitschaft" seitens der betroffenen Kommunen eine Rolle gespielt haben könnte. So wurde zum Abschluss der Arbeit des Sparkommissars in Nideggen, der sich hier als erfolgreich erwiesen hat, in einem Interview mit diesem konstatiert: „Sie wollten den Sparkommissar nicht, torpedierten seine Arbeit aber auch nicht" (Welt.de 2013), wohingegen in Altena der Bürgermeister „auf die Barrikaden" ging und davon sprach, dass die Stadt „zwangsbeglückt" ist (Schmidt 2014) sowie mit einer Klage beim Oberverwaltungsgericht gegen die Einsetzung scheiterte (Städte- und Gemeindebund Nordrhein-Westfalen 2014). Ein Erfahrungsbericht des beratenden Sparkommissars in der Stadt Hagen, für deren Sparkommissareinsatz die Analyse ein düsteres Bild zeichnet, verweist darauf, dass die „notwendige vertrauensvolle Zusammenarbeit (...) schwere Einbuße dadurch [erlitt], dass der Gesprächsfaden abriss und der Fortgang der Zusammenarbeit nicht (...) in einer Atmosphäre gegenseitigen Vertrauens abgestimmt werden konnte" (Bajohr 2009, S. 184). Auch in den Fällen Waltrop und Marl könnte man das Verhältnis zwischen beratendem Sparkommissar und der lokalen Politik als äußerst angespannt, wenn nicht gar zerrüttet bezeichnen (Holtkamp 2009, S. 152-154).

Wie die teils über mehrere Modelle sowie Fälle hinweg ausbleibende Wirkung und die teils sogar signifikant negativen Auswirkungen der Sparkommissare zustande kamen, bleibt aus einer stärker theoretischen Sichtweise dennoch zugegebenermaßen spekulativ. Dass es zu *keinem* nennenswerten Effekt kommt, kann im Fall des beratenden Sparkommissars wie oben beschrieben schlicht damit zusammenhängen, dass potentielle Vorschläge keine Mehrheit fanden und nicht umgesetzt wurden, da in einem solchen Fall nach wie vor die lokalen politischen Akteure in der Verantwortung für Einsparungen stehen. Im Fall der echten Sparkommissare erscheint ein solches komplettes Ausbleiben von Maßnahmen aufgrund der direkten Durchgriffsrechte unwahrscheinlich. Allerdings muss die kritische Frage nach der Nachhaltigkeit der Wirkung des Sparkommissars gestellt werden, da unklar ist, ob die in einem begrenzten Zeitraum getroffenen Maßnahmen zum einen *tatsächlich nachhaltige Auswirkungen auf den Schuldenstand* besitzen und zum anderen ggf. im Nachgang des Einsatzes wieder zurückgenommen werden. Damit spricht vor allem die Kurzfristigkeit und die dadurch fehlende langfristige Rückendeckung der eingesetzten Instrumente aus theoretischer Sicht gegen die Wirksamkeit; ein gewisses Einfallstor für ausbleibende Wirkungen auf die Verschuldung besteht also. Zusätzlich sind die durch den Sparkommissar entstandenen Kosten von der jeweiligen Kommune zu tragen, dies dürfte jedoch kaum deutlich ins Gewicht fallen.

Gerade der kontraintuitive Effekt des beratenden Sparkommissars im Fall der kreisfreien Stadt Hagen kann vor diesem theoretischen Hintergrund nicht zufriedenstellend erklärt werden. Zusätzlich zur dazu fehlenden qualitativen Evidenz muss allerdings auch auf einen damit in Verbindung stehenden potentiellen methodischen Fallstrick hingewiesen werden. Selbstverständlich ist es ohne Weiteres möglich, dass *verdeckte simultane Treatments* zusätzlich zum Sparkommissareinsatz im Beobachtungszeitraum am Werk sind. Die Daten erlauben lediglich die Definition einer Vor- und einer Nach-Treatmentperiode auf der Basis von beobachteten Jahren. Sollte also während des Beobachtungszeitraums auf die Treatmenteinheit ein für das Outcome relevanter individueller Schock in irgendeiner Form einwirken, kann dies zu Ergebnissen führen, die nicht ohne Weiteres auf ein zuvor definiertes Treatment zurückzuführen sind. Ein solcher Schock könnte jedes beliebige haushaltsrelevante Ereignis oder jegliche politische Intervention sein, die nicht durch einen allgemeinen Zeittrend über alle Beobachtungseinheiten hinweg eingefangen werden, sondern spezifisch für die Treatmenteinheit sind. Es ist also durchaus denkbar, dass ein bestimmtes unbeobachtetes Ereignis in der Stadt Hagen zu dieser vergleichsweise ungewöhnlichen Abweichung zum synthetischen Vergleichsfall geführt hat. Dies wäre für die Interpretation der Ergebnisse allerdings insofern unerheblich, als durch den beobachteten zeitlichen Verlauf dennoch ausgeschlossen werden kann, dass die Erhöhung der Kassenkreditverschuldung auf den Einsatz eines beratenden Sparkommissars zurückzuführen ist.

In gewisser Hinsicht ist das Erklärungsmodell in dieser Untersuchung zugegebenermaßen unterspezifiziert, da die Randbedingungen für einen wirksamen Sparkommissareinsatz nicht abschließend geklärt werden können. Eine solche feinere Spezifizierung bedürfte allerdings auch einer sorgfältigen qualitativen Analyse, die explizit nicht im Sinne des methodischen Fokus und der hier gewählten quantitativ-explorativen Herangehensweise ist. Im Hinblick auf die künftige Forschung ist allerdings die erste Voraussetzung für eine genauere Beleuchtung der Hintergründe – die Evaluation des Erfolgs der Sparkommissareinsätze mit Blick auf die Verschuldung – durch die vorangegangenen Analysen sicherlich gegeben. Aus Sicht des Autors kann auf dieser Basis auch ein vergleichsweise klares Fazit gezogen werden. Weder die echten noch die beratenden Sparkommissare haben sich im Hinblick auf die Begrenzung der Schulden als überwiegend empfehlenswert erwiesen. Setzt man die mangelnde über mehrere Fälle hinweg konsistente Wirksamkeit ins Verhältnis zur Schwere der Intervention inklusive deren Signal an die lokale Demokratie, wird man in dieser Einschätzung zusätzlich bestärkt. Es dürfte grundsätzlich schwer zu vermitteln sein, dass ein Instrument, das keine gesicherte Wirkung zur Bekämpfung der überaus problematischen Kassenkreditverschuldung entfaltet, gegen den Willen einer Kommune eingesetzt werden sollte. Nun könnte man freilich argumentieren, dass ein Sparkommissar auch lediglich explizit zur kurzfristigen Haushaltskorrektur oder als „Warnschuss" für die Kommunen dient. Ohne einen nachhaltigen Einfluss zumindest auf die mittelfristige finanzielle Gesundheit der Kommune, steht die Wahl des Mittels dennoch kaum im Verhältnis.

Aufgrund des methodischen Impetus der Arbeit sei am Ende dieses Zwischenfazits nochmal besonders auf die Verdienste des synthetischen Matching und die deutlich gewordene Rolle der Validierung mithilfe *verschiedener* Methoden hingewiesen. Besonders eindrucksvoll deutlich geworden dürfte die Unzulänglichkeit simpler Vorher-Nachher-Vergleiche bzw. die reine einzelfallbasierte Analyse von Haushaltsdaten sein. Die Perspektive der kontrafaktischen Situation ermöglicht es, überhaupt erst zu beurteilen, ob es zu einer Wirkung gekommen ist und wie stark der Effekt ausgefallen ist; die einfache Beobachtung einer steigenden oder sinkenden Verschuldung nach den Sparkommissareinsätzen würde den sonstigen Umständen der Verschuldungsentwicklung nicht Rechnung tragen. So könnte bspw. die stagnierende und schließlich sinkende Schuldenentwicklung in Altena nach dem Sparkommissareinsatz ohne einen passenden Vergleich zu einem zu optimistischen Fazit führen. Darüber hinaus hat die Vorstellung verschiedener Varianten des synthetischen Matching den womöglich größten methodischen Vorteil illustriert: Ergebnisse können bei den vorliegenden Analysen *immer* auf der Basis der Passform in der Vor-Treatmentphase beurteilt werden. Dies gibt dem Forscher – wie es in einigen der obigen Beispiele mit schlechter Passform deutlich wurde – ein objektives Kriterium an die Hand, um die Bereitstellung und damit die Interpretation von Ergebnissen auf ihre Zulässigkeit hin beurteilen zu können. Dadurch hebt sich die Zuverlässigkeit der hier gewonnenen Erkenntnisse deutlich von vielen anderen weit verbreiteten statistischen Verfahren ab.

## H. Der Stärkungspakt Stadtfinanzen

Begriffe wie Rettungsschirme oder Entschuldungsprogramme sind in der öffentlichen Diskussion der letzten Jahre meist im Zusammenhang mit hochverschuldeten Staaten in der Eurozone wie Griechenland und Portugal gefallen. Allerdings spätestens seit Ende 2019 hat ein Vorstoß des Bundesfinanzministers das Thema der Entschuldung vor allem im Zusammenhang mit der kommunalen Ebene auf die Agenda gesetzt, indem er eine (teilweise) Ablösung der kommunalen Altschulden vorgeschlagen hat.[52] Abseits der laufenden Diskussion über potentiell falsche Anreize oder Kompetenzschwierigkeiten im deutschen Föderalismus wird dabei meist übersehen, dass ein Großteil der deutschen Bundesländer bereits Erfahrungen im Umgang mit Finanzhilfeprogrammen für die kommunale Ebene gesammelt hat, wie in Abschnitt C.II diskutiert wurde. Dabei wurde deutlich, dass sich sowohl Begrifflichkeiten als auch die konkrete Ausgestaltung der Programme stark unterscheiden können, vor allem im Hinblick auf Zielsetzung, Volumen, Finanzierung, Adressaten, Anforderungen und potentielle Sanktionen (Heinelt und Stolzenberg 2014, S. 233-237; Stolzenberg und Heinelt 2013, S. 467-473).

Aufgrund der Unterschiedlichkeit der verschiedenen Programme und der Bundesländerheterogenität muss für einen analytischen Zugang die Konzentration auf eines der Programme erfolgen, um eine möglichst gute Vergleichbarkeit zwischen Treatment- und Kontrollgruppe zu gewährleisten. Die Wahl fällt dabei auf den *Stärkungspakt Stadtfinanzen*, der 2011 vom Land Nordrhein-Westfalen initiiert wurde. Dabei handelt es sich quantitativ betrachtet um das Programm mit dem größten Volumen, da im Zeitraum von 2011 bis 2020 3,5 Mrd. Euro aus Landesmitteln finanziert werden und zusätzlich 2,35 Mrd. Euro durch sogenannte Komplementärmittel, die sich aus einem Abzug bei der Finanzausgleichsmasse des Gemeindefinanzausgleichs und einer Solidaritätsumlage zusammensetzen (§ 2 Abs. 1-3 Stärkungspaktgesetz). Damit handelt es sich hinsichtlich der Finanzierungsgrundlage um einen mischfinanzierten Fonds. Der Stärkungspakt zielt auf einen nachhaltigen Haushaltsausgleich der am Programm beteiligten Kommunen ab und hat im Gegensatz zu anderen Entschuldungsfonds kein quantifiziertes Abbauziel einer spezifischen Schuldenart (Stolzenberg und Heinelt 2013, S. 467-468).

52 Berichterstattung hierzu siehe bspw. Mohl (2019a) und Mohl (2019b).

Einzigartig für den Stärkungspakt ist die Unterscheidung in eine pflichtige und eine freiwillige Teilnahme. Verpflichtend am Stärkungspakt teilnehmen müssen alle Kommunen, für die sich in ihrer Haushaltssatzung für das Jahr 2010 oder in der mittelfristigen Ergebnisplanung für die Jahre 2011 bis 2013 eine Überschuldung abzeichnet (§ 3 Stärkungspaktgesetz). Als überschuldet gilt eine Kommune, wenn auf der Aktivseite der Bilanz ein nicht durch Eigenkapital gedeckter Fehlbetrag besteht. Dieser kommt zustande, wenn das Vermögen der Gemeinde nicht ausreicht, um Verbindlichkeiten und Rückstellungen auszugleichen (Schwarting 2010, S. 282-283). Darüber hinaus können Kommunen, deren Finanzplanung für die Jahre 2014 bis 2016 eine Überschuldung erwarten lässt, freiwillig die Teilnahme am Stärkungspakt beantragen und unterwerfen sich damit den gleichen Verpflichtungen (§ 4 Stärkungspaktgesetz).

Als eine dieser Verpflichtungen fungiert die jährliche Aufstellung eines Haushaltssanierungplans, der von der zuständigen Bezirksregierung genehmigt werden muss. Die Voraussetzungen einer solchen Genehmigung bestehen vor allem aus der Darstellung eines Haushaltsausgleichs spätestens ab dem Jahr 2016 bei pflichtig teilnehmenden Kommunen und ab 2018 bei freiwillig teilnehmenden Kommunen. Darüber hinaus muss nachgewiesen werden, wie der Ausgleich ab dem Jahr 2021 ohne Konsolidierungshilfen erreicht werden kann. Damit einher geht auch die Verlagerung der Prüfung und Genehmigung sowohl des Sanierungsplans als auch der Haushaltssatzung auf die Bezirksregierungen (§ 6-7 Stärkungspaktgesetz), da bei kreisangehörigen Gemeinden im Regelfall die Finanzaufsicht von den Kreisen wahrgenommen wird. Im Fall von Verstößen gegen die Verpflichtungen des Stärkungspakts wie das fehlende Vorlegen eines Sanierungsplans oder das Abweichen davon setzt die Bezirksregierung der jeweiligen Kommune eine angemessene Frist zur Korrektur. Nach Ablauf dieser Frist wird ein Beauftragter (echter Sparkommissar) nach § 124 GO NRW bestellt (siehe auch Abschnitt G) (§ 8 Stärkungspaktgesetz).

Insgesamt 34 Kommunen wurden zur Teilnahme verpflichtet und weitere 27 Kommunen wurden auf Antrag in das Programm aufgenommen (Ministerium für Heimat, Kommunales, Bau und Gleichstellung (MHKBG) des Landes Nordrhein-Westfalen o.J.). Im Vergleich zu den Einsätzen der Sparkommissare existieren für den Stärkungspakt Stadtfinanzen bereits Evaluationen, die im Stärkungspaktgesetz explizit festgeschrieben wurden. Das Land hat zum Stärkungspakt zwei eigene Evaluationen vorgelegt (Ministerium für Inneres und Kommunales (MIK) des Landes Nordrhein-Westfalen 2016; Ministerium für Inneres und Kommunales (MIK) des Landes Nordrhein-Westfalen 2014).

Darin wird ein positives vorläufiges Fazit gezogen, da definitiv Konsolidierungsergebnisse über die Hilfen hinaus erzielt werden konnten und sich das Defizit bis 2016 deutlich abgeschwächt hat (2,195 Mrd. Euro in 2010 auf 455 Mio. Euro in 2015). Ein – wenn auch kleineres – Defizit führte dennoch erst mal zu einer weiteren Steigerung der Verschuldung, bevor dieser Trend 2015 gestoppt werden konnte. Zusätzlich hat das RWI – Leibniz-Institut für Wirtschaftsforschung in Essen eine Studie über den Stärkungspakt vorgelegt. Ein zentrales Ergebnis dieser Studie zeigt eine positive Wirkung des Programms dahingehend, dass durch eine Hebelwirkung 1 Euro an Konsolidierungshilfen zu 2,4 Euro an Konsolidierungsvolumen geführt hat, die Kommunen also einen maßgeblichen eigenen Konsolidierungsbeitrag geleistet haben. Im gleichen Atemzug wird allerdings einschränkend festgestellt, dass die Konsolidierung zu großen Teilen durch die Anhebung der Grundsteuer B zustande gekommen ist und damit auch direkt negative Auswirkungen auf die Standortattraktivität hat. Darüber hinaus ist die Erreichung des Haushaltsausgleichs in vielen Kommunen keine Garantie für einen Schutz gegen zukünftige externe Störungen und hat damit nur begrenzt nachhaltiges Potential (Rappen 2017).

Diese Evaluationen stellen ein eindrückliches Beispiel für die eingangs erwähnten Probleme vergleichsweise simpler Evaluationen auf der Basis einer reinen Vorher-Nachher-Betrachtung dar. Die kontrafaktische, „was-wäre-ohne-Stärkungspakt-gewesen" Perspektive wird dabei nicht berücksichtigt. Dieser Mangel wird in einer der bisherigen Evaluationen auch explizit angesprochen, da die konstatierte positive Entwicklung auch „durch die vergleichsweise günstige gesamtwirtschaftliche Lage und die hiermit verbundenen Steuerzuwächse sowie durch die Niedrigzinspolitik der Europäischen Zentralbank begünstigt" wurde (Ministerium für Inneres und Kommunales (MIK) des Landes Nordrhein-Westfalen 2016, S. 15); die explizite Kontrolle solcher Zeittrends bleibt im bisherigen methodischen Vorgehen aus. Diese Lücke konnte auch die weitere wissenschaftliche Beschäftigung mit dem Stärkungspakt und anderen Finanzhilfeprogrammen der Länder nicht schließen. Bisherige Untersuchungen haben sich meist mit der Ausgestaltung der Programme und deren Motivation (Heinelt und Stolzenberg 2014; Stolzenberg und Heinelt 2013) oder deren ökonomischen Anreizwirkungen (Boettcher 2012) beschäftigt. Person und Zabler (2017) haben zwar die Auswirkungen des Stärkungspakts in NRW und des Schutzschirms in Hessen in den Fokus genommen, allerdings mit einer fragebogen- und interviewbasierten Perspektive auf die Auswirkungen für die Akteure sowie deren Zusammenwirken in den Kommunen und Aufsichtsbehörden.[53] Demzufolge besteht auch für den Stärkungspakt Stadtfinanzen die Notwendigkeit, den Fokus auf eine kausale Evaluation harter finanzieller Effekte zu richten.

## *I. Wirkmechanismen und theoretische Erwartungen*

Bereits die Beschreibung der Regelungen aus dem Stärkungspaktgesetz hat gezeigt, dass das Gefüge lokaler haushaltsrelevanter Entscheidungen nachhaltig beeinflusst wird. Gerade im Vergleich zum echten Sparkommissar wird allerdings deutlich, dass diese Einflussnahme auf eine indirektere Art und Weise erfolgt, da zum einen die Entscheidungen bei den Institutionen vor Ort verbleiben und zum anderen ein Ergebnis von Aushandlungsprozessen im Rahmen der Sanierungspläne darstellen. Im Sinne der Konzeption des austerity management handelt es sich folglich um Entscheidungen, die vor Ort getroffen werden, allerdings unter deutlich veränderten Vorzeichen im Hinblick auf die austerity conventions, da sich das Ausmaß externer Initiative und Beeinflussung seitens der Kommunalaufsicht deutlich verändert hat (Overmans und Timm-Arnold 2016, S. 1047).

Bei einem genaueren Blick in den action-formation mechanism, die tatsächlichen Haushaltsentscheidungen in den Kommunen, dargestellt in Abbildung 8, sind im Gegensatz zum echten Sparkommissar ability und willingness weniger stark beeinflusst, wenngleich keineswegs vernachlässigbar. Bezüglich der willingness für haushaltsrelevante Entscheidungen haben sich die Spielregeln in der Prinzipal-Agenten-Arena deutlich verändert, da die Position der Haushaltsaufsicht in mehrerlei Hinsicht gestärkt wurde. Organisatorisch wird die operative Zuständigkeit der kommunalen Finanzaufsicht über die Kommunen im Stärkungspakt – auch die der kreisangehörigen Kommunen – auf die Ebene der Bezirksregierungen hochgezont. Durch diesen Zentralisierungsansatz verspricht sich die Landesregierung eine größere Einheitlichkeit der Rechtsanwendung, eine Ablösung der teils als problematisch eingeschätzten Nähe zwischen Kommune und Landkreis bzw. zwischen Bür-

53 In der internationalen Literatur sind empirische Studien lediglich zu verwandten Fragestellungen auf lokaler Ebene zu finden. Zumeist analysieren diese die Anreizwirkungen, die staatliche Transfers generell auf die fiskalische Disziplin auf lokaler Ebene haben (unter anderem: Allers 2015; Pettersson-Lidbom 2010; Breuillé und Vigneault 2010; Akai und Sato 2008). Eine Analyse eines mit dem Stärkungspakt vergleichbaren Instruments mit komplexen Regelungsstrukturen und mit Einzelfallcharakter ist dem Autor im internationalen Kontext nicht bekannt.

germeister und Landrat sowie als Konsequenz daraus ein erhöhtes Potential, unliebsame Entscheidungen zu fällen und durchzusetzen. Nicht zuletzt erhofft man sich ein erhöhtes professionalisiertes Profil der Aufsichtsbehörden in den Bezirksregierungen, auch wenn diese Sichtweise keineswegs unumstritten ist und teilweise ein Verlust an Detailwissen über die Kommunen vor Ort angemahnt wird (Ebinger u. a. 2017, S. 22). Die Intention, die Rolle des Prinzipals durch einen zentralisierten Ansatz zu stärken, wird allerdings deutlich. Weiterhin bewirkt die verpflichtende Aufstellung eines Haushaltssanierungsplans und dessen regelmäßige Überprüfung eine Art zusätzliche vertragliche Absicherung des Prinzipals gegen unintendiertes Verhalten des Agenten. Dabei wird zugleich die Informationsbasis des Prinzipals maßgeblich erhöht. Dies alles steht in Zusammenhang mit glaubhaften und im Stärkungspaktgesetz kodifizierten Sanktionsregelungen wie der Entsendung eines Sparkommissars im Fall des Nicht-Einhaltens oder einer Unzulänglichkeit des Sanierungsplans. Aus einer klassischen Prinzipal-Agenten-Perspektive wird darüber hinaus im Rahmen des Stärkungspakts versucht, eine teilweise Interessenangleichung zwischen Prinzipal und Agent herzustellen. Durch das Setzen finanzieller Anreize und der Definition eines gemeinsamen Ziels, das zum einen durch staatliche Hilfen und zum anderen durch eigene kommunale Anstrengungen erreicht werden soll, sollen die Präferenzen zwischen Aufsicht und Kommune hinsichtlich der Haushaltskonsolidierung einander angenähert werden.

In Bezug zu den lokalen Institutionen findet im Gegensatz zu den beiden Modellen der Sparkommissare keine grundsätzliche Veränderung der Akteursstruktur vor Ort statt. Nichtsdestotrotz wird das Gewicht der Steuerungspolitik maßgeblich erhöht. Die Kämmerei bzw. die kommunale Finanzverwaltung stellt den zentralen Ansprech- und Verhandlungspartner der Kommunalaufsicht bei der Aushandlung des Sanierungsplans dar und ist – sicherlich unter Einbezug der verschiedenen Fachbereiche – federführend für die Ausarbeitung der Konsolidierungsmaßnahmen zuständig. Die steuerungspolitischen Akteure haben, wie in Abschnitt D.III beschrieben wurde, per se schon ein größeres Interesse an einer nachhaltigen Haushaltspolitik und können gerade im Rahmen des Stärkungspakts zusätzlich auf die Zwänge durch den Druck von höheren Ebenen verweisen; ein kodifizierter Sanierungsplan, Aufsichts- und Berichtspflichten sowie die Androhung von Sanktionen begünstigen deren Position im Sinne eines *blame shifting* hin zur Aufsicht. Weiterhin wird die lokale ability durch die Zahlung der Konsolidierungshilfen ressourcenseitig deutlich erweitert. Quantitativ betrachtet handelt es sich dabei um signifikante Hilfszahlungen, da sich die bereitgestellten Finanzmittel im Durchschnitt über alle teilnehmenden Kommunen auf circa 30 Prozent der Kassenkredite belaufen (Rappen 2017, S. 19). In der Gesamtschau ist der action-formation mechanism des Stärkungspakts daher geprägt von (1) einer strikteren Aufsicht, (2) einer Interessenangleichung zwischen Aufsicht und Kommune, (3) einer Stärkung der Position kommunaler Steuerungspolitiker und (4) einem erweiterten finanziellen Spielraum für Konsolidierungsmaßnahmen.

Im Kern hat sich die staatliche Ebene im Rahmen des Stärkungspakts dreier zentraler Steuerungsressourcen bedient. Auf den ersten Blick am deutlichsten tritt der Einsatz finanzieller Mittel hervor. Mithilfe ausgabenseitiger zweckgebundener Subventionen soll das Ziel, Haushaltsfehlentwicklungen in den Kommunen zu korrigieren, ermöglicht oder zumindest erleichtert werden. Inwiefern es sich dabei um *klassische* positive finanzielle Anreize handelt, ist nicht ohne Differenzierung zu beantworten. Wohingegen die Teilnahme auf Antrag (freiwillig) einen klassischen Anwendungsfall für positiv gesetzte Anreize darstellt, ist in NRW ein Teil der Kommunen zur Programmteilnahme *verpflichtet*. Insofern ist die Reaktion auf Anreize in dieser Gruppe a priori eingeschränkt, da es keine Möglichkeit gibt, dem Anreiz gänzlich zu „widerstehen". Im Sinne der *carrots* (Leeuw 2007) handelt es sich also nicht um eine rein ökonomisch motivierte Steuerung, da der Handlungsspielraum der betroffenen Akteure bzgl. der Teilnahme am Anreizsystem eingeschränkt ist. Im Gegensatz zu den erwähnten carrots fokussieren die unter Abschnitt D.IV genannten Konzeptionen nicht ausschließlich auf die Möglichkeit, freiwillig auf Anreize zu reagieren, sondern definieren lediglich die verwendete Steuerungs*ressource* (bspw. *distributive* (Lowi 1972), *expenditure* (Doern 1981), *subsidy* (Linder und Peters 1989), *treasure* (Hood und Margetts 2007)).

Gerade aus dem Grund, dass der Stärkungspakt nicht als „echtes" ökonomisches Anreizprogramm fungiert, ist das Programmdesign durch eine zweite Steuerungsressource, die Autorität, komplementiert, um Mitnahmeeffekte (Abgreifen der Mittel, ohne das Ziel der Haushaltskonsolidierung anzustreben) zu vermeiden. Die regulatorische Komponente äußert sich vor allem in der teils mangelnden Freiwilligkeit der Programmteilnahme, den expliziten Haushaltszielen in den Sanierungsplänen, den damit verbundenen Berichtspflichten gegenüber der Kommunalaufsicht und der direkten Kodifizierung von Sanktionen im Stärkungspaktgesetz. Mit Blick auf die Organisation als dritte Ressource erfolgt eine – auf den ersten Blick eher marginale – Änderung im Bereich der Aufsichtsverantwortlichkeiten durch die Zentralisierung der Überwachung der Konsolidierungsfortschritte bei den Bezirksregierungen. Dabei handelt es sich in begrenztem Ausmaß um ein *system changing* (Elmore 1987) mit dem Ziel, Kontrolle aus einer größeren Distanz auszuüben und direkter an die Interessen des Landes zu binden.

Ob der Einsatz finanzieller Mittel im vorliegenden Fall erfolgversprechend ist, hängt von verschiedenen Faktoren ab, die in Abschnitt D.IV und Abbildung 9 bereits im Allgemeinen thematisiert wurden. Die Klarheit der Bedingungen, unter denen finanzielle Unterstützung gewährt wird, ist durch die eindeutige gesetzliche Kodifizierung der Voraussetzungen für die Teilnahme gegeben, sowohl für die pflichtig als auch die freiwillig teilnehmenden Kommunen. Weniger eindeutig beantwortet werden kann die Frage, ob in den Kommunen eine grundsätzliche Kapazität besteht, die Haushaltsprobleme aus eigener Kraft in den Griff zu bekommen. Nach Elmore (1987) ist der Mitteleinsatz vor allem dann zielführend, wenn durch diesen lediglich der Adressat der Maßnahme „aktiviert" werden muss, um ein Policy-Ziel zu erreichen. Dieser Logik liegt eine klassische Anreizidee zugrunde, indem Akteure durch den Einsatz von Mitteln zu eigenen Anstrengungen motiviert werden sollen. Allerdings deuten weder die Verschuldungslage mancher Kommunen noch das Volumen der Hilfen im Verhältnis zur Verschuldung, noch die politische Intention des Stärkungspakts – die Kommunen umfänglich zu unterstützen – lediglich auf eine begrenzte Hilfe zur Selbsthilfe hin. Vielmehr hat der Stärkungspakt den Charakter eines umfassenden Hilfsprogramms. Darüber hinaus ist fraglich, inwieweit überhaupt eine Interessenkongruenz zwischen Geldgeber und -empfänger besteht. Zwar soll diese durch den Stärkungspakt gewissermaßen induziert werden, a priori haben – wie oben bereits ausgeführt wurde – Aufsicht und Kommune aber durchaus abweichende Präferenzen. Sowohl der Aspekt der mangelnden Kapazität als auch der fehlenden Interessenkongruenz zielen auf die Schwierigkeit der Nachhaltigkeit des Mitteleinsatzes ab. Wenn zum einen die Kapazität zumindest mancher Kommunen nicht ausreichen dürfte, um Haushaltsprobleme langfristig selbst zu beseitigen, und zum anderen keine grundsätzliche Kongruenz der Interessen besteht, kann man zumindest hinterfragen, ob die eingesetzten Mittel eine nachhaltige Anreizwirkung entfalten können. Zwar sind die Bedingungen des Stärkungspakts auf einen in naher Zukunft zu erreichenden Haushaltsausgleich festgelegt, unklar bleibt allerdings, inwieweit dies eine echte finanzielle „Gesundung" mit sich bringt. Nichtsdestotrotz sollten die Zahlungen sicherlich kurz- und mittelfristig zu einer Entspannung der Haushaltslage führen.

Gerade da das Design staatlicher Hilfen unter Anreizgesichtspunkten problematisch sein kann (Beam und Conlan 2002, S. 361), bedient sich der Stärkungspakt autoritativer staatlicher Ressourcen, deren erfolgreicher Einsatz ihrerseits von verschiedenen Voraussetzungen abhängt. Die Verfügbarkeit von Zwang, als grundlegendste Voraussetzung, ist durch das Stärkungspaktgesetz und die staatliche Aufsichtszuständigkeit sicherlich gegeben. Die Klarheit und Messbarkeit des Ziels sind ebenfalls durch explizite Vorgaben verwirklicht, zumindest in Bezug zum Ziel des rechnerischen Haushaltsausgleichs. Analog zum Einsatz von Sparkommissaren kann der Knackpunkt beim Einsatz autoritativer Ressourcen der gesellschaftliche Konsens sein. Gerade allerdings im Vergleich zu den Sparkommissaren dürfte ein solcher Konsens eher bestehen, da ein gewisses Maß an Regulierung im Austausch für gewährte Mittel deutlich leichter zu vermitteln ist. Durch den Einsatz von Geld kauft sich das Land gewissermaßen Legitimation für striktere Kontrolle. Schließlich bleibt auch in den Grundsätzen das hohe Maß an Autonomie der Kommunen bestehen, da abgesehen von Zielvorgaben und potentiellen Sanktionen der lokale Entscheidungs- und Umsetzungsprozess nicht eingeschränkt wird.

So wie der Einsatz von Autorität den Finanzmitteleinsatz ergänzen soll, erfolgt eine zusätzliche organisatorische Anpassung mit dem Ziel, die Anwendung der Autorität zu vereinfachen. Die für eine erfolgreiche organisatorische Umgestaltung notwendige Kontrolle und Zielbindung stellt in diesem Fall keine besondere Herausforderung dar, da die Verschiebung von Verantwortlichkeiten lediglich innerhalb des staatlichen Aufsichtssystems erfolgt. Eine dauerhafte Rückendeckung der neuen Struktur ist in diesem Fall explizit nicht vorgesehen, da nach Ablauf des Programms die üblichen Aufsichtsstrukturen des dreistufigen Systems in NRW wiederhergestellt werden.

In Abbildung 39 ist der theoretische Mechanismus im Kontext des Stärkungspakt Stadtfinanzen zusammengefasst. Als zentrale Steuerungsressourcen wirken vor allem Finanzmittel, Autorität und Organisation auf die lokalen Entscheidungsstrukturen ein. Im Bereich der ability wird die Rolle der Steuerungspolitiker maßgeblich gestärkt; zum einen durch ihre zentrale Position im Verhältnis zur Kommunalaufsicht und zum anderen aufgrund der durch die Vorgaben der Sanierungspläne sowie durch drohende Sanktionen induzierte gesteigerte Bedeutung lokaler Konsolidierungspolitik. Nicht zuletzt wird die lokale Fähigkeit zur Haushaltskonsolidierung maßgeblich durch einen beträchtlichen Teil finanzieller Hilfen erhöht. Im Bereich der lokalen willingness führen die autoritativ-regulativen Maßnahmen der Kommunalaufsicht zu einer Stärkung der Prinzipal-Interessen gegenüber den potentiell von ernsthafter Konsolidierung abweichenden Interessen der lokalen Agenten; zusätzlich unterstützt wird dieses Ziel durch eine organisatorische Zentralisierung und Hochzonung von Aufsichtskompetenzen. Schließlich soll durch den

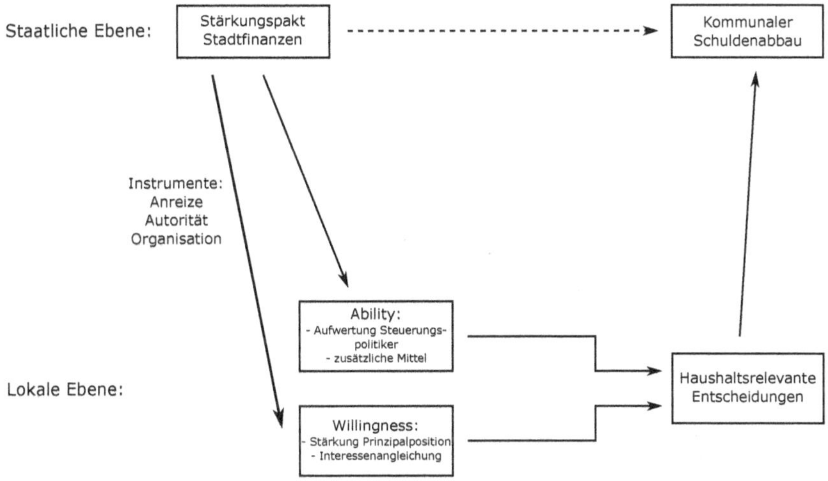


Abbildung 39: Wirkmechanismus des Stärkungspakt Stadtfinanzen auf lokale Haushaltsentscheidungen (Quelle: eigene Darstellung)

konditionalen Mitteleinsatz eine Interessenangleichung zwischen Prinzipal und Agent zumindest wahrscheinlicher gemacht werden.

Das Gesamtpaket des Stärkungspakt Stadtfinanzen hat aus einer theoretischen Perspektive das Potential, im positiven Sinne korrigierend in die betroffenen lokalen Haushalte einzugreifen. Dafür spricht vor allem auch der aufeinander aufbauende Einsatz verschiedener sich ergänzender Steuerungsressourcen. Gleichzeitig zeigt die theoretische Analyse allerdings auch Fallstricke auf. Analog zum Einsatz von Sparkommissaren stellt sich die Frage, inwiefern das Programm Nachhaltigkeit entfalten kann. Dies hängt zum einen mit der begrenzten generellen Laufzeit zusammen, die einerseits den Regelungsrahmen und im Besonderen die konditional fixierte Sanktion eines Sparkommissars nicht auf Dauer anlegt. Andererseits erscheint die Annahme, dass die staatlichen Hilfen als Anstoß zur Selbsthilfe ausreichen sollten, bzgl. der Fähigkeit zur längerfristigen Konsolidierung in einigen Fällen zumindest optimistisch; genauso wie die Frage nach dem Anreiz für eine längerfristige Änderung der politischen Präferenzen offen bleibt. Einwenden kann man an dieser Stelle, dass sich der Stärkungspakt in NRW explizit zunächst das Erreichen des Haushaltsausgleichs auf die Fahnen geschrieben hat. Haushaltsausgleich bedeutet nicht automatisch Schuldenabbau, wenngleich gerade die Verschuldung mit Kassenkrediten als „Lückenfüller" im

Haushalt einen engen Konnex zum Haushaltsergebnis besitzt. Daher sollte sich ein gelingender Haushaltsausgleich mindestens in einer stagnierenden Kassenkreditverschuldung äußern. Darüber hinaus darf man normativ durchaus hinterfragen, ob ein großangelegtes Finanzhilfeprogramm nicht ohnehin auch einen positiven Effekt auf einen der bedeutendsten Indikatoren für die finanzielle Gesundheit der Kommunen haben sollte.

Mit der Frage nach der Nachhaltigkeit des Stärkungspakts ist auch schon ein zentraler Aspekt des transformational mechanism, die Makro-Auswirkungen auf die kommunale Verschuldung, angesprochen. Endgültig beantwortet werden kann diese Frage aktuell noch nicht, da der Rahmen des Stärkungspakts bis Ende 2020 gesetzt ist. Nichtsdestotrotz sollten erste wichtige Tendenzen angesichts eines Analysefensters von sechs Jahren erkennbar sein. In quantitativer Hinsicht sind 61 teilnehmende Kommunen bei insgesamt 396 Kommunen (ohne Kreise) ebenfalls nicht zu vernachlässigen. Daher kann das Programm auch eine deutlich über einzelne Effekte hinausgehende Wirkung auf die kommunale Verschuldung in NRW ausüben.

### *II. Daten*

Die Datengrundlage bezieht sich analog zur Analyse der Sparkommissare (siehe Abschnitt G.II) auf die Kommunen in NRW zwischen 1995 und 2018. Im Gegensatz dazu befinden sich nun allerdings verständlicherweise alle Kommunen im Sample, um Vergleichskommunen für die Stärkungspaktkommunen zur Verfügung zu haben. Lediglich die sechs Kommunen, in denen Sparkommissare eingesetzt wurden, wurden aus dem Sample entfernt, um zusätzliche Treatments zu vermeiden. Insgesamt steht mit 55 Fällen eine hinreichend große Zahl an Treatmenteinheiten zur Verfügung. Ausgehend von insgesamt 396 Kommunen im NRW-Sample abzüglich der sechs Sparkommissar-Kommunen existieren folglich 335 Kontrolleinheiten. Bezüglich der verwendeten Variablen gelten erneut alle Ausführungen aus Abschnitt G.II. Die Zielgröße der Analyse ist erneut die Kassenkreditverschuldung und für die Vorhersage werden – soweit nicht anders vermerkt – dieselben Prädiktor-Variablen verwendet.

## *III. Analysestrategie*

Aufgrund der höheren Anzahl an Treatmentfällen könnte man mit dieser Datenbasis per se problemlos auf übliche Regressionsverfahren für Paneldaten zurückgreifen. Allerdings würde man damit einige der Vorzüge der SCM-inspirierten Methoden aufgeben, die über die Möglichkeit, eine geringe Anzahl an Treatmenteinheiten zu analysieren, hinausgehen.

Innerhalb der Regressionsverfahren mit Paneldaten zur Analyse politischer Interventionen trifft man häufig auf die unter E.II bereits angesprochenen *difference-in-differences* Modelle. Dabei handelt es sich um Modelle, die sowohl Charakteristika einer Einheit als auch einer Zeitperiode konstant halten (daher auch *two-way fixed effects*) und dadurch „Brüche" in der zeitlichen Entwicklung eines Outcomes als Treatmenteffekt interpretiert werden. Die Illustration dieser Methode in Abbildung 40 zeigt dabei bereits intuitiv, dass sich dieses Modell auf die zentrale Annahme der *parallel trends* berufen muss. Dies bedeutet, dass der Verlauf der Treatmenteinheiten ohne Treatment gleich gewesen *wäre* wie der Verlauf der Kontrolleinheiten (Steigung der Geraden bleibt gleich). Diese Annahme lässt sich empirisch allerdings nicht überprüfen und kann durch konfundierende Variablen gefährdet sein (Hazlett und Xu 2018, S. 1; Xu 2017, S. 57). Auch aus einer praktischen Sicht ist die Annahme, dass am Stärkungspakt teilnehmende Kommunen nach der Etablierung des Programms einen parallelen Verlauf im Vergleich zu nicht teilnehmenden aufweisen, ziemlich unplausibel.

Daher greift die folgende Analyse – trotz der höheren Gesamtzahl an Treatmenteinheiten – auf die unter Abschnitt E.III eingeführten Methoden einer synthetischen Konstruktion von Vergleichsfällen zurück, die diese unbeobachtete Heterogenität explizit berücksichtigen. Konkret wird die Analyse der Effekte des Stärkungspakts allerdings nur mit den beiden Methoden GSCM und TJBAL durchgeführt, da sowohl die klassische SCM als auch die MSCMT nur die Analyse für einzelne Treatmentfälle ermöglichen; eine solche individuelle Analyse von 55 Fällen würde in diesem Fall den Rahmen deutlich sprengen. Die simultane Analyse mehrerer Treatmentfälle eignet sich dabei zusätzlich für die Illustration besonderer methodischer Herausforderungen des synthetischen Matching.

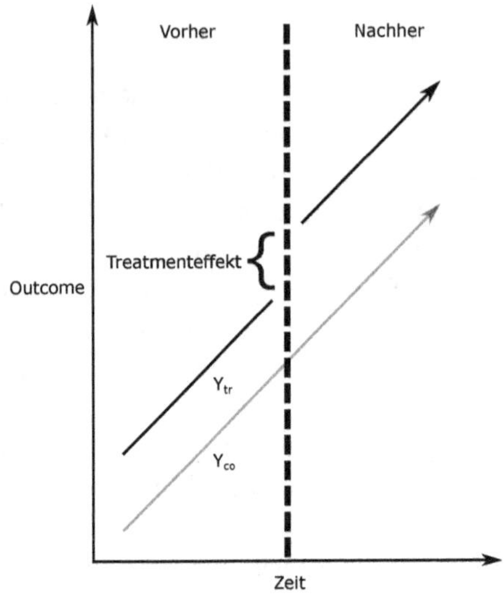


Abbildung 40: Schematische Darstellung eines difference-in-differences Modells (Quelle: eigene Darstellung)

## *IV. Ergebnisse*

Zunächst wird der Stärkungspakt Stadtfinanzen auf der Basis der GSCM analysiert. Analog zur Analyse der Sparkommissare werden die Einwohnerzahl, die Steuerkraft pro Kopf, der Personalschlüssel pro Kopf sowie die Einnahmen und Ausgaben pro Kopf (bereinigt um Ein- und Auszahlungen für Kredite) als zusätzliche Prädiktoren genutzt, um die Präzision der Vorhersage zu erhöhen. In einem ersten Schritt werden dabei alle Kommunen in NRW, die keinen Sparkommissareinsatz hatten, im Sample behalten. Die Ergebnisse in den Abbildungen 41 und 42 zeigen einen sehr guten Fit in der Vor-Treatmentperiode, zeichnen bzgl. des Treatmenteffekts auf den ersten Blick allerdings ein mehr als überraschendes und düsteres Bild. Der Verlauf der Kassenkredite ist in den teilnehmenden Kommunen im Schnitt deutlich höher als in den synthetischen Vergleichskommunen, wenngleich sich die Differenz zum Ende des Beobachtungszeitraums hin etwas abschwächt. Ein durchschnittlicher Treatmenteffekt von 0,951 nach Einsetzen des Stärkungspakts deutet auf eine fast 1.000 Euro höhere durchschnittliche Pro-Kopf-Verschuldung bei den Kassenkrediten hin. Dabei ist der Effekt darüber hinaus durchweg signifikant. Aus inhaltlicher Sicht lässt sich dieser Effekt nicht erklären; gerade vor dem Hintergrund, dass die Kommunen ein Mehr an Mitteln zur Verfügung gestellt bekommen.

Prinzipiell ist es ohne Weiteres vorstellbar, dass trotz anlaufender Hilfen und einer schärferen Kontrolle der Kommunen die Kassenkredite erst einmal weiter ansteigen; vor allem, wenn man berücksichtigt, dass das Stärkungspaktgesetz einen Haushaltsausgleich erst ab 2016 bzw. 2018 vorschreibt. Dies wird durch die empirischen Daten insofern unterstützt, als der „Knick" in der durchgehenden Linie in Abbildung 41 im Jahr 2015 zu beobachten ist und bis dahin der Kassenkreditbestand nach wie vor steigt. Was allerdings nicht substantiell erklärt werden kann, ist die Tatsache, dass die Schätzung der Vergleichsfälle nahelegt, dass es *ohne Stärkungspakt* zu einem steilen Abfall der Kassenkredite unter den berücksichtigten Rahmenbedingungen gekommen sein müsste. Dafür gibt es aus Sicht des Autors keine plausible Erklärung.

Daher sollten in diesem Fall eventuelle methodische Fallstricke in den Blick genommen werden und es bietet sich eine günstige Gelegenheit, diagnostische Überprüfungen, wie sie Xu (2017) vorgeschlagen hat, zu veranschaulichen und damit dem methodischen Impetus weiter gerecht zu werden. Ein zentrales Problem der Analyse des Stärkungspakts besteht von vornherein darin, dass die Zuweisung des Treatments hochgradig endogen bzgl. des Outcomes ist: Kommunen mit einer hohen Kassenkreditverschuldung haben a priori eine denkbar höhere Wahrscheinlichkeit, am Stärkungspakt teilzunehmen. Daher stellt sich die Frage, ob es überhaupt Kommunen gibt, die nicht am Stärkungspakt teilgenommen haben, aber dennoch eine vergleichbare Kassenkreditverschuldung aufweisen und daher als Vergleichsfälle zulässig sind. Aufschluss darüber kann ein erster deskriptiver Blick in die Daten in Abbildung 43 geben. Darin sind die Verläufe der Pro-Kopf-Kassenkredite differenziert nach Treatment- und Kontrolleinheiten abgebildet. Hierbei wird ersichtlich, dass sich zum einen die große Masse potentieller Vergleichsfälle im unteren Bereich der Kassenkreditverschuldung bewegt und zum anderen für die hoch verschuldeten Treatmentheinheiten bereits in der Zeit *vor* dem Einsetzen des Treatments kaum Vergleichsfälle mit einem ähnlichen Verschuldungsniveau vorliegen.

Darüber hinaus verweist Xu (2017, S. 59, 73) darauf, dass die GSCM auch potentiell fehlerbehaftete Ergebnisse liefert, wenn es keinen common support bei den Faktorladungen gibt. Wie in Abschnitt E.III.II beschrieben, ist die zentrale Stärke der GSCM, mithilfe eines IFE-Modells Faktoren für generelle Zeittrends zu schätzen und dadurch präzisere Vergleichsfälle zu generieren.

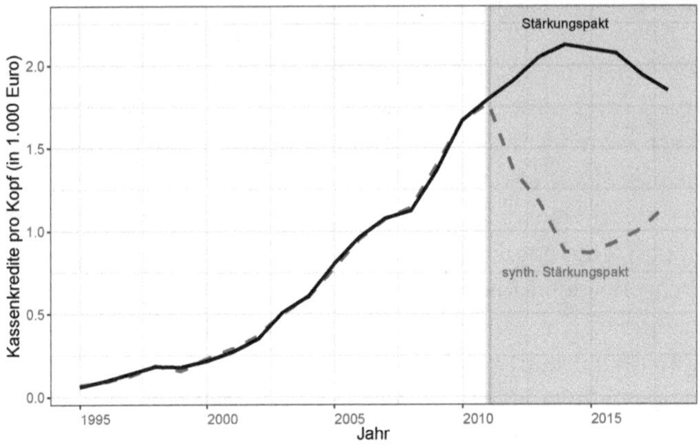


Abbildung 41: Vergleich des Verlaufs der durchschnittlichen Pro-Kopf-Kassenkredite der Kommunen im Stärkungspakt Stadtfinanzen und dem Durchschnitt der synthetisch gebildeten Vergleichsfälle vor und nach Einsetzen des Stärkungspakts 2012 auf der Basis der GSCM (Quelle: eigene Darstellung)

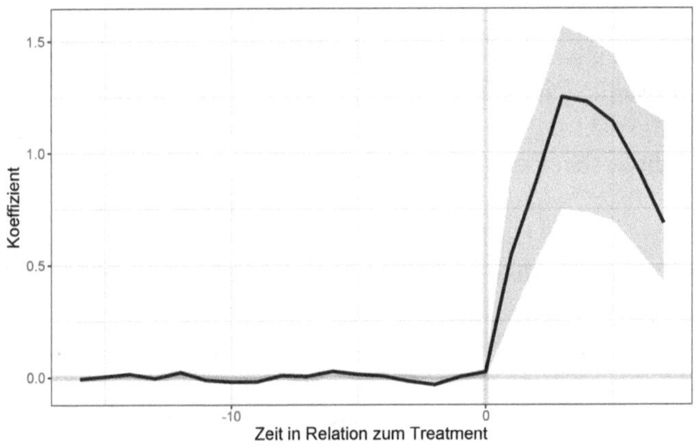


Abbildung 42: Durchschnittlicher Treatmenteffekt des Stärkungspakt Stadtfinanzen vor und nach Einsetzen des Stärkungspakts 2012 inklusive eines 95-Prozent-Konfidenzintervalls auf der Basis der GSCM (Quelle: eigene Darstellung)

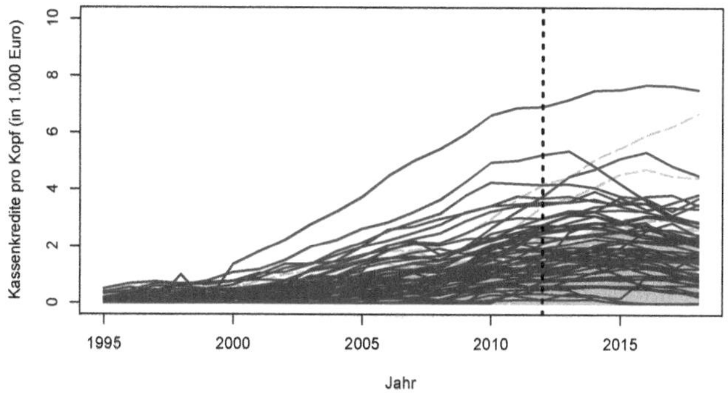


Abbildung 43: Verteilung des Verlaufs der Pro-Kopf-Kassenkredite zwischen Einheiten in der Treatment- (schwarz) und der Kontrollgruppe (grau-gestrichelt) (Quelle: eigene Darstellung)

Ein zentraler diagnostischer Schritt besteht daher darin zu überprüfen, ob sich Treatment- und Kontrolleinheiten in ihren Faktorladungen einen gemeinsamen Raum teilen (siehe den Begriff der konvexen Hülle in Abschnitt G.IV). Sollte dies nicht der Fall sein und es zu einem hohen Maß an Extrapolation kommen, empfiehlt der Autor, ggf. die Anzahl der zu schätzenden Faktoren zu begrenzen oder auf gänzlich andere Analysemethoden zurückzugreifen.

In Abbildung 44 sind die Faktorladungen für vier der geschätzten Faktoren abgebildet. Um überprüfen zu können, ob sich die Kommunen in der Treatmentgruppe einen gemeinsamen Raum mit der Kontrollgruppe teilen, wurde jeweils ein Raum aus zwei Faktoren aufgespannt. Dabei wird in einem Großteil der Teilgrafiken deutlich, dass sich die schwarz gedruckten Kommunen, die am Stärkungspakt teilnehmen, nicht durchgängig in denselben Räumen bewegen wie die Vergleichskommunen. So ist bspw. die Verteilung der Treatmentfälle in der oberen linken Abbildung deutlich nach rechts oben hin verschoben in einen Bereich, in dem kaum mehr Vergleichskommunen zur Verfügung stehen. Auch in den anderen Abbildungen sind immer wieder zahlreiche Kommunen zu beobachten, die sich deutlich außerhalb der konvexen Hülle bewegen und damit nur schwer vergleichbar sind. Rückschlüsse auf dieser Basis sind daher nicht angebracht und müssen in weiteren Spezifikationen überprüft werden. Gemäß den methodischen Empfehlungen wurde daraufhin sukzessive die Anzahl an Faktoren reduziert, ohne dass es zu einer

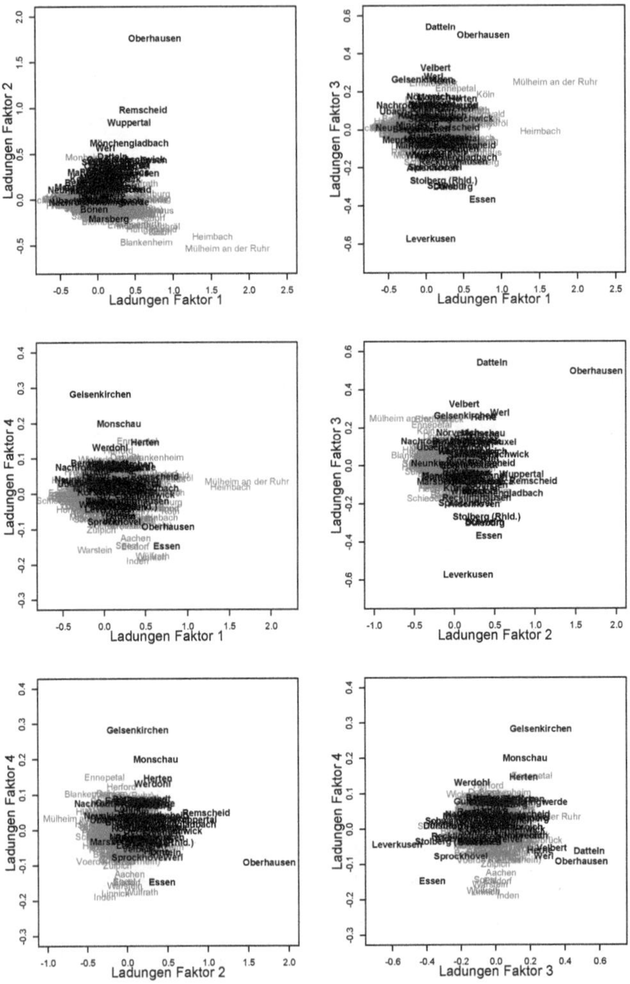


Abbildung 44: Vergleich der Faktorladungen zwischen Kommunen in der Treatment- (schwarz) und der Kontrollgruppe (grau) auf der Basis der GSCM (Quelle: eigene Darstellung)

nennenswerten Verbesserung der Überlappung gekommen wäre. Außerdem wurde das Modell mit veränderten Kombinationen von Prädiktor-Variablen berechnet, wodurch weder der Fit noch die substantiellen Ergebnisse verändert wurden. Auch die Analyse mit der absoluten Kassenkreditverschuldung hat erwartungsgemäß keine Überlappung zwischen den Faktoren gebracht.

Grundsätzlich besteht darüber hinausgehend selbstverständlich die Möglichkeit, den Pool an Analyseeinheiten manuell einzugrenzen. Dies könnte bspw. durch eine Eingrenzung der Fälle auf ein bestimmtes Verschuldungsintervall geschehen und ist grundsätzlich sicherlich vertretbar. Bei einer zu drastischen Einschränkung besteht allerdings das Problem, dass bei weniger als 40 Vergleichsfällen die Schätzung nur mit äußerster Vorsicht zu genießen ist (Xu 2017, S. 73). Darüber hinaus wäre es wünschenswert, einen methodischen Weg zu wählen, der einerseits möglichst alle Fälle abbildet und andererseits nicht auf einer in Teilen arbiträren Entscheidung des Autors beruht.

Unter Berücksichtigung dieser Aspekte wird unmittelbar im nächsten Schritt die Analyse mithilfe des TJBAL durchgeführt. Vorteile gegenüber der GSCM bestehen vor allem darin, dass durch das kernel balancing eine ganze Reihe nicht linearer Entwicklungen in der Vor-Treatmentphase berücksichtigt werden können und dadurch präzisere Vergleiche möglich sind. Zusätzlich – besonders für diesen Anwendungsfall relevant – werden durch das in Abschnitt E.III.IV angesprochene demeaning die *Ausgangswerte* des Outcomes unerheblich und stattdessen wird lediglich die Ähnlichkeit in der Dynamik zum bestimmenden Faktor (Hazlett und Xu 2018, S. 18-20). Dadurch kann dem in Abbildung 43 aufgedeckten Problem extrem unterschiedlicher Ausgangsbedingungen begegnet werden, ohne den Pool an Einheiten a priori zu begrenzen.

Analog zum in Abbildung 12 vorgeschlagenen Workflow hat sich die Analyse inklusive kernel balancing mit intercept shift als die Variante mit der besten Balance in der Vor-Treatmentphase erwiesen. Dies entspricht der theoretischen Erwartung, da durch das mean balancing unterschiedliche Ausgangsniveaus in der Kassenkreditverschuldung nivelliert werden können. Im Gegensatz zum TJBAL bei der Analyse der Sparkommissare hat die Integration von Vorhersagevariablen keinen negativen Effekt auf die Balance und als zusätzliche Absicherung gegen confounding (Hazlett und Xu 2018, S. 18) wurden diese berücksichtigt (Einwohnerzahl, Steuerkraft pro Kopf, Personalschlüssel pro Kopf, Einnahmen und Ausgaben pro Kopf (bereinigt um Ein- und Auszahlungen für Kredite)). An dieser Stelle sei auf Abbildung 45 verwiesen, die die Balance der Outcome- und Vorhersagevariablen in der

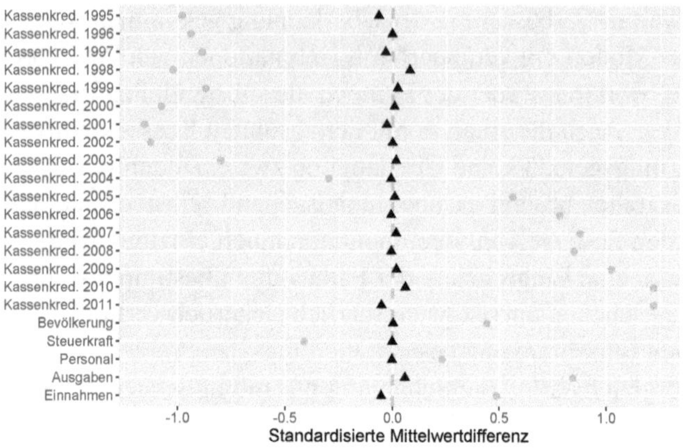


Abbildung 45: Balance der Outcome-Variablen und der Vorhersagevariablen vor (Kreise) und nach (Dreiecke) der Gewichtung durch TJBAL (Quelle: eigene Darstellung)

Vor-Treatmentphase zwischen den Treatment- und Kontrollfällen zeigt. Die Differenz zwischen beiden Gruppen liegt in allen Fällen sehr nahe bei Null, wodurch die Passgenauigkeit der Schätzung bestätigt ist.

Die Ergebnisse der Analyse des TJBAL zeigen im Vergleich zur GSCM ein deutlich realistischeres Bild des Vergleichs der Entwicklung der Verschuldung. In Abbildung 46 offenbart sich ganz eindeutig eine sich ab dem Jahr 2011 ausdifferenzierende Entwicklung insofern, als die Kommunen, die am Stärkungspakt teilnehmen, zunächst einen geringeren Anstieg in der Kassenkreditverschuldung verzeichnen und im weiteren Verlauf im Gegensatz zur geschätzten synthetischen Vergleichsgruppe die Verschuldung im Schnitt zurückfahren konnten. Ohne die Intervention des Stärkungspakts sagt das Modell einen weiteren Anstieg voraus. Für den Zeitraum nach Einsetzen des Stärkungspakts beträgt der durchschnittliche Treatmenteffekt -375 Euro und hat seine höchste Differenz im Jahr 2018 mit 689 Euro. Mit einer durchschnittlichen Pro-Kopf-Verschuldung von circa 1.670 Euro noch im Jahr 2010 ist die Größe des Effekts also durchaus bedeutsam. Hinsichtlich der statistischen Unsicherheit beträgt der p-value des Effekts in der Nach-Treatmentphase 0,0053 und ist damit eindeutig signifikant. Bezogen auf die einzelnen Jahre ist der Effekt ab dem Jahr 2015 auf dem 10-Prozent-Niveau und ab dem Jahr 2016 auf dem 1-Prozent-Niveau signifikant, wie in Abbildung 47 deutlich wird.

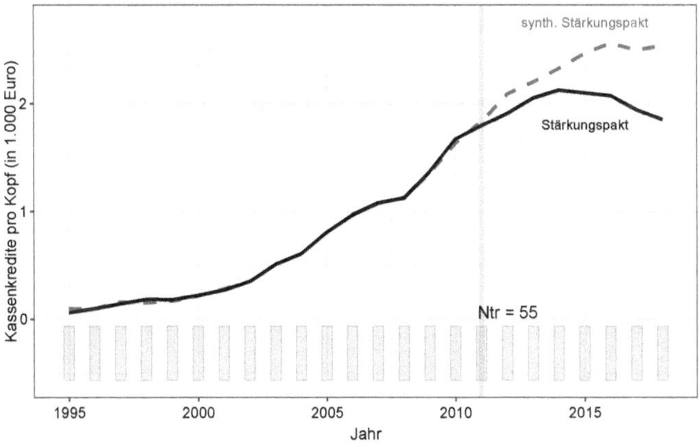


Abbildung 46: Vergleich des Verlaufs der durchschnittlichen Pro-Kopf-Kassenkredite der Kommunen im Stärkungspakt Stadtfinanzen und dem Durchschnitt der synthetisch gebildeten Vergleichsfälle vor und nach Einsetzen des Stärkungspakts 2012 auf der Basis des TJBAL (Quelle: eigene Darstellung)

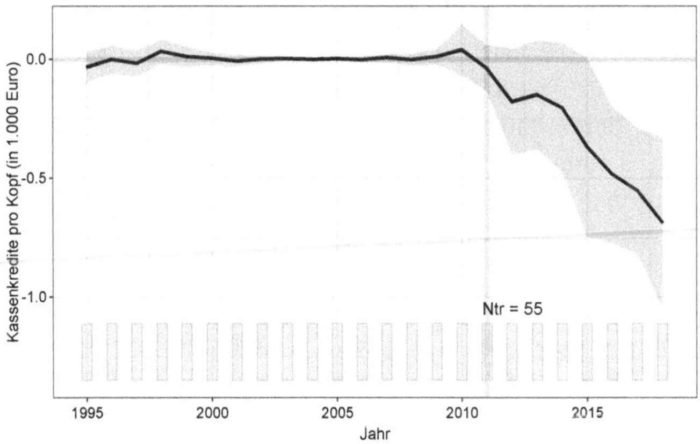


Abbildung 47: Durchschnittlicher Treatmenteffekt des Stärkungspakt Stadtfinanzen vor und nach Einsetzen des Stärkungspakts 2012 inklusive eines 95-Prozent-Konfidenzintervalls auf der Basis des TJBAL (Quelle: eigene Darstellung)

Die Ergebnisse für den Stärkungspakt Stadtfinanzen haben gezeigt, dass bei einer sorgsamen statistischen Spezifikation ein wünschenswerter Effekt auf die Verschuldung beobachtet werden kann. Zwar konnte dieses Ergebnis aufgrund der ausgeprägten Endogenität der Treatmentzuweisung nicht auf der Basis mehrerer unterschiedlicher Schätzmethoden bestätigt werden, allerdings liefert die ausgezeichnete Passform des TJBAL eine hinreichende Vertrauenswürdigkeit der Ergebnisse; nicht zuletzt auch, da das TJBAL sicherlich die ausgereifteste der präsentierten Methoden darstellt.

### *V. Ergebnisdiskussion und Fazit*

Zusammenfassend konnte die empirische Analyse des Stärkungspakt Stadtfinanzen im Durchschnitt *eine schuldenbegrenzende Wirkung bestätigen.* Dies erscheint angesichts der Tatsache, dass Geld „ins System gepumpt“ wurde, erst mal nicht weiter verwunderlich. Allerdings stellt es keinen Automatismus dar, dass das eingesetzte Geld auch eine direkte oder indirekte Wirkung auf die Kassenkreditverschuldung ausübt. Umso entscheidender ist die Frage nach der quantitativen Wirkung des Programms. Die Ergebnisse haben gezeigt, dass die Kommunen im Stärkungspakt seit 2012 im Schnitt eine um 375 Euro niedrigere Pro-Kopf-Kassenkreditverschuldung aufweisen, als es das synthetische Modell ohne den Stärkungspakt vorhergesagt hätte. In der Spitze im Jahr 2018 beläuft sich die Differenz gar auf 689 Euro und damit auf einen beträchtlichen Anteil von circa 37 Prozent bezogen auf den Stand der durchschnittlichen Pro-Kopf-Kassenkreditverschuldung der Stärkungspaktkommunen von 1.848 Euro im Jahr 2018.

Dies kann man ins Verhältnis zu den Mitteln setzen, die im Rahmen des Stärkungspakts zur Verfügung gestellt wurden: Gemäß des Evaluationsberichts von Rappen (2017, S. 21-22) ist davon auszugehen, dass die Stärkungspaktkommunen von 2012 bis 2020 circa 4,535 Mrd. Euro erhalten. Folgt man dieser Prognose und legt sie auf die Bevölkerung von 5.138.336 Personen, die Stand 2018 in den Stärkungspaktkommunen leben, um, ergibt sich eine Konsolidierungshilfe von 876 Euro pro Person für den gesamten Zeitraum. Nimmt man nun das synthetische Modell und die Differenz von 689 Euro zur realen Entwicklung in den Stärkungspaktkommunen zur Grundlage, bedeutet dies, dass die Konsolidierungshilfen 79 Prozent (689 Euro geteilt durch 876 Euro) der Differenz in der Kassenkreditverschuldung zum Zeitpunkt 2018 widerspiegeln. Man kann davon ausgehen, dass dieser Anteil bis zum Ende der Laufzeit im Jahr 2020 noch weiter ansteigt, da die Kurvenentwicklung in den Abbildungen 46 und 47 einen vorsichtigen Hinweis darauf liefert, dass sich die Differenz der Verschuldung weiter vergrößert, wenngleich dies etwas spekulativ bleibt.

Dies hat verschiedene Implikationen. Im Hinblick auf die Kassenkredite hat zum jetzigen Zeitpunkt 1 Euro eingesetztes Geld zu einer um 79 Cent niedrigeren Pro-Kopf-Kassenkreditverschuldung im Vergleich zum synthetischen Durchschnitt geführt mit einer Tendenz dazu, dass diese Differenz weiter ansteigt. Auf den ersten Blick könnte man nun schlussfolgern, dass damit Aufwand und Ertrag nicht im richtigen Verhältnis stehen, da die gezahlten Hilfen eigentlich zusätzlich zu eigenen Konsolidierungsanstrengungen anregen sollen und daher 1 Euro an Hilfe zu Einsparungen über einem Euro führen sollte. Diese Schlussfolgerung wäre allerdings nur gültig, wenn Konsolidierungshilfen sowie -anstrengungen direkt und eins-zu-eins in den Abbau der Kassenkredite fließen würden. Da der Stärkungspakt allerdings zunächst auf das Erreichen eines Haushaltsausgleichs abzielt, wäre ein solches negatives Urteil unangemessen. Das Erreichen eines ausgeglichenen Haushalts bedeutet keine unmittelbare Rückführung der Kassenkredite, schon gar nicht in einem vergleichsweise kurzen Zeitfenster. Vor diesem Hintergrund ist es aus Sicht des Autors sogar im Gegenteil als ein überaus positives Signal zu bewerten, dass der Stärkungspakt Stadtfinanzen in einem relativ begrenzten Zeitraum schon zu einer *deutlich positiveren Entwicklung* der kommunalen Kassenkredite geführt hat. Insofern kann nur eine längerfristige Analyse tatsächliche Evidenz über die Quantität und Verhältnismäßigkeit des Effekts des Stärkungspakts liefern. Unter der Annahme, dass das synthetische Modell eine valide Vergleichsbasis darstellt, erscheint in der Gesamtschau auch aus einer politik-praktischen Perspektive eine positive Bewertung für den Beobachtungszeitraum allerdings durchaus angemessen.

Zieht man zur Interpretation der Ergebnisse die Mechanismen und Policy-Instrumente aus Abbildung 39 heran, ergeben sich – gerade in Abgrenzung zu den Sparkommissarmodellen – einige theoretische Implikationen, die zumindest hypothetische Erklärungsmuster bieten. Dabei scheint vor allem zu gelten, dass ohne zusätzlichen Mitteleinsatz eine Erleichterung der kommunalen Haushaltssituation *großflächig* kaum möglich ist. Die Betonung liegt dabei durchaus auf „großflächig“: In Einzelfällen mag es möglich sein, mithilfe hierarchischer oder organisatorischer Ressourcen Haushaltskorrekturen zu bewirken. Dies setzt allerdings voraus, dass die funktionale Fähigkeit zur Konsolidierung gegeben ist und lediglich der Wille bzw. die institutionelle Durchsetzungsfähigkeit fehlt. In Kommunen mit strukturell tief verwurzelten Problemlagen, führt dagegen vermutlich kein Weg am Einsatz von finanziellen Mitteln vorbei. Analog zum konzeptionellen Modell bedient der Mitteleinsatz dabei vor allem zwei zentrale theoretische Kanäle: Einerseits führt das Zuführen zusätzlicher Ressourcen schlicht zu einer Steigerung der ability, um Haushaltskorrekturen vornehmen zu können. Andererseits kann durch die konditionale Mittelvergabe die unter H.I thematisierte Interessenangleichung zwischen dem Land als dem Prinzipal und der Kommune als dem Agent herbeigeführt werden. Dies folgt einer klassischen Argumentation des Prinzipal-Agenten-Ansatzes, die besagt, dass die Angleichung von Interessen durch „Belohnungen" für *beide* Seiten und gemeinsam definierte Ziele für die Auflösung von Agenturproblemen erfolgversprechend sind (Eisenhardt 1989, S. 60).

Nimmt man also den Einsatz finanzieller Mittel als maßgeblichen Faktor für den Erfolg des Stärkungspakts an, ergibt sich für die beiden anderen Policy-Ressourcen, Hierarchie und Organisation, eine deutlich stärker *komplementäre* Rolle. In Abschnitt D.IV und speziell in Abbildung 9 wurde in Anlehnung an die Policy-Instrumenten-Literatur unter anderem herausgearbeitet, unter welchen Bedingungen der Einsatz finanzieller Mittel erfolgversprechend ist. Eine wichtige Rolle nimmt dabei die Klarheit der Bedingungen für die Mittelgewährung ein. Darüber hinaus betont Eisenhardt (1989, S. 60) die Wichtigkeit der Outcome-Fokussierung bei gelingenden Vertragsgestaltungen zwischen Prinzipal und Agent. Durch die verstärkte Kontrolle der Kommunalhaushalte sowie die Definition von Zielen und Sanktionen im Rahmen des Stärkungspakts, die mithilfe hierarchischer und organisatorischer Maßnahmen die Umsetzung der Vorgaben aus dem Stärkungspaktgesetz sicherstellen, wird der Einsatz von finanziellen Mitteln flankiert; dadurch werden letztlich die Bedingungen für einen Erfolg des Instruments hergestellt. Diese komplementäre Funktion, die auf der Basis der hier gewonnenen empirischen Ergebnisse erfolgreich zu sein scheint, untermauert die Bedeutung einer gesunden *Mischung* von Policy-Instrumenten (Howlett, Kim und Weaver 2006). Angesichts der differenzierten und komplexen Problemlagen kommunaler Haushalte sind Ansätze, die sich auf einen breiten Mix mehrerer Steuerungsressourcen verlassen, besser in der Lage, intendierte Effekte herbeizuführen. Womöglich ist das im Vergleich „unterkomplexere" Instrument des Sparkommissars im Gegensatz zum instrumentell breit gefächerten Stärkungspakt nicht differenziert genug, um eine breite Wirkung bei kommunaler Verschuldung zu zeitigen.

Diese Interpretationsansätze müssen allerdings aufgrund des quantitativen Charakters und der Outcome-Fokussierung als spekulativ eingestuft werden. Analog zu den Ergebnissen der Sparkommissare müsste künftige Forschung auf der Basis von detaillierten Fallstudien zusätzliche Evidenz zu den tatsächlichen Wirkungen der verschiedenen am Programm beteiligten Mechanismen liefern. Ansätze dazu könnten neben der Berücksichtigung der Erfahrungen relevanter Akteure auch eine Prüfung der konkreten Mittelflüsse innerhalb der Kommunalhaushalte sein, um vor allem auch Aufschluss über die Verwendung von Mitteln aus dem Stärkungspakt und deren Konsequenzen für die Verschuldung zu erlangen. Schließlich bleibt die für künftige Forschung omnipräsente Notwendigkeit der Evaluation von Langzeiteffekten nach wie vor offen.

In Ergänzung zur Darstellung der Verdienste des synthetischen Matching bei der Analyse der Sparkommissare in Abschnitt G.VI sei hier nochmals auf die deutlich gewordenen positiven Eigenschaften bei der Analyse des Stärkungspakt Stadtfinanzen verwiesen. Dabei sticht sicherlich am stärksten ins Auge, dass die Analyse der Faktorladungen in Abbildung 44 in erheblichem Maße dazu beigetragen hat, die Ergebnisse der GSCM-Analyse kritisch zu hinterfragen. Damit konnte verhindert werden, dass es trotz einer auf den ersten Blick guten Balance in der Vor-Treatmentperiode zur falschen Schlussfolgerung gekommen ist, dass der Stärkungspakt die Verschuldungssituation sogar noch verschlimmert hat. Damit handelt es sich um ein eindrucksvolles Beispiel dafür, wie schwerwiegend die substantiellen Konsequenzen einer mangelnden Diagnostik bei der Interpretation der Ergebnisse quantitativer Analysen sein können. Außerdem illustriert dieses Beispiel das hohe Maß an Transparenz, das bei der Analyse mithilfe des synthetischen Matching bereitgestellt werden kann. Schließlich gilt auch für diesen Fall, dass das Einnehmen einer kontrafaktischen Perspektive mithilfe der synthetischen Vergleichsfälle einen unverzichtbaren Bestandteil einer Evaluation darstellt. Der weiterhin steigende Schuldenverlauf nach dem Einsetzen des Programms könnte ohne Vergleichsperspektive zu einer fehlerhaften Bewertung des Programmerfolgs hinsichtlich der Präsenz, aber auch der Quantität des Effekts führen.

## I. Freiwillige kommunale Schuldenbremsen

Der Begriff der Schuldenbremse ist in der öffentlichen Debatte der letzten Jahre in Deutschland omnipräsent. Nach dem Beschluss einer Schuldenbremse im Grundgesetzartikel 109 für Bund und Länder im Jahr 2009 sollte die Schuldenbremse offiziell ab dem Jahr 2011 gelten, allerdings mit Übergangsfristen bis 2016 für den Bund und bis Ende 2019 für die Länder (Deutsche Bundesbank 2011, S. 16-18). Die Schuldenbremse wurde dabei wissenschaftlich intensiv und teils auch kontrovers diskutiert (u.a. Heinemann u. a. 2016; Potrafke, Riem und Schinke 2016; Feld 2010), auch unter dem Aspekt einer potentiellen Vorbildfunktion im Euroraum (Janeba 2012). Die kommunale Ebene wird in diesem Kontext meist nur insofern tangiert, als die Einhaltung der Schuldenbremsen durch die Länder mit der Befürchtung einhergeht, dass die Bundesländer die verpflichtende Schuldenregel auf dem Rücken der Kommunen austragen könnten (Schwarting 2015a; Sidki 2011, S. 684-685). Bei dieser Perspektive wird allerdings weitgehend vernachlässigt, dass in einigen Fällen Kommunen sich selbsttätig Schuldenbremsen verordnet haben und sich damit freiwillig einem über das kommunale Haushaltsrecht hinausgehenden Regime unterworfen haben.

Im Grundsatz haben alle Kommunen in Deutschland die Möglichkeit, Satzungen zu erlassen. So wurden, wie in Abschnitt C.II bereits dargelegt, entweder kommunale Hauptsatzungen um Regeln zur Schuldenaufnahme ergänzt oder dazu spezifische Nachhaltigkeitssatzungen beschlossen. In Abhängigkeit davon, ob die Schuldenbremse einen eher kameralen oder doppischen Charakter hat, existieren zwei Generationen von Schuldenbremsen. In den Satzungen der ersten Generation wird die Aufnahme von Schulden verboten oder zumindest beschränkt. Die Stadt Jena formuliert bspw. in ihrer Hauptsatzung unter § 6a (Stadt Jena 2019):

> „Die Stadt Jena und ihre Eigenbetriebe nehmen keine weiteren Verbindlichkeiten gegenüber Kreditinstituten auf. Ausgenommen von diesem Neuverschuldungsverbot sind Kreditaufnahmen im Rahmen von Umschuldungen, Kreditaufnahmen zur Finanzierung gewerblicher Investitionen sowie Kassenkredite zur Aufrechterhaltung der Liquidität."

Der Landkreis Teltow-Fläming Brandenburg geht dabei noch einen Schritt weiter und erklärt in seiner Nachhaltigkeitssatzung unter § 3 und 4 Kredite für Investitionen für unzulässig und erlaubt Kassenkredite nur zur Liquiditätsdeckung (Landkreis Teltow-Fläming 2014). In den Schuldenbremsen der zweiten Generation mit stärker doppischem Charakter steht im Gegensatz dazu der Ausgleich des Ergebnishaushalts durch eine Balance von ordentlichen Erträgen und Aufwendungen im Vordergrund. Abgesichert ist dieser Ausgleich durch einen sogenannten *Generationenbeitrag*: „Der Generationenbeitrag ist ein Aufschlag auf den Hebesatz der Grundsteuer B (in einzelnen Fällen auch zusätzlich der Grundsteuer A), der jedes Jahr genau die Höhe annimmt, die zum Erreichen des Ergebnisausgleichs benötigt wird" (Burth 2015). Sollte eine Kommune in ihrer Planung nicht in der Lage sein, durch Konsolidierungsanstrengungen den Ausgleich in der Ergebnisrechnung herzustellen, greift eine automatische Hebesatzanpassung. Beispielhaft seien an dieser Stelle Teile der Nachhaltigkeitssatzung der Stadt Ingelheim am Rhein in Rheinland-Pfalz (Stadt Ingelheim am Rhein 2015) dargestellt:

> „§ 2 Nachhaltige Haushaltswirtschaft: (1) Das Ziel eines generationengerechten Haushalts gilt als erreicht, wenn a) in der Planung und in der Rechnung das ordentliche Ergebnis (Position 24 des Ergebnishaushalts) mindestens ausgeglichen ist und b) in der Planung und der Rechnung im Finanzhaushalt ein Ergebnis erzielt wird, das auch unter Inanspruchnahme der liquiden Mittel sicherstellt, dass mindestens die vom Rat festgelegte Mindestliquiditätsreserve erhalten bleibt.
>
> (...)
>
> § 7 Generationenbeitrag als Ultima Ratio: (1) Wenn und soweit die in § 2 dieser Satzung festgeschriebenen Ziele nicht erreicht werden, erhebt die Stadt einen Generationenbeitrag. Der Generationenbeitrag ist jährlich mit der Haushaltssatzung neu anzupassen.(2) Der Generationenbeitrag wird über den Hebesatz der Grundsteuer B erhoben. (3) Die Erhöhung des Hebesatzes erfolgt, wenn a) durch Aufgabenkritik und Aufwandsreduzierung und b) nach Ausschöpfen anderer Einnahmemöglichkeiten unter Beachtung der Vorgaben in § 94 Abs. 2 der Gemeindeordnung Rheinland-Pfalz der Haushaltsausgleich nicht herzustellen und die Mindestliquiditätsreserve nicht zu sichern ist (Ultima Ratio)."

Der Generationenbeitrag soll dabei in erster Linie einen politischen Anreiz setzen, um Konsolidierungsziele ohne – bei den Wählern unbeliebte – Steuererhöhungen zu erreichen (Keilmann, Burth und Gnädinger 2016, S. 428-433; Burth 2015).

Zum Zeitpunkt 2016 konnten für Deutschland insgesamt 19 Schuldenbremsen beiderlei Typen identifiziert werden (Burth 2016). Zwar besteht keine deutschlandweite Evidenz darüber, ob in den letzten Jahren weitere dazugekommen sind, dies ist allerdings vor dem Hintergrund, dass eine gewisse Effektspanne für die empirische Analyse notwendig ist, auch nicht von primärer Bedeutung.

Die Aufarbeitung dieses Instruments ist bislang von einer Form der Wirkungsevaluation weit entfernt. Burth (2013, S. 166-183) hat als erster die technischen Details einer doppischen Schuldenbremse und zumindest theoretisch die Anreizwirkungen diskutiert. Schwarting (2015a) konzentriert sich ebenfalls auf die Ausgestaltung der Satzungen zweier Kommunen in Rheinland-Pfalz und Hessen, genau wie Keilmann, Burth und Gnädinger (2016) einen Überblick über die aktuell existierenden Regelungen und am Beispiel der Stadt Taunusstein in Hessen einen Einblick in eine kommunale Nachhaltigkeitssatzung geben. Burth (2016) sammelt ebenfalls die existierenden Regelungen und kontextualisiert diese mithilfe politischer, struktureller und fiskalischer Rahmenbedingungen. Empirische Evidenz, die über bloße Wirkungs*einschätzungen* hinausgeht, existiert zum jetzigen Zeitpunkt damit für die kommunale Ebene in Deutschland nicht.

Im Kontext der internationalen Literatur sind Studien zu analogen Instrumenten ebenfalls äußerst begrenzt. Dies hängt vermutlich damit zusammen, dass bezogen auf die kommunale Ebene die meisten Regelungen nicht von den Kommunen selbst, sondern von höheren föderalen Ebenen für die Kommunen erlassen werden (Grembi, Nannicini und Troiano 2016, S. 1). Dies ist auch der Fall bei den sogenannten *tax and expenditure limits (TELs)*, die in 46 amerikanischen Bundesstaaten gelten und dafür sorgen sollen, dass Kommunen weder zu hohe Steuern erheben noch zu hohe Ausgaben tätigen (Mullins 1995, S. 1). Damit handelt es sich in Abgrenzung zu den deutschen Schuldenbremsen allerdings eher um Maßnahmen, die die „Staatstätigkeit" auf kommunaler Ebene generell begrenzen sollen. Dieses Instrument ist vergleichsweise gut untersucht, wie Stallmann u. a. (2017) in einem Überblick über den Forschungsstand feststellen. In einer aktuellen Studie finden Park, Park und Maher (2018) allerdings keinen empirischen Effekt der TELs auf die Verschuldung oder das generelle Ausgabenniveau, während Grembi, Nannicini und Troiano (2016) für die Abschaffung vergleichbarer Regeln in Italien eine Zunahme der kommunalen Defizite diagnostiziert. Die einzige dem Autor bekannte Studie, die sich mit der *freiwilligen* Begrenzung von Ausgaben und Steuersätzen auf kommunaler Ebene beschäftigt, stammt von Brooks, Halberstam und Phillips (2016), denen ebenfalls keine vergleichbare Studie bekannt ist (Brooks, Halberstam und Phillips 2016, S. 316). Allerdings steht in dieser Studie der Effekt auf die Einnahmen in den Kommunen im Fokus. Demzufolge existiert weder für den deutschen Fall eine Outcome-fokussierte Evaluation freiwilliger kommunaler Schuldenbremsen, noch scheint es empirische Erkenntnisse für vergleichbare Instrumente in der internationalen Literatur zu geben.

Die Relevanz für die Schließung dieser Lücke liegt allerdings besonders für den deutschen Fall auf der Hand. Der Nachweis der Effektivität freiwilliger kommunaler Schuldenbremsen würde eindrucksvoll zeigen, dass auch im Rahmen der kommunalen Selbstverwaltung auf Eigeninitiative hin wirksame Mittel geschaffen wurden, um der Verschuldungsproblematik zu begegnen, ohne dass das jeweilige Bundesland explizit interveniert hat. Darüber hinaus könnte man die selektive Einführung der Schuldenbremsen in einigen Kommunen auch als spannendes Pilot-Experiment auffassen. Bei einer nachhaltigen Wirkung der Regelungen im Rahmen der Schuldenbremsen ist durchaus vorstellbar, dass diese als Blaupause für eine Neufassung der Regulierung der kommunalen Haushaltswirtschaft bundes(-land)weit dienen könnten. Schließlich wird durch einen empirischen Test auch überprüft, ob es sich tatsächlich um ein klares Bekenntnis der jeweiligen Kommune zur Begrenzung der Verschuldung, oder lediglich um Symbolpolitik (Holtkamp 2016; Edelman 1985) handelt.

### *I. Wirkmechanismen und theoretische Erwartungen*

Mit der Schuldenbremse steht nun ein Instrument im Fokus, das im Gegensatz zu den Einsätzen der Sparkommissare und den Finanzhilfeprogrammen nicht auf Initiative der Kommunalaufsicht entwickelt und implementiert wurde. In diesem Fall sind die Austeritätsentscheidungen von einem „high degree of local ownership" (Overmans und Timm-Arnold 2016, S. 1046) gekennzeichnet und besitzen damit bzgl. der austerity conventions das Potential, auf die spezifischen lokalen Anforderungen abgestimmt zu sein. Der Fokus der theoretischen Analyse beteiligter Mechanismen, der in Abbildung 48 aufgegriffen wird, verschiebt sich damit beinahe gänzlich auf die lokale Ebene.

Der fehlende Eingriff der Kommunalaufsicht äußert sich auch darin, dass der lokale Entscheidungsmechanismus aus Abbildung 8 *nicht direkt extern* beeinflusst ist. Das Gefüge zwischen Prinzipal und Agent wird dementsprechend nicht grundsätzlich verändert. Das Verhältnis Kommune-Kommunalaufsicht ist dennoch in seinen Ausgangsbedingungen von dieser Struktur geprägt, da die „Beauftragung" der Kommune mit einer angemessenen Haushaltsführung eine konstante Ausgangssituation darstellt. Eine Kommune, die trotz fehlendem explizitem externem Druck eine Schuldenbremse einführt, handelt unter Umständen vorauseilend, sicherlich allerdings nicht im „luftleeren" Raum. In diesem Zusammenhang könnte man von einer Maßnahme „im

Schatten der Hierarchie“ (Scharpf 1991, S. 629) sprechen, da der Druck auf einen ausgeglichenen Haushalt und potentielle Sanktionen seitens der Kommunalaufsicht zu jeder Zeit im Raum stehen können. Allerdings wird im eigentlichen Sinn die Prinzipalposition der Kommunalaufsicht nicht gestärkt, da diese keinen Zugriff auf die Erfüllung der Schuldenbremse bspw. im Sinne von Berichtspflichten oder potentiellen Sanktionsinstrumenten besitzt. Vielmehr bindet sich die lokale Politik nicht an die Interessen des Prinzipals (bzw. wird an diese gebunden), sondern bindet sich durch ein institutionelles „Regelwerk“ selbst an ein Eigeninteresse, das mit dem des Prinzipals korrespondiert.

Trotz veränderter Initiative entstehen ohne Zweifel Rückwirkungen auf die willingness und ability der lokalen Politik. Zunächst verliert der politische Prozess durch die Einführung einer kodifizierten Regel nachhaltig an Bedeutung. Die beiden Nobelpreisgewinner Kydland und Prescott (1977) argumentieren, dass im Kontext von fiskalischer oder ökonomischer Politik regelbasierte Institutionen bessere Ergebnisse liefern, als es politische Prozesse könnten. Diese Logik steht im Grundsatz auch hinter dem Durchbrechen des sogenannten *political budget cycle* (Nordhaus 1975). Das grundsätzliche Dilemma bei Haushaltsentscheidungen besteht darin, dass Politiker einen Anreiz haben können, Defizite aufzubauen anstatt – für den Wähler spürbare – Sparmaßnahmen oder Abgabensteigerungen zu ergreifen, um ihre Wiederwahlchancen zu erhöhen. Durch Regelbindung in Form einer Schuldenbremse kann dieser Kreislauf auch auf kommunaler Ebene durchbrochen werden (Burret und Feld 2018a, S. 168). Dies gilt im Besonderen, wenn in kommunalen Räten schwierige Koalitionskonstellationen vorherrschen, die Debatten um Haushalts- oder Sparentscheidungen deutlich verkomplizieren (Bastida, Beyaert und Benito 2013, S. 117). Durch den Generationenbeitrag im Rahmen der doppischen Schuldenbremsen, der einen Automatismus einer Anhebung der Grundsteuern vorsieht, wird dieser Mechanismus noch zusätzlich verstärkt, da eine verpflichtende Steueranpassung mit hohen politischen Kosten einhergeht, welche Lokalpolitiker scheuen dürften. Genauso wie die Verabschiedung einer Schuldenbremse ein deutliches öffentliches Signal zum verantwortungsvollen Umgang mit Schulden sendet, das die Bindung an das vorgegebene Ziel verstärkt; ein Effekt den Cole, Dow und English (1995, S. 365) als „signalling“ bezeichnet haben.

Hinsichtlich der ability hat die Schuldenbremse erst einmal keinen Effekt auf die lokale Ressourcenausstattung. Mit Blick auf die Position von institutionellen Akteuren gilt analog zum Effekt, den bspw. eine Berichtspflicht im Rahmen eines Finanzhilfeprogramms entfaltet, dass kommunalen

Steuerungspolitikern, die eine stabile Haushaltspolitik verfolgen, die Arbeit erleichtert wird. Der Rückgriff auf eine durch den Rat legitimierte Satzung mit dem Ziel fiskalischer Nachhaltigkeit, die rechtliche Bindung, die dadurch erzeugt wird, sowie die potentiellen Konsequenzen des Generationenbeitrags stärken maßgeblich die Position der Steuerungspolitiker in Haushaltsverhandlungen. Auch hier gilt wie beim Stärkungspakt, dass das *blame shifting* hin zur Schuldenbremse bei Einschnitten in den kommunalen Haushalt leichter möglich ist. Neben dieser Aufwertung der Steuerungspolitiker (1) ist der action-formation mechanism der Schuldenbremsen in der Gesamtschau von (2) einer institutionellen statt einer rein politischen Zielbindung und (3) erhöhten politischen Kosten im Fall einer defizitären Haushaltspolitik geprägt.

Trotz der Tatsache, dass es nicht die Kommunalaufsicht ist, die direkt steuernd in die Kommunen eingreift, ist die Perspektive auf die Steuerungsressourcen, die zu diesen Verschiebungen im lokalen haushaltspolitischen System geführt haben, zielführend; mit dem Unterschied, dass diese Steuerung gänzlich auf der lokalen Ebene verbleibt. In erster Linie handelt es sich bei den freiwilligen kommunalen Schuldenbremsen um ein regulatives Instrument, das sich einer hierarchischen Steuerungslogik bedient. Durch die Satzung wird schlicht eine klare Vorgabe gemacht, die es bei Entscheidungen einzuhalten gilt und die in manchen Fällen konkrete Sanktionen definiert. Mit Blick auf die Rahmenbedingungen für die Wirksamkeit von Policy-Instrumenten aus Abbildung 9 zeigt sich, dass die Messbarkeit und Klarheit des Ziels – als wichtige Voraussetzungen für den Einsatz von Autorität – eindeutig gegeben sind. Haushaltsziele wie definierte Verschuldungsgrenzen oder der Ausgleich im ordentlichen Ergebnis lassen sich ohne Weiteres nachvollziehen. Darüber hinaus ist die Verfügbarkeit von Zwang gegeben, da es keine juristischen Probleme bei der Einführung und Implementation der Schuldenbremsen gibt. Die dritte Bedingung, der Konsens über die Notwendigkeit des Instrumenteneinsatzes, erweist sich bspw. bei den Einsätzen von Sparkommissaren als kritischer Knackpunkt, da vor allem die Intervention eines externen Akteurs Widerstände auf der lokalen Ebene hervorruft. Insofern dürfte für die lokalpolitischen Akteure bei einer *selbst* verabschiedeten Maßnahme ein deutlich höheres Maß an Konsens vorherrschen, wenngleich es sich im Rat natürlich um Mehrheitsentscheidungen handeln kann. Inwiefern der Konsens auch breiter gesellschaftlich seitens der Bürger getragen ist, ist verständlicherweise nicht ohne Weiteres zu beantworten. Dadurch, dass die Ratsmitglieder, die sich für eine Schuldenbremse entschieden haben, direkt gewählt sind, besteht allerdings eine deutlich stärkere Rückbindung an eine demokratische Legitimationskette, die sich im Fall eines fehlenden gesellschaftlichen Konsens in künftigen Wahlentscheidungen (Abwahl der „Schuldenbremse-Verantwortlichen") niederschlagen kann. Insofern sind die Voraussetzungen für einen Konsens eher gegeben, als dies im Fall von Sparkommissaren oder Finanzhilfeprogrammen der Fall ist.

Neben der regulativen Komponente ist in zweiter Linie auch eine informatorische und symbolische Steuerungsressource maßgeblich. Durch die Definition von klaren Haushalts- oder Verschuldungszielen wird ein zusätzlicher Fokus auf zentrale Haushaltsindikatoren gelenkt, die andernfalls womöglich nicht die gleiche Aufmerksamkeit erhalten würden. Damit wird gewissermaßen eine systematische Informationsverbreitung realisiert, die auch öffentlich Niederschlag finden dürfte. Dadurch können sicherlich auch explizit Einstellungen und Meinungen – sowohl von lokalpolitischen Akteuren als auch innerhalb der Bevölkerung – bzgl. der Notwendigkeit einer vernünftigen Haushaltsführung beeinflusst werden (*symbolic and hortatory* (Schneider und Ingram 1990)), durchaus mit einem mahnenden Charakter (*exhortation* (Linder und Peters 1989; Doern 1981)). Bezüglich der Wirksamkeit der Schuldenbremse kann so auch die informatorische Komponente einen wichtigen Zweck verfolgen. Eine *eigentlich* geteilte Interessenlage nach innen und außen zu kommunizieren, kann dazu beitragen, dem Ziel gesunder kommunaler Finanzen auch langfristig einen höheren Stellenwert beizumessen. Schließlich bieten sich informatorische und symbolische Instrumente explizit dazu an, schärfere Sanktionen im Vorfeld zu verhindern. Dies kann sich sowohl auf Instrumente, die die Kommune selbst ergreift, als auch auf Eingriffe seitens der Kommunalaufsicht beziehen.

In Abbildung 48 sind die zentralen theoretischen Mechanismen zusammengefasst. Der Fokus liegt dabei aufgrund der veränderten Initiative auf der lokalen Entscheidungsebene. Mithilfe hierarchischer und informationsbasierter/symbolischer Steuerungsressourcen wird zum einen im Bereich der institutionellen ability die Position der Steuerungspolitiker gestärkt, zum anderen schränkt die Zielbindung mithilfe kodifizierter Regeln den Spielraum im Bereich der willingness deutlich ein und erhöht die politischen Kosten für eine Abweichung von einer ausgeglichenen Haushaltspolitik maßgeblich. Um zusätzlich der Tatsache Rechnung zu tragen, dass trotz fehlendem direktem Eingriff der Aufsicht kommunale Entscheidungen sicherlich nicht ohne das Kalkül bzgl. der Rolle der staatlichen Ebene getroffen werden, sind in dieser grafischen Synthese zumindest die indirekten Wechselwirkungen berücksichtigt. Wie eingangs erwähnt, können drohende Eingriffe der Aufsicht („Schatten der Hierarchie") durchaus entscheidend beim Ergreifen eigener

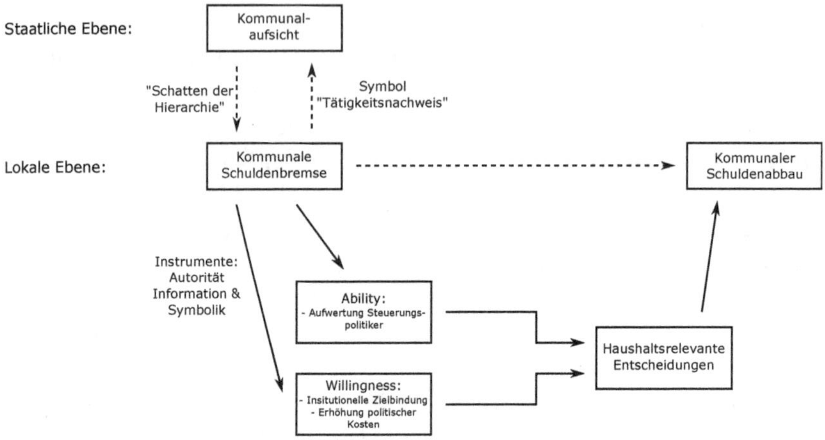


Abbildung 48: Wirkmechanismus freiwilliger kommunaler Schuldenbremsen auf lokale Haushaltsentscheidungen (Quelle: eigene Darstellung)

Maßnahmen sein, genauso wie das Einführen einer Schuldenbremse damit als eine Art Signal für einen „Tätigkeitsnachweis" fungieren kann. Für eine tiefer gehende Analyse der Genese der Schuldenbremsen mag daher die Rolle der Kommunalaufsicht ohne Zweifel wichtig sein, für eine Outcome-fokussierte Analyse der Verschuldung ist diese von untergeordneter Bedeutung und dient damit in erster Linie der Kontextualisierung.

Wenig überraschend kommt man daher auch bei einer feineren Deskription der Mechanismen der Schuldenbremsen zum Urteil, dass diese durchaus eine schuldenbegrenzende Wirkung entfalten können. Die im Fall der Sparkommissare und Finanzhilfeprogramme formulierten Bedenken der mangelnden Nachhaltigkeit der Intervention sind bei Schuldenbremsen aufgrund des langfristig angelegten Charakters des Instruments nicht zutreffend – gesetzt den Fall, dass diese nicht wieder abgeschafft werden. Nichtsdestotrotz ist bei der Beurteilung der Wirksamkeit ein kritischer Blick auf die Bedingungen und Motive bei der Einführung der Schuldenbremsen notwendig. Zu allererst stellt sich die Frage nach der tatsächlichen Problemlage der Kommunen, die eine Schuldenbremse eingeführt haben. Sollten ohnehin nur Kommunen, die keine Haushaltsprobleme aufweisen, Schuldenbremsen eingeführt haben, ist die faktische Wirkung a priori äußerst begrenzt, wenngleich sich dies in der Zukunft natürlich anders darstellen kann. Diesem Aspekt kann in der empirischen Analyse allerdings auch explizit Rechnung getragen werden.

Neben einem ausbleibenden Effekt auf die Verschuldung ist es allerdings auch möglich, dass Schuldenbremsen sogar negative Effekte auf die finanzielle Lage ausüben. Luechinger und Schaltegger (2013, S. 786) sprechen im Kontext fiskalischer Regeln dabei von „creative accounting" und „window-dressing". Gemeint ist damit, dass bindende Regeln für Kommunen Anreize setzen können, Schulden in Bereiche auszulagern, in denen diese nicht zur offiziellen Verschuldung gezählt werden (bspw. öffentliche Unternehmen). Dadurch werden Verschuldungsziele zwar womöglich pro forma erreicht, de facto allerdings entziehen sich diese Schulden in Teilen der Kontrolle und stellen damit ein künftiges Risiko dar. Genauso können Schuldenbremsen dazu führen, dass überoptimistische Haushaltsprognosen getroffen werden, die ihrerseits wiederum nicht die tatsächliche Leistungsfähigkeit einer Kommune widerspiegeln (Luechinger und Schaltegger 2013, S. 787; Hagen 2010, S. 490). Wagschal (2011, S. 358) äußert darüber hinaus die Bedenken, dass Verschuldung eine wichtige Funktion bei der Sicherstellung der öffentlichen Leistungsfähigkeit einnehmen kann und Schuldenbremsen daher die notwendige Flexibilität einschränken (wenngleich auch die langfristige Leistungsfähigkeit einer Kommune in den folgenden Analysen nicht im Zentrum stehen kann). Abschließend bildet auch die Definition von Ausnahmetatbeständen zur Abweichung von den Schuldenregeln ein mögliches Einfallstor für die Unterwanderung der Effektivität der Schuldenbremsen.

## *II. Daten*

Aufgrund der bereits unter Abschnitt G.II thematisierten Vorteile der Nutzung von Daten aus einem Bundesland bilden die Kommunen in NRW zwischen 1995 und 2018 auch die Datengrundlage für die Analyse der Schuldenbremsen. Die Konzentration auf NRW bietet dadurch, dass neun der 19 dokumentierten Schuldenbremsen dort auftreten (Hessen: 3, Rheinland-Pfalz: 2, Baden-Württemberg: 2, Brandenburg: 1, Sachsen: 1, Thüringen: 1 (Burth 2016)), die breiteste Datengrundlage. Um auch in diesem Fall simultane Treatments zu vermeiden, konzentriert sich die Analyse auf alle Kommunen in NRW, die nicht am Stärkungspakt teilgenommen haben und damit auch keinen Sparkommissareinsatz zu verzeichnen haben. Dies sind im Einzelnen Bergheim, Düsseldorf, Freudenberg, Heinsberg, Hürtgenwald, Overath, Spenge und Wülfrath. Die Stadt Dorsten fällt aus der Analyse, da diese Stärkungspaktteilnehmer ist. Damit verbleiben acht Treatment- und 327 Kontrollfälle. Im Gegensatz zu den vorangegangenen Analysen werden als zentrale abhängige Variablen sowohl die Pro-Kopf-Kassenkreditverschuldung als auch die längerfristigen Schulden (siehe Abschnitt B.I) pro Kopf berücksichtigt. Dies ist notwendig, da die Schuldenbremsen im Gegensatz zu den Sparkommissaren und dem Stärkungspakt ein längerfristiges Ziel verfolgen und nicht lediglich auf einen kurzfristigen Haushaltsausgleich abzielen. Der Blick auf beide Verschuldungsarten sollte daher ein vollständiges Bild kurz- und längerfristiger Tendenzen in den kommunalen Haushalten liefern.

### *III. Analysestrategie*

Für die verwendeten Methoden gelten die analogen Bedingungen wie in Abschnitt H.III. Auch in diesem Fall kommen jeweils die generalized synthetic control method (GSCM) sowie das trajectory balancing (TJBAL) zum Einsatz, um Vergleichseinheiten für mehrere Treatmenteinheiten simultan schätzen zu können.

### *IV. Ergebnisse*

Analog zur Analyse der Sparkommissare und des Stärkungspakts wird die GSCM durch die Prädiktoren Einwohnerzahl, Steuerkraft pro Kopf, Personalschlüssel pro Kopf sowie Einnahmen und Ausgaben pro Kopf (bereinigt um Ein- und Auszahlungen für Kredite) ergänzt, um die Präzision der Vorhersage potentiell zu steigern. Zunächst wird dabei der Blick auf die Entwicklung der Kassenkredite gerichtet. Abbildung 49 zeigt dabei, dass die GSCM einen guten Fit in der Vor-Treatmentphase herstellen kann. Genauso wird allerdings deutlich, dass nach Einsetzen der Schuldenbremsen keine große Abweichung im Verlauf der Pro-Kopf-Kassenkredite zwischen dem Durchschnitt der Treatmentfälle und den synthetischen Vergleichsfällen eingetreten ist. Dies wird durch den Blick auf die Effektkoeffizienten in Abbildung 50 zusätzlich verdeutlicht. Nach Einsetzen des Treatments weicht der Effekt kaum von der Null ab und das 95-Prozent-Konfidenzintervall ist weit davon entfernt, einen signifikanten Effekt weder in eine positive noch in eine negative Richtung zu indizieren. Auf Grundlage dieser Ergebnisse haben die Schuldenbremsen also keinen Effekt auf die Kassenkreditverschuldung ausgeübt.

Für die längerfristigen Schulden bestätigt sich der ausbleibende Effekt weitgehend. Zum Zeitpunkt des Einsetzens der Schuldenbremsen kann keinerlei Abweichung im Verlauf bzw. kein Effekt auf die Verschuldung beobachtet

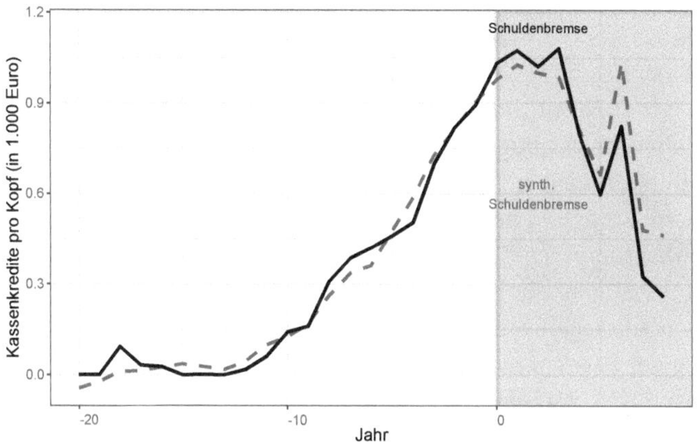


Abbildung 49: Vergleich des Verlaufs der durchschnittlichen Pro-Kopf-Kassenkredite der Kommunen mit freiwilliger Schuldenbremse und dem Durchschnitt der synthetisch gebildeten Vergleichsfälle auf der Basis der GSCM (Quelle: eigene Darstellung)

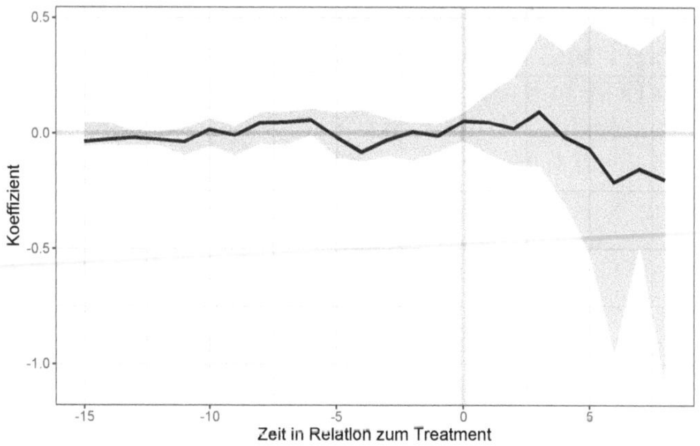


Abbildung 50: Durchschnittlicher Treatmenteffekt der freiwilligen Schuldenbremse auf die Pro-Kopf-Kassenkredite inklusive eines 95-Prozent-Konfidenzintervalls auf der Basis der GSCM (Quelle: eigene Darstellung)

werden (Abbildungen 51 und 52). Zum Ende des Beobachtungszeitraums scheint die durchschnittliche Verschuldung sogar deutlich über dem Niveau der Prognose der Vergleichsfälle zu liegen, wenngleich es sich dabei mit Blick auf das Konfidenzintervall nicht um einen signifikanten Effekt handelt. Insofern gilt auch für die längerfristigen Schulden, dass auf der Basis der GSCM kein schuldenbegrenzender Effekt nachgewiesen werden kann.

Um darüber hinaus methodische Fallstricke ausschließen zu können, wird analog zum Vorgehen beim Stärkungspakt überprüft, ob es für die Treatmentfälle common support bei den Faktorladungen gibt; ob sich also auf Basis der Schätzung der Zeittrend-Faktoren Überlappungen mit potentiellen Kontrolleinheiten ergeben. Dabei wird in Abbildung 53 deutlich, dass bei der Schätzung der Kassenkreditverschuldung Wülfrath in der Gegenüberstellung von Faktor 1 und 3 sowie 2 und 3 nicht zur konvexen Hülle der potentiellen Kontrolleinheiten zählt. Genauso stehen bei der Schätzung der längerfristigen Kredite für Düsseldorf keine geeigneten Kontrollfälle zur Verfügung (Abbildung 54). Daher werden diese beiden Fälle bei einer erneuten Schätzung ausgeschlossen, um zu validieren, ob die Ergebnisse nur aufgrund dieser beiden Ausreißer verfälscht worden sein könnten. Dies kann nicht bestätigt werden, da sich die Ergebnisse nicht von denen aus den Abbildungen 49 oder 51 unterscheiden und dementsprechend ebenfalls kein systematischer Effekt der Schuldenbremsen festgestellt werden kann. Aus diesem Grund sind die Ergebnisse an dieser Stelle auch nicht gesondert grafisch ausgewiesen.

Um Probleme mit der teils fehlenden Balance von Wülfrath und Düsseldorf in den Griff zu bekommen und die bislang gewonnenen Ergebnisse zu validieren, schließen sich direkt die Ergebnisse des TJBAL an, deren zentrale Botschaft sich schnell vermitteln lässt: Die Passform in der Vor-Treatmentphase ist sowohl für die Analyse der Kassenkredite (Abbildungen 55 und 56) als auch der längerfristigen Kredite (Abbildungen 57 und 58) äußerst gut und spricht damit für einen zulässigen Vergleich. Definitiv bestätigt hat sich bei der Analyse, dass es zu keinem nennenswerten Effekt der Schuldenbremsen weder auf die Kassenkredite noch auf die längerfristige Verschuldung gekommen ist; die durchschnittlichen Verläufe werden beinahe eins-zu-eins durch die synthetischen Vergleiche vorhergesagt.

Wie unter I.I bereits angedeutet, lohnt sich für die Einordnung der Analyseergebnisse ein Blick in die einzelnen Kommunen vor allem insofern, als manche Kommunen ggf. kaum von einem Verschuldungsproblem betroffen sein können. Dies hat verständlicherweise maßgebliche Konsequenzen für die abhängige Variable bzw. deren Varianz; Kommunen ohne nennenswerte Verschuldung haben a priori ein deutlich geringeres Potential für Verände-

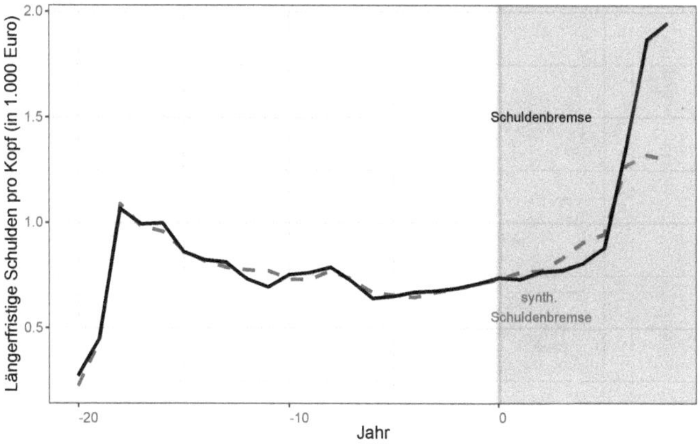


Abbildung 51: Vergleich des Verlaufs der durchschnittlichen längerfristigen Schulden pro Kopf der Kommunen mit freiwilliger Schuldenbremse und dem Durchschnitt der synthetisch gebildeten Vergleichsfälle auf der Basis der GSCM (Quelle: eigene Darstellung)

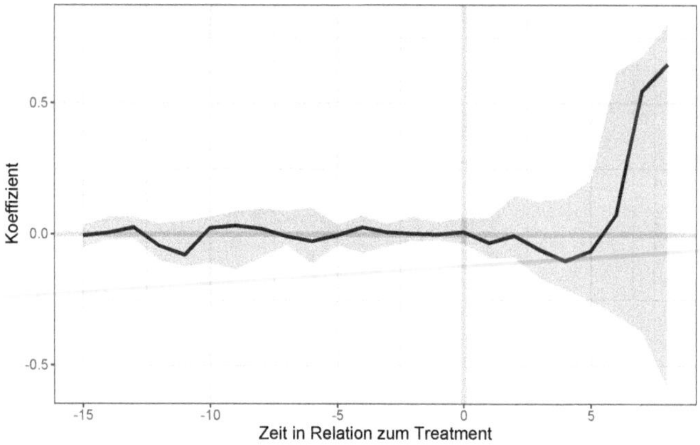


Abbildung 52: Durchschnittlicher Treatmenteffekt der freiwilligen Schuldenbremse auf die längerfristige Pro-Kopf-Verschuldung inklusive eines 95-Prozent-Konfidenzintervalls auf der Basis der GSCM (Quelle: eigene Darstellung)

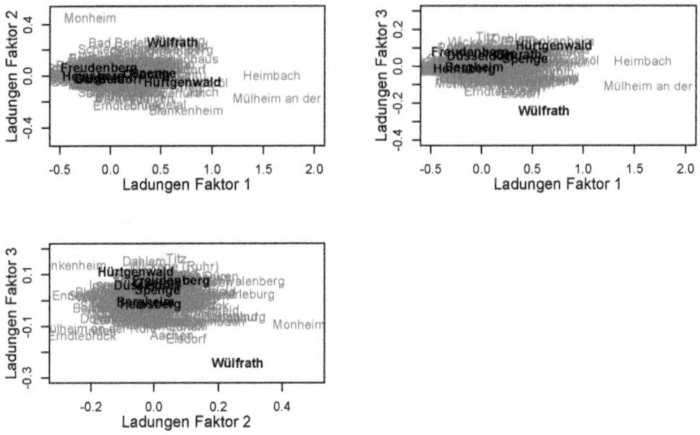


Abbildung 53: Vergleich der Faktorladungen zwischen Kommunen in der Treatment- (schwarz) und der Kontrollgruppe (grau) auf der Basis der GSCM (Kassenkredite) (Quelle: eigene Darstellung)

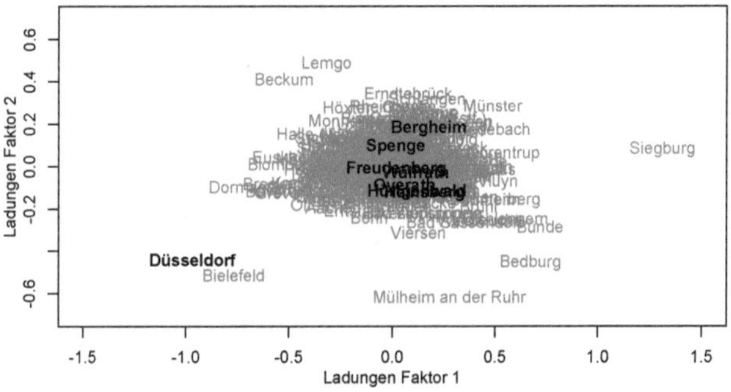


Abbildung 54: Vergleich der Faktorladungen zwischen Kommunen in der Treatment- (schwarz) und der Kontrollgruppe (grau) auf der Basis der GSCM (längerfristige Kredite) (Quelle: eigene Darstellung)

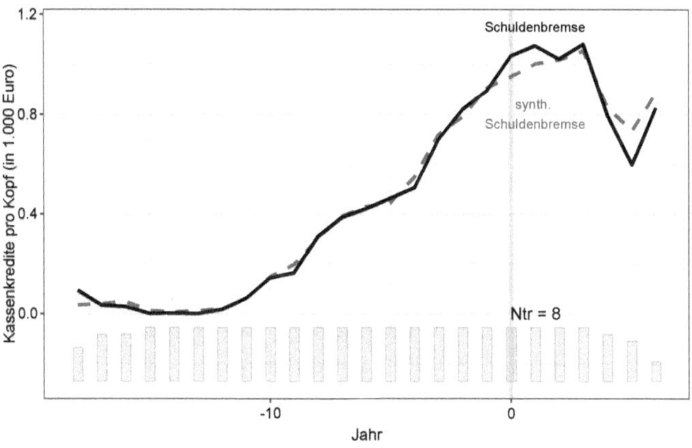


Abbildung 55: Vergleich des Verlaufs der durchschnittlichen Pro-Kopf-Kassenkredite der Kommunen mit freiwilliger Schuldenbremse und dem Durchschnitt der synthetisch gebildeten Vergleichsfälle auf der Basis des TJBAL (Quelle: eigene Darstellung)

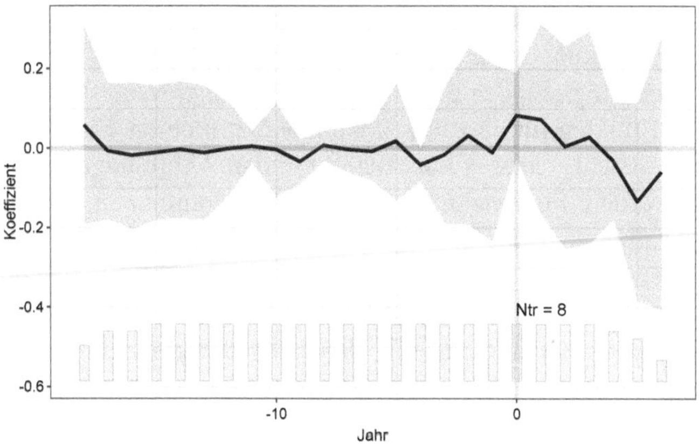


Abbildung 56: Durchschnittlicher Treatmenteffekt der freiwilligen Schuldenbremse auf die Pro-Kopf-Kassenkredite inklusive eines 95-Prozent-Konfidenzintervalls auf der Basis des TJBAL (Quelle: eigene Darstellung)

rungen in der Verschuldung, zumindest für einen Schuldenabbau. In diesen Kommunen könnte die Schätzung von Zeittrends, wie sie bspw. das TJBAL vorsieht, problembehaftet sein, da ohne ein gewisses Maß an Varianz in der Vor-Treatmentperiode wenig Information, die in die Schätzung eingehen kann, zur Verfügung steht. Diese Problematik steht im Kontrast zu den Analysen der Sparkommissare und des Stärkungspakts, da diese Instrumente per definitionem einen gewissen Problemdruck voraussetzen.

In Abbildung 59 sind die Verschuldungsdaten der acht bislang analysierten Fälle in NRW dargestellt, getrennt nach Kassen- und längerfristigen Krediten. Die Kassenkredite in Bergheim, Düsseldorf, Freudenberg und Heinsberg spielen offensichtlich eine vernachlässigbare Rolle. Die längerfristigen Kredite sind in Düsseldorf, Freudenberg und Hürtgenwald vor allem in den Jahren vor der Schuldenbremse kaum relevant. Auf Basis dieser Erkenntnis wurden vier zusätzliche Modelle gerechnet: die Analyse der Kassenkredite mit den Kommunen Hürtgenwald, Overath, Spenge und Wülfrath, jeweils mit GSCM und TJBAL; sowie die Analyse der längerfristigen Verschuldung mit den Kommunen Bergheim, Heinsberg, Overath, Spenge und Wülfrath, ebenfalls mit GSCM und TJBAL. Die Berechnungen der Modelle sowohl mit GSCM als auch mit TJBAL unterscheiden sich trotz der Einschränkung der Analysefälle lediglich marginal in ihren Durchschnitten. Substantiell zeigen die Schuldenbremsen keinen Effekt *über alle analysierten Einheiten hinweg*, weder auf die Kassenkredite noch auf die längerfristige Verschuldung.[54]

Die Einschränkung auf einige wenige Analysefälle macht es darüber hinaus allerdings möglich, den Blick weg von den durchschnittlichen Effekten hin zu den Effekten für einzelne Kommunen zu richten. Dazu muss in einem ersten Schritt – analog zur Analyse in den Abbildungen 53 und 54 – überprüft werden, für welche der analysierten Kommunen die Balance in der Vor-Treatmentperiode gut genug ist, um substantielle Interpretationen vorzunehmen. Für die Analyse der Kassenkredite sind für die Stadt Spenge und die Gemeinde Hürtgenwald die Voraussetzungen gegeben, da deren *bias ratio*, das Verhältnis zwischen den realen und vorhergesagten Werten (Tabelle 4), vergleichsweise klein ausfällt. Bei der differenzierten Betrachtung der Kassenkredite in Abbildung 60 lässt sich entgegen der Betrachtung über alle Kommunen hinweg konstatieren, dass die Kassenkredite nach Einsetzen der Schuldenbremse im Vergleich zum jeweiligen synthetischen Vergleichsfall *höher* liegen. Für Spenge liegt die Differenz bei 447 Euro, für Hürtgenwald bei 450 Euro der Pro-Kopf-Kassenkreditverschuldung zum Ende des

54 Daher sind auch in diesem Fall die Ergebnisse nicht gesondert aufgeführt.

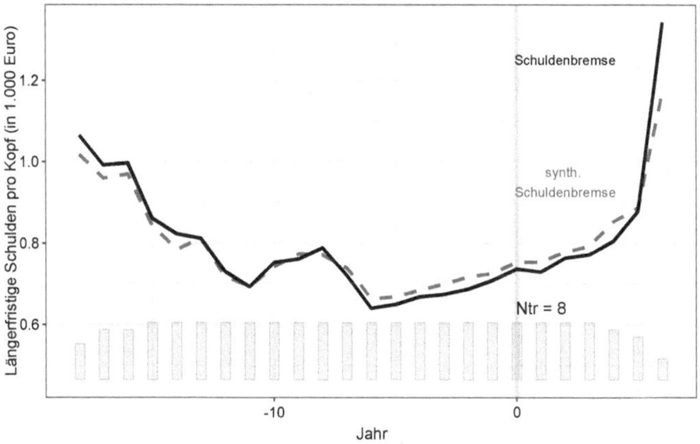


Abbildung 57: Vergleich des Verlaufs der durchschnittlichen längerfristigen Schulden pro Kopf der Kommunen mit freiwilliger Schuldenbremse und dem Durchschnitt der synthetisch gebildeten Vergleichsfälle auf der Basis des TJBAL (Quelle: eigene Darstellung)

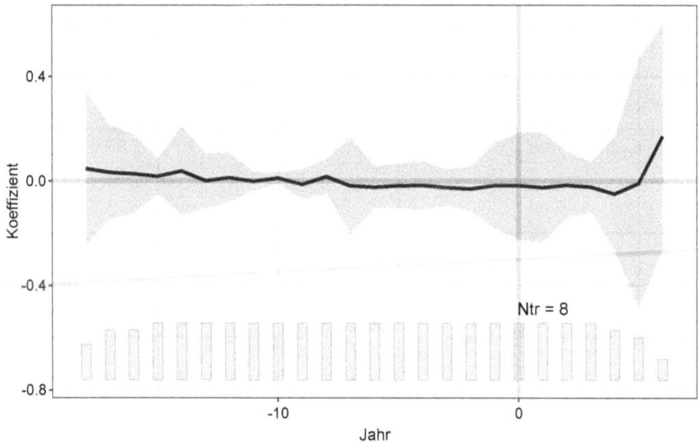


Abbildung 58: Durchschnittlicher Treatmenteffekt der freiwilligen Schuldenbremse auf die längerfristige Pro-Kopf-Verschuldung inklusive eines 95-Prozent-Konfidenzintervalls auf der Basis des TJBAL (Quelle: eigene Darstellung)

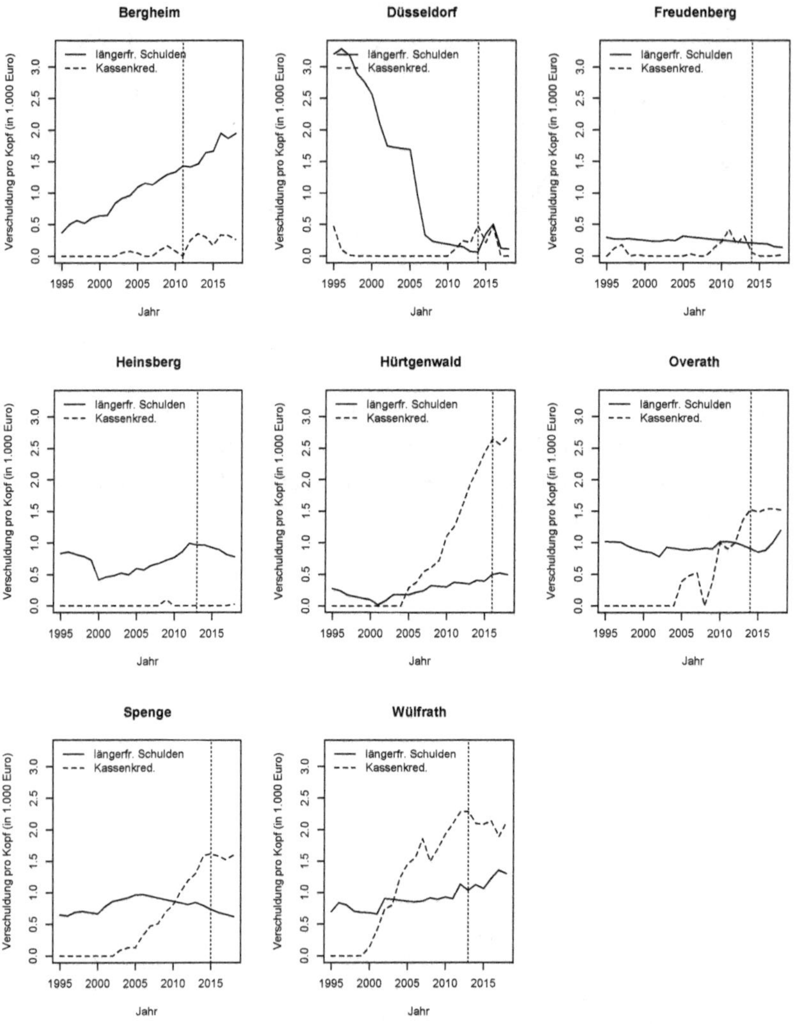


Abbildung 59: Verlauf der längerfristigen Kredite und der Kassenkredite pro Kopf in den Kommunen mit freiwilliger Schuldenbremse (Quelle: eigene Darstellung)

Tabelle 4: Bias ratio zur Beurteilung der Balance in der Vor-Treatmentperiode (Quelle: eigene Darstellung)

| | **Bias ratio** | |
|---|---|---|
| | *Kassenkredite* | *längerfr. Kredite* |
| Bergheim | – | 0,12 |
| Heinsberg | – | < 0,00 |
| Hürtgenwald | 0,10 | – |
| Overath | 0,48 | < 0,00 |
| Spenge | 0,09 | < 0,00 |
| Wülfrath | 0,43 | < 0,00 |

Beobachtungszeitraums im Jahr 2018. Damit scheint es in diesen beiden Fällen überraschenderweise zu negativen Auswirkungen der Schuldenbremsen gekommen zu sein, wenngleich man bei einer vergleichsweise kurzen Zeitspanne nach der Einführung sicherlich noch kein abschließendes Urteil fällen kann.

Ein analoges Vorgehen wurde für die längerfristige Verschuldung gewählt. Dabei ist die bias ratio für alle analysierten Fälle akzeptabel (Tabelle 4). Einschränkend muss von vornherein festgehalten werden, dass sich mit TJBAL die Schätzungen für die beiden Kommunen Heinsberg und Wülfrath leider nicht trennen lassen, da diese die Schuldenbremse im gleichen Jahr eingeführt haben. Dabei handelt es sich um eine technische Unzulänglichkeit, die – wie sich zeigen wird – allerdings keine gravierenden Auswirkungen auf die Interpretation der Ergebnisse hat. In Abbildung 61 offenbart die Analyse einzelner Fälle einige neue Erkenntnisse, die ohne eine solche Differenzierung unentdeckt geblieben wären. Für die Stadt Bergheim ist ab dem Zeitpunkt der Verabschiedung der Schuldenbremse keine Änderung der ohnehin steigenden Tendenz der längerfristigen Kredite zu beobachten, obwohl die Rahmenbedingungen, die durch den synthetischen Vergleichsfall berücksichtigt werden, eine Stabilisierung auf einem niedrigeren Niveau erwarten lassen. Allerdings handelt es sich bei Bergheim um einen Sonderfall: Die 2011 beschlossene Schuldenbremse hätte erst zum Jahr 2016 greifen sollen und wurde darüber hinaus 2016 vom Rat der Stadt zurückgenommen (Fratz 2016). Damit ist die Interpretation für Bergheim hinfällig geworden; eine Tatsache, auf die die Einzelfallanalyse einen wertvollen Hinweis geliefert hat. Im Durchschnitt der Gemeinden Heinsberg und Wülfrath hat sich dagegen gezeigt, dass sich die Verschuldung auf einem etwas niedrigeren Niveau stabilisiert hat, als

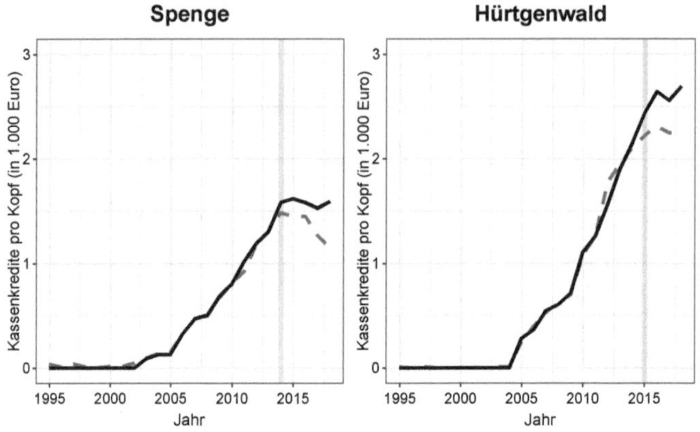


Abbildung 60: Vergleich des Verlaufs der durchschnittlichen Kassenkredite pro Kopf in Spenge und Hürtgenwald auf der Basis des TJBAL (Quelle: eigene Darstellung)

es das TJBAL prognostiziert hat. Dies hat dazu geführt, dass im Jahr 2018 im Durchschnitt der beiden Kommunen die Pro-Kopf-Verschuldung um 103 Euro niedriger liegt, als es ohne die Schuldenbremse der Fall gewesen wäre. Für die Stadt Overath zeigt sich ein interessantes Ergebnis. Nach Einführung offenbart sich zunächst eine sinkende Verschuldung, die sich auf eine Differenz von 116 Euro im Jahr 2016 beläuft, bevor die Verschuldung wieder steigt und im Vergleich zum synthetischen Vergleichsfall um 204 Euro im Jahr 2018 höher liegt. Damit kann auf der Basis der hier vorliegenden Daten zunächst kein positives Fazit der Schuldenbremse gezogen werden. In der Stadt Spenge hat die Einführung der Schuldenbremse dagegen zu einem nachhaltigen Rückgang der längerfristigen Verschuldung geführt mit einer Differenz von 265 Euro pro Kopf im Jahr 2018.

## *V. Ergebnisdiskussion und Fazit*

Die Ergebnisse der Analysen der freiwilligen kommunalen Schuldenbremsen zeichnen ein mehrteiliges Bild. Die Analysen über alle Fälle in NRW hinweg haben weder mit der GSCM noch mit dem TJBAL einen Effekt auf die Kassenkredite oder die längerfristige Verschuldung gezeigt. Die erste zentrale Botschaft lautet daher, dass es *keinen konsistenten übergreifenden Effekt*

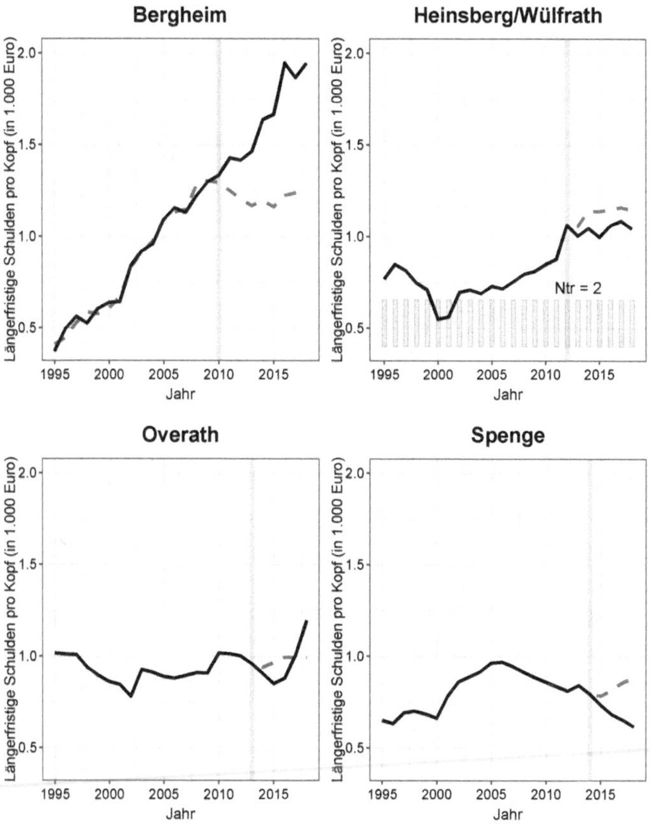


Abbildung 61: Vergleich des Verlaufs der längerfristigen Kredite pro Kopf in Bergheim, Heinsberg/Wülfrath, Overath und Spenge auf der Basis des TJBAL (Quelle: eigene Darstellung)

gibt, wenngleich damit noch keine Aussage über Ursachen und Hintergründe getroffen wird. Besonders die Tatsache, dass der funktionale Problemdruck eine maßgebliche Rolle bei der Beurteilung der Wirksamkeit spielt, hat in einem nächsten Schritt eine Differenzierung und Eingrenzung der Analysefälle notwendig gemacht. Dadurch kann das bisherige Ergebnis deutlich relativiert werden. Bei den Pro-Kopf-Kassenkrediten hat sich unter Berücksichtigung einer guten Balance für die beiden Kommunen Hürtgenwald und Spenge gezeigt, dass die reale Kassenkreditentwicklung nicht dem prognostizierten Rückgang gefolgt ist. Bei der Eingrenzung der Fälle für die Schätzung der längerfristigen Kredite haben die Schuldenbremsen in Heinsberg, Wülfrath und Spenge den erwarteten positiven Effekt gezeigt, während sich in Overath ein zunächst positiver Trend bis zum Ende des Beobachtungszeitraums nicht bestätigen konnte. Der gänzlich ausbleibende positive Effekt in Bergheim lässt sich durch die politische Entscheidung, die Schuldenbremse gar nicht erst in Kraft treten zu lassen, begründen, wenngleich dies keinerlei Hinweise darauf liefert, wieso die Verschuldung sich nicht nur nicht besser, sondern deutlich negativer entwickelt hat.

Die Interpretation ist aufgrund der Unterschiedlichkeit der Ergebnisse zugegebenermaßen komplex, in Teilen sicherlich spekulativ und stark vom Einzelfallcharakter der Kommunen abhängig. Nichtsdestotrotz liefern die Satzungen der betroffenen Kommunen teilweise eine wertvolle funktionale Perspektive auf die Einordnung der Ergebnisse. Bzgl. der Verläufe der Kassenkredite, die in den beiden analysierten Kommunen nicht den erwarteten Abwärtstrend zeigen, lässt sich für Hürtgenwald eine einfache Erklärung liefern: Die Nachhaltigkeitssatzung in Hürtgenwald sieht unter § 1 erst für den Gesamtfinanzplan 2018 keine Nettoneuverschuldung und ab 2019 keinen Fehlbedarf im Gesamtergebnisplan mehr vor (Gemeinde Hürtgenwald 2016). Insofern ist ein verzögerter Effekt, der nicht mehr innerhalb des Beobachtungszeitraums liegt, wahrscheinlich. In der Stadt Spenge trat die Schuldenbremse dagegen unmittelbar in Kraft, da im Haushaltsplan für 2015 bereits Konsolidierungsbeiträge für die Grundsteuern A und B festgelegt sind (Stadt Spenge 2014, S. 7). Einschränkend festhalten muss man allerdings – dies gilt für alle Schuldenbremsen –, dass eine Schuldenbremse keine *hinreichende* Bedingung für ein volles Ausschöpfen des Konsolidierungspotentials bedeutet. Deutlich wird dies an Abbildung 60: Spenge stabilisiert ganz offensichtlich seine Kassenkreditverschuldung und geht damit konform mit der Schuldenbremse, auch wenn das synthetische Modell angesichts der Gesamtentwicklung einen Abbau selbst ohne die Schuldenbremse prognostiziert hat. Damit bleibt Spenge – unter Annahme der Richtigkeit des geschätzten Modells – hinter seinen Möglichkeiten zurück.

Bei den längerfristigen Krediten hat sich im Großen und Ganzen ein anderes Bild gezeigt, da sich bis auf in Overath die erwarteten positiven Effekte bestätigen. Auch die Stadt Overath vollzieht allerdings ihre Nachhaltigkeitssatzung dahingehend, dass „[e]ntsprechend der Nachhaltigkeitssatzung der Stadt Overath (...) das Haushaltsjahr 2016 in der Finanzrechnung mit dem Saldo = 0“ schließt (Stadt Overath 2016, S. 49). Daneben erhebt die Stadt bereits seit Beginn der Schuldenbremse einen Generationenbeitrag in Höhe von 284 Prozentpunkten im Jahr 2016 vom gesamten Hebesatz der Grundsteuer B von 850 Punkten (Stadt Overath 2016, S. 9). Die Begrenzung der Neuverschuldung auf die jährlich geleistete Tilgung (keine Nettoneuverschuldung) ist allerdings nicht gegeben, da für den Zeitraum 2016 bis 2018 die Höhe der Tilgung nicht mindestens der Kreditaufnahme entspricht (Stadt Overath 2017, S. 33). Wie genau die Hintergründe dieser Abweichung aussehen, konnte vom Autor aufgrund der zur Verfügung stehenden Dokumente nicht nachvollzogen werden; der genaue Mechanismus liegt auch nicht im Zentrum der Analyse. Tatsache ist allerdings, dass alle Satzungen Ausnahmetatbestände definieren, in denen von den Verschuldungszielen abgewichen werden kann, wenn sogenannte *extreme Haushaltslagen* vorliegen. In welchen Fällen genau dies der Fall ist, ist in den Details der Satzungen unterschiedlich geregelt. In § 1 Abs. 2 der Nachhaltigkeitssatzung der Stadt Heinsberg (Stadt Heinsberg 2013) liegt eine solche extreme Haushaltslage bspw.

> „nur dann vor, wenn die ordentlichen Erträge des betroffenen Haushaltsjahres im Vergleich zum Vorjahr um mehr als 10 v. H. sinken oder die ordentlichen Aufwendungen des betroffenen Haushaltsjahres im Vergleich zum Vorjahr um mehr als 10 v. H. steigen. Ferner liegt eine extreme Haushaltslage nur dann vor, wenn die Ertragsrückgänge und / oder die Aufwandssteigerungen durch externe Ursachen herrühren, die von der Stadt Heinsberg nicht zu vertreten sind und auch nicht durch anderweitige Maßnahmen kompensiert werden können.“

In dieser Regelung ist vor allem das Wort *nur* maßgeblich, da die Satzungen anderer Kommunen zwar ebenfalls vergleichbare Tatbestände für extreme Haushaltslagen definieren, die sich auf übermäßigen Einnahmenausfall, Ausgabensteigerung oder unvorhergesehene Ereignisse beziehen, diese Bedingungen allerdings mit dem Begriff *insbesondere* definieren und darüber hinaus schlicht die Entscheidung des Rats maßgeblich für die Beurteilung einer Situation als extrem ist, wie in § 3 der Nachhaltigkeitssatzung der Stadt Overath (Stadt Overath 2019):

> „(2) Eine extreme Haushaltslage liegt insbesondere vor, wenn 1. die ordentlichen Erträge des betroffenen Haushaltsjahres im Vergleich zum Vorjahr um mehr als 5 % sinken oder 2. die ordentlichen Aufwendungen im Vergleich zum Vorjahr um mehr als 5 % steigen und 3. diese Ertragsrückgänge bzw. die Aufwandssteigerungen aus externen Ursachen herrühren, die von der Stadt Overath nicht zu vertreten sind.
> (3) Über das Vorliegen einer extremen Haushaltslage entscheidet der Rat."

Damit wird dem Rat ein erweiterter Spielraum zur Definition der Ausnahmetatbestände eingeräumt, die die Stadt Wülfrath in § 2 Abs. 2 (Stadt Wülfrath 2013) nochmals weiter gefasst hat:

> „Eine Abweichung von Absatz 1 kann auch dann vom Rat genehmigt werden, wenn die Durchführung einer kreditfinanzierten Investition der Stadt wirtschaftliche Vorteile bringt."

Insofern ist durchaus davon auszugehen, dass ein Teil der Varianz in der Wirksamkeit der Schuldenbremsen zumindest potentiell durch die Formulierung von Ausnahmetatbeständen erklärt werden kann. Allerdings kann unter Berücksichtigung der empirischen Ergebnisse kein eindeutiges Muster dahingehend identifiziert werden, dass sich die Verschuldungsergebnisse der Kommunen genau analog zur Strenge der Satzungen gruppieren. Daher scheinen die jeweiligen Rahmenbedingungen und die tatsächlichen politischen Entscheidungen vor Ort maßgeblich zu sein.

Diese funktional inspirierten Erklärungen liefern durchaus Implikationen für die Bewertung der theoretischen Mechanismen der Schuldenbremsen aus Abbildung 48, wenngleich der Einzelfallcharakter hochgradig relevant ist und dementsprechend *verallgemeinerbare* theoretische Rückschlüsse kaum möglich sind. Der nicht existierende *übergreifende* Effekt der Schuldenbremsen und die Diversität der Ergebnisse deuten allerdings darauf hin, dass die Regelbindung nach wie vor – möglicherweise zu viel – Raum für Abweichungen von diesem im Kern regulativen Instrument zulässt. Die institutionelle Zielbindung, die durch die Schuldenbremsen etabliert wird, ist durch die Ausnahmetatbestände und die Entscheidungen des Rats immer noch stark im politischen Prozess verankert und besitzt nicht die von Kydland und Prescott (1977) intendierte Ablösung politischer Prozesse zugunsten institutioneller Regeln. Inwiefern die angesprochenen politischen Kosten des Abweichens von der Schuldenbremse hoch genug sind, kann auf der Basis des vorliegenden Zeitraums nur schwer beantwortet werden. Ob die Bürger in Wahlen die Nicht-Einhaltung der Schuldenbremse sowie die daraus teilweise entstehenden Generationenbeiträge ins Kalkül ziehen und damit Druck auf die politischen Akteure ausüben, lässt sich verständlicherweise erst nach mindestens einer erfolgten Wahl ableiten.[55] Darüber hinaus ist es auch denkbar, dass die Bürger eine Abweichung von der Schuldenbremse goutieren, bspw. wenn es um eine Investition für ein prestigeträchtiges Projekt geht. So oder so handelt es sich bei der Beeinflussung der lokalen politischen Entscheidungen um sehr langfristige Prozesse, die eine tiefer gehende Bewertung der kommunalen Schuldenbremsen auf einen späteren Zeitpunkt verschieben müssen.

In der Gesamtschau der theoretischen Einordnung der empirischen Ergebnisse gilt für die Schuldenbremse analog zu den Einsätzen der Sparkommissare, dass die Mechanismen nur durch qualitative Analysen der einzelnen Fälle geklärt werden können. Maßgeblich dürfte dabei vor allem sein, ob es sich in der Kommune um ein echtes politisches Bekenntnis zur Konsolidierungspolitik handelt oder lediglich um eine Form der Symbolpolitik, die nicht primär auf die Erreichung definierter Ziele ausgerichtet ist, sondern Wähler oder andere Stakeholder „beruhigen" soll (Edelman 1985); wenngleich diese Strategie aus Sicht der Kommunen – gerade mit Blick auf die Kommunalaufsicht als wichtigen Stakeholder – durchaus individuell-zweckrational sein kann.

Da die empirische Klarstellung der spezifischen Bedingungen und Wirkungsmechanismen in den Kommunen hier zunächst offen bleiben muss und die Illustration des Umgangs mit synthetischen Matchingverfahren den Schwerpunkt des gesamten Forschungsansatzes bildet, richtet sich der Blick im Folgenden stärker auf die gewonnenen methodischen Implikationen. Dabei drängt sich im Fall der Schuldenbremsen vor allem der Aspekt der Differenzierung der Ergebnisse für die Treatmentfälle auf. Dadurch, dass das Treatment ganz offensichtlich unterschiedlich wirkt, aggregieren die durchschnittlichen Ergebnisse die gegenseitige Überlagerung gegenläufiger, aber dennoch existierender Effekte; der Durchschnitt einer Kommune A mit einem positiven Effekt und einer Kommune B mit gleich starkem negativen Effekt offenbart einen Null-Effekt, der gewissermaßen zwei relevante Einzeleffekte „verschleiert". Damit sei nicht gesagt, dass dies einen analytischen „Fehler" darstellt. Bei allen large-n Studien ist genau die Frage, ob sich ein Effekt im Durchschnitt über mehrere Analyseeinheiten bestätigt, die maßgebliche Bewertungsrichtlinie.[56] Entscheidender ist die Frage, welches Erkenntnisziel verfolgt wird und wie die darauffolgende Interpretation erfolgt. Für den

55 Die letzten Kommunalwahlen in NRW fanden 2014 statt und die nächsten sind für den Herbst 2020 angesetzt.

56 Ein gleichlaufender Effekt in einer gewissen Stärke über eine größere Anzahl an Analyseeinheiten hinweg ist letztlich die Definition statistischer Signifikanz.

vorliegenden Fall hat die Differenzierung die zwei an sich bedeutsamen Erkenntnisse zutage gebracht, dass einerseits ein übergreifender gleichlaufender Effekt der Schuldenbremse sich nicht bestätigt und andererseits die Schuldenbremse in manchen Kommunen dennoch wirksam ist, in anderen wiederum nicht. Diese wertvolle Erkenntnis ist der Eigenschaft des synthetischen Matching zu verdanken, überhaupt sinnvoll interpretierbare Ergebnisse für einzelne Fälle zu liefern; eine Möglichkeit, die in konventionellen large-n Verfahren nicht zur Verfügung steht. Eine solche Differenzierung kann daher den Blick auf die Frage eröffnen, ob das jeweilige Treatment überhaupt ein konstantes gleichförmiges Phänomen darstellt und in allen Fällen gleich wirkt bzw. wirken kann – in dieser Analyse beispielhaft verdeutlicht am Verschuldungsproblemdruck.

Weiterhin hat sich auch im Fall der Schuldenbremsen die Wichtigkeit des sorgsamen Umgangs mit den Methoden des synthetischen Matching bewahrheitet. Die Analyse der Balance hat sich dabei erneut als essentiell erwiesen, da dadurch einerseits nachgewiesen werden konnte, dass bei der GSCM für jeweils eine Kommune kein vernünftiger Vergleichsfall zur Verfügung stand und andererseits bei der Analyse für einzelne Kommunen mit TJBAL tatsächlich auch nur die Kommunen betrachtet wurden, für die ein Vergleich sinnvoll ist. Insofern gilt auch für diese Analyse die Maxime, den Ergebnissen nicht einfach „blind zu folgen", um die Glaubwürdigkeit der Ergebnisse möglichst abzusichern. Schließlich hat sich einmal mehr die kontrafaktische Perspektive als äußerst nützlich herausgestellt. So wäre bspw. eine deskriptive Analyse der Kassenkreditverschuldung in Spenge zu dem Ergebnis gekommen, dass Spenge erfolgreicherweise seine Kassenkredite stabilisieren konnte, wohingegen Abbildung 60 gezeigt hat, dass das Potential für die Rückführung der Kassenkredite größer gewesen wäre. So zieht sich durch alle drei analysierten Instrumente als roter Faden die Wichtigkeit der Schaffung eines kontrafaktischen Vergleichs.

# J. Schlussbetrachtung und Ausblick

Der Anspruch, eine neue methodologische Perspektive auf die Evaluation von politisch-administrativen Programmen zu bieten und dabei gleichzeitig ein hochgradig relevantes Forschungsfeld, das sich besonders zur Illustration dieser Perspektive eignet, zu bedienen, liegt den vorangegangenen Analysen zugrunde. Den Startpunkt dazu bildete einerseits ein aktueller perspektivischer Blick auf die Problematik kommunaler Schulden und andererseits eine Reflexion über die in Teilen problembehaftete Verzahnung sozialwissenschaftlicher Evaluationen mit der Praxis in der politisch-administrativen Sphäre sowie über die spezifischen Herausforderungen, mit denen Evaluation in diesem Feld konfrontiert sein kann. Zum Umgang mit diesen Herausforderungen wurde im Folgenden das analytische „Angebot" präsentiert, indem das synthetische Matching als methodische Klammer definiert wurde und die Eingrenzung auf das Feld der Instrumente zur Begrenzung der kommunalen Verschuldung erfolgte. In der Übersicht über den Forschungsansatz und die Eingrenzung des Untersuchungsgegenstands wurden daraufhin die zentralen Komponenten, die für jeden Forschungsprozess essentiell sind, kurz angerissen, darunter der theoretische und methodische Zugang sowie die Begründung der Outcome-Fokussierung und die Illustration der existierenden Forschungslücke. Um die Relevanz der Analyse zu untermauern und einen deskriptiven sowie literaturbasierten Einblick in die Problemlage zu geben, hat Kapitel B die zentralen Tendenzen der kommunalen Verschuldung sowie einen Überblick über deren Determinanten zum Thema, bevor in Abschnitt C ein Überblick über das Instrumentarium, das in Deutschland zur Bekämpfung kommunaler Verschuldung eingesetzt wird, präsentiert wurde. Im Anschluss wurde in Abschnitt D das theoretische Framework eingeführt, dass einerseits eine ordnende Funktion gewährleistet und andererseits auf Basis einer mechanistischen Sichtweise die Grundlage für eine Bewertung der Wirksamkeit der verschiedenen Instrumente liefert. Als Basis für die empirischen Analysen fasste Abschnitt E die methodischen Grundlagen zusammen, die sich aus den Anforderungen an eine Outcome-basierte Evaluation ableiten lassen, mit einem besonderen Schwerpunkt auf die sozialwissenschaftlichen Grundlagen der Kausalanalyse mit ex post Beobachtungsdaten. Als Konsequenz aus diesen Anforderungen und mit Blick auf das Forschungsobjekt wurden im Anschluss die verschiedenen Modelle des synthetischen Matching in ihrer

Grundidee und ihren technischen Details präsentiert und verdeutlicht, warum dieser methodische Zugang für den hier vorliegenden Fall die beste – wenn nicht die einzig sinnvolle – Wahl darstellt.

In der Gesamtschau stellte dieses Vorgehen im engeren Sinn lediglich die – wenn auch ausführliche – Vorarbeit für den Kern der Arbeit dar; die Bearbeitung des zentralen Forschungsziels: eine *empirisch-quantitativ* fundierte Bewertung der Wirksamkeit der Sparkommissareinsätze, des Stärkungspakt Stadtfinanzen und der freiwilligen kommunalen Schuldenbremsen auf die kommunale Verschuldung. Dazu wurden zunächst für alle drei Instrumente die wesentlichen Merkmale der Umsetzung in Deutschland sowie der bisherige Stand der Literatur diskutiert. Auf Basis der theoretischen Vorarbeit wurde weiterhin spezifiziert, wie die Instrumente im Einzelnen die lokale Haushaltspolitik und damit potentiell die Verschuldung beeinflussen können, auch bzgl. der kritischen Aspekte, die eine Wirksamkeit ggf. unterminieren. In der eigentlichen empirischen Analyse mussten die Instrumente daraufhin verschiedenen Spezifikationen des synthetischen Matching standhalten, deren Ergebnisse in Tabelle 5 zusammengefasst sind. Differenziert wird dabei jeweils nach den verwendeten Modellen und der Passform, um die Relevanz der Ergebnisse einordnen zu können.

Für den *echten Sparkommissar* hat sich dabei über eine Mehrzahl der Modelle gezeigt, dass dieser in Nideggen erfolgreich war, in Altena dagegen nicht. Für den *beratenden Sparkommissar* waren die Ergebnisse sogar noch unterschiedlicher: In Hagen war der Einsatz mit einer sich gar verschlechternden Verschuldungssituation verbunden, während in Marl der Einsatz als Erfolg zu bewerten ist. In Waltrop konnte in zwei der vier Modelle überhaupt kein Vergleichsfall geschätzt werden, im Fall der GSCM korrespondierte der Effekt nicht mit dem Zeitpunkt des Einsatzes, während der beim TJBAL geschätzte Effekt widersprüchlich ausfiel, da er anfangs einen wünschenswerten Effekt indiziert, zum Ende des Beobachtungszeitraum sich allerdings umkehrt. Der *Stärkungspakt Stadtfinanzen* schien auf den ersten Blick einen systematischen negativen Effekt auf die Verschuldung zu haben. Da dies aus substantieller Sicht allerdings kaum realistisch ist, hat die sich anschließende tiefer gehende Analyse gezeigt, dass die Schätzung mit der GSCM trotz zunächst guter Balance Endogenitätsprobleme und eine mangelnde Überschneidung in den geschätzten Faktorladungen aufweist. Daher konnte erst das TJBAL zuverlässige Ergebnisse liefern mit dem Schluss, dass der Stärkungspakt seine zu erwartende positive Wirkung entfaltet. Bei der Analyse der *freiwilligen kommunalen Schuldenbremsen* waren vergleichbare methodische Anpassungen nötig, um zu einem gültigen Gesamtergebnis zu

Tabelle 5: Zusammenfassung der empirischen Ergebnisse der Analysen von Sparkommissaren, Stärkungspakt und Schuldenbremsen getrennt nach geschätzten Modellen (Quelle: eigene Darstellung)

| | | **Echter Sparkomm.** | | **Ber. Sparkomm.** | | | **Stärkungspakt** | **Schuldenbremse** | |
|---|---|---|---|---|---|---|---|---|---|
| | | Nideggen | Altena | Hagen | Marl | Waltrop | | Kassenkred. | Längerfr. Kred. |
| **SCM** | FIT | – | + | + | + | – – | | | |
| | Ergebnis | + | 0 | – | + | / | | | |
| | Einschränkung | | | | | | | | |
| **MSCMT** | FIT | – | + | + | + | – – | | | |
| | Ergebnis | + | 0 | – | + | / | | | |
| | Einschränkung | | | | | | | | |
| **GSCM** | FIT | + + | + + | + + | + + | + + | + + | + + | + + |
| | Ergebnis | + | – | – | + | 0 | – | 0 | 0 |
| | Einschränkung | | | | | 1) | 3) | 3) | 3) |
| **TJBAL** | FIT | + + | + | + + | + + | + + | + + | + + | + + |
| | Ergebnis | + | 0 | – | + | 0 | + | 0 bzw. – | 0 bzw. + |
| | Einschränkung | | | | | 2) | | 4) | 4) |
| **Ergebnisfazit** | | + | 0 | – | + | 0 | + | 0 bzw. – | 0 bzw. + |

FIT: – – sehr schlechter Fit, – schlechter Fit, + ordentlicher Fit, ++ sehr guter Fit; Ergebnisse: – Verschlechterung, + Verbesserung, 0 kein Effekt, / kein interpretierbarer Effekt;
1) Zeitpunkt des Effekts korrespondiert nicht mit Treatmentbeginn; 2) Effekt inkonsistent nach Einsetzen des Treatments;
3) fehlende Überschneidung der Faktorladungen bei der Schätzung der GSCM; 4) Begrenzung der Treatmentfälle;

kommen. In diesem Fall offenbarte die GSCM einen ausbleibenden Effekt, der allerdings in Teilen durch eine fehlende konvexe Hülle bei den Faktorladungen zustande kam. Mithilfe des TJBAL und einer Einschränkung der Treatmentfälle je nach bestehendem Problemdruck fällt das Ergebnisfazit differenziert aus: Bei den Kassenkrediten blieben die beiden verbliebenen analysierten Kommunen Spenge und Hürtgenwald hinter ihren Möglichkeiten zurück. Bei den längerfristigen Krediten konnte in drei der vier sinnvoll interpretierbaren Kommunen dagegen eine positive Entwicklung auf die Verschuldung beobachtet werden. Das Fazit fällt entsprechend gemischt aus, da zwar die erwähnten einzelnen Effekte bestehen, eine übergreifende Wirkung allerdings nicht gegeben ist.

Besonders eindrucksvoll ist bei der iterativen Anpassung und Weiterentwicklung der einzelnen Analysemodelle zutage getreten, dass verschiedene Robustheitschecks der empirischen Modelle unerlässlich sind. Prinzipiell wäre es natürlich möglich gewesen, sich bei der Darstellung der Ergebnisse *nur* auf das Modell zu beziehen, das aus methodischer Sicht die zuverlässigsten Ergebnisse liefert und damit für die Interpretation maßgeblich ist. Allerdings wäre dies zulasten der Illustration verschiedener analytischer Zugänge, die explizit im Fokus steht, gegangen und hätte es zudem nicht ermöglicht, die schwerwiegenden Konsequenzen der methodischen Spezifikation für die substantiellen Ergebnisse zu verdeutlichen. Insofern ist der zusätzlich betriebene Aufwand einer mehrteiligen empirischen Analyse sicherlich angemessen.

Dies führt zunächst direkt zur abschließenden Zusammenfassung der methodischen Implikationen, die sich aus den vorangegangenen Analysen ergeben, bevor im Anschluss die substantiellen Implikationen diskutiert werden. Maßgeblicher Ansatzpunkt des gesamten Vorgehens war es, dem „impact problem" (Vedung 2000, S. 93-94) oder auch „causality problem" (Stockmann 2011, S. 25) und damit einem zentralen Problem von Evaluationen zu begegnen. Die Aufarbeitung der sozialwissenschaftlichen Grundlagen der Kausalanalyse und insbesondere die Betrachtung der „statistical solution" (Holland 1986, S. 947) für das Kausalitätsproblem mithilfe von ex post Beobachtungsdaten hat letztlich dazu geführt, das synthetische Matching als state-of-the-art Ansatz zur Kombination von Panel- und Matching-Modellen in den Vordergrund der Analyse zu stellen. Die Meriten dieser Methode sind dabei spätestens in den Anwendungskapiteln deutlich geworden: Zunächst steht die explizite Berücksichtigung der Kausalität im Zentrum aller Varianten des synthetischen Matching. Dies wird allein schon daran deutlich, dass die Grundidee in der Synthese eines kontrafaktischen Falls – als Grundlage für einen kausal interpretierbaren Vergleich – besteht. Darüber hinaus hat sich die Methode für die vorliegende Evaluation in ganz besonderem Maße qualifiziert, da das synthetische Matching eine der wenigen Möglichkeiten ist, mit einer sehr geringen Anzahl an Treatmentfällen bzw. mit einem einzigen Fall umzugehen und dennoch quantitative Evidenz zu liefern. Weiterhin hat Tabelle 5 gezeigt, wie eine vermeintliche Schwäche des Verfahrens eine seiner größten Stärken darstellt. Die Tatsache, dass sich mit manchen Spezifikationen keine sinnvollen Vergleichsfälle generieren ließen oder dass die nachträgliche Überprüfung der Balance Zweifel an manchen Vergleichen befeuerte, fungiert gewissermaßen als eine Art integrierte „Eignungsprüfung" der Methode. Insofern werden Schlüsse nur gezogen, wenn diese zulässig sind; ganz im Gegensatz zu Regressionsmodellen, die in den vorliegenden Fällen immer Ergebnisse geliefert hätten, unabhängig von der Datenstruktur, die unter Umständen keine Überlappung besitzt und daher Extrapolationen notwendig macht. Schließlich sind besonders die Weiterentwicklungen der originalen SCM sehr schwach in ihren Annahmen zur funktionalen Form, sprich der exakten Spezifikation des Vorhersagemodells. Damit werden die „research degrees of freedom" (Hazlett und Xu 2018, S. 36) deutlich eingeschränkt.

All diese hervorgetretenen Vorzüge sind für den Evaluationskontext und die Evaluationspraxis spezifisch wertvoll. Neben der Frage nach Kausalität stehen Evaluationen politischer oder administrativer Programme häufig vor der Herausforderung geringer Fallzahlen, da derlei Interventionen oft Einzelfallcharakter besitzen und zusätzlich die Nachvollziehbarkeit der Methode eine wichtige Rolle spielt. In diesem Zusammenhang haben sich besonders die beiden am weitesten entwickelten Methoden des synthetischen Matching, die GSCM sowie das TJBAL, als äußerst flexible und wirkungsmächtige Werkzeuge erwiesen, die aus Sicht des Autors in den kommenden Jahren verdientermaßen zahlreiche Optionen für künftige Evaluationen, aber auch für die sozialwissenschaftliche Forschung insgesamt bereithalten.

Zum Abschluss der methodischen Implikationen sei auf einen Aspekt verwiesen, der die Brücke zu den substantiellen Implikationen schlägt. Die Ergebnisse der Analysen haben in nicht unbeträchtlichem Ausmaß *Null-Effekte* zutage gefördert. Im Kontext der hier nicht primär hypothesenprüfenden Vorgehensweise besitzen diese Effekte dieselbe Relevanz, wie sie die Bestätigung eines positiven oder negativen Effekts gehabt hätte, da ein ausbleibender Effekt eines Instruments eine für sich stehende wertvolle Erkenntnis – gerade auch im Hinblick auf den künftigen Einsatz – darstellt. Daher bieten die gewonnenen Ergebnisse eine Argumentationsgrundlage, um die Problematik des oft beobachteten *publication bias* zu illustrieren. Dabei handelt es sich um das Phänomen, dass in vielen etablierten Publikationsmedien Studien mit signifikanten Ergebnissen systematisch bevorzugt werden bzw. Forscher einen Anreiz haben, nur signifikante Ergebnisse einzureichen oder die Signifikanz mit anderen Mitteln gezielt zu erreichen suchen (Gerber und Malhotra 2008, S. 314). Dieses auch in den sozialwissenschaftlichen Disziplinen weit verbreitete Problem (Franco, Malhotra und Simonovits 2014), dass die erwarteten Effekte sich auch bestätigen *sollen*, soll an dieser Stelle explizit nochmals angesprochen sein, um die Wichtigkeit und gerade auch die Praxisrelevanz der identifizierten Null-Effekte zu betonen; gerade unter der Voraussetzung, dass die theoretischen Modelle auch in den hier vorliegenden Fällen eine Wirksamkeit vermuten ließen.

Trotz eben dieser theoretischen Vermutungen zur Wirksamkeit bestätigen sich aus einer übergreifenden Perspektive viele der positiven Erwartungen an die Instrumente ganz offensichtlich nicht. Was bedeutet dies für die Bewertung der Instrumente und damit für eine Einschätzung, ob diese Instrumente in ihrer derzeitigen Form für die künftige Praxis angemessen sind? Dabei kommt man für die drei – oder im engeren Sinne vier – analysierten Instrumente zu differenzierten Einschätzungen. Im Fall des Stärkungspakt Stadtfinanzen, als das Instrument mit den eindeutigsten Ergebnissen, fällt die Bewertung grundsätzlich positiv aus, da es zu einem konsistenten und signifikanten Effekt auf die Kassenkreditverschuldung nach Einsetzen des Stärkungspakts gekommen ist. Wenngleich durch den Blick auf die Kassenkredite nicht abschließend geklärt werden kann, ob die im Stärkungspakt eingesetzten finanziellen Mittel ihr volles Konsolidierungspotential entfaltet haben, wurde die Verschuldungssituation der beteiligten Kommunen definitiv entschärft. Mit Blick auf die Definition des Forschungsziels im engeren Sinn, eine Einschätzung über die Wirksamkeit bzgl. der Verschuldung zu geben, erfüllt der Stärkungspakt diese Rolle.

Der Einsatz von Sparkommissaren verdient aus Sicht des Autors ein anderes Urteil. Dies liegt einerseits daran, dass die Ergebnisse bestenfalls als gemischt zu bewerten sind, da von den fünf betrachteten Einsätzen zwei ohne Effekt verliefen und einer mit einem negativen Effekt. Prinzipiell kann man zu dem per se richtigen Schluss kommen, dass der Erfolg der Sparkommissare hochgradig kontextspezifisch ist und daher ein zusammenfassendes Urteil kaum sinnvoll ist. Bezieht man in die Überlegungen allerdings die hohe Eingriffsintensität in die in Deutschland hoch geschätzte kommunale Selbstverwaltung mit ein, müsste aus Sicht des Autors die Evaluation der Sparkommissare beinahe eine Erfolgsgarantie bestätigen. Wenn die Effekte allerdings höchstens *potentiell* positiv bzw. unsicher sind, stehen die Einsätze womöglich nicht im Verhältnis zur Eingriffsintensität. Das Ausmaß an Intervention mag bei den beratenden Sparkommissaren geringer sein, einen Eingriff in die kommunale Selbstverwaltung stellt dies dennoch dar. Außerdem ziehen juristisch begründete Bedenken, ob der Einsatz eines beratenden Sparkommissars auf einer tragfähigen rechtlichen Grundlage geschieht (Effer-Uhe 2008, S. 28), auch die Verhältnismäßigkeit dieser Sparkommissarvariante in Zweifel. In der vorliegenden Form und auf der Basis der bisherigen Erkenntnisse sind beide Sparkommissarmodelle keine Erfolgsgeschichte und sollten daher zumindest kritisch hinterfragt werden.

Grundsätzlich sind die Ergebnisse bei den freiwilligen kommunalen Schuldenbremsen ebenfalls gemischt. Insofern kann man besonders mit Blick auf die Kassenkredite ebenfalls nicht von einem durchgängigen Erfolg sprechen. Im Gegensatz zu den Sparkommissaren ist der externe hierarchische Eingriff allerdings nicht gegeben und letztlich ist dieses Instrument vor Ort demokratisch legitimiert. Damit scheint bzgl. der weicheren Faktoren abseits der reinen Effektivität die Verhältnismäßigkeit deutlich eher gewahrt zu sein. Abschließend kann allerdings in der Gesamtschau auch für die Schuldenbremsen keine generelle Wirksamkeit postuliert werden, was vor allem im hochgradigen Einzelfallcharakter der Regelungen und besonders der Implementation begründet sein dürfte.

Welche übergreifenden Lehren sich aus den Ergebnissen für die Wirksamkeit der eingesetzten Instrumentenressourcen ziehen lassen, muss aufgrund der fehlenden *empirischen* Fundierung der Mechanismen ein Stück weit unter Vorbehalt betrachtet werden. Im Kern sind dies in aller Kürze zwei prägnante Punkte. Erstens: Ohne den zusätzlichen Einsatz finanzieller Mittel sind im Rahmen der hier evaluierten Instrumente keine *weitreichenden* Folgen bei der Bekämpfung der Verschuldung zu erwarten; zumindest unter Annahme der Ergebnisse, die einen signifikanten und eine große Zielgruppe umfassenden Effekt lediglich für den Stärkungspakt gezeigt haben. Zweitens: Die hohe Kontextspezifität der sehr gemischten Ergebnisse deutet darauf hin, dass es abseits von Geld keine Patentrezepte für Instrumente zur Entschuldung von Kommunen gibt. Die Konsequenz daraus muss sein, dass der Einsatz von Instrumenten gründlich geprüft und auf den jeweiligen Fall abgestimmt sein muss. Der erfolgreiche Einsatz hierarchischer oder informatorischer Instrumente setzt bspw. voraus, dass das grundsätzliche fiskalische Potential zur Begrenzung und Rückführung der Verschuldung in der jeweiligen Kommune überhaupt gegeben ist. Sollten die strukturellen Ausgangsbedingungen darauf hindeuten, dass eine Kommune ohnehin „am Limit" agiert, wird auch ein Instrument, das lokale Haushaltsentscheidungen beeinflussen soll, kaum

Wirksamkeit entfalten. Dementsprechend sind Instrumente, die einen an die jeweilige Situation angepassten Mix an Steuerungsressourcen verwenden, sicherlich erfolgversprechender. Dies setzt jedoch zugegebenermaßen ein hohes Maß an quantitativen und qualitativen Informationen über Kommunen voraus, sowohl mit Blick auf die ex post Bewertung der Wirksamkeit als auch auf das eben angesprochene a priori Design von Instrumenten für die Zukunft.

Damit wäre auch direkt eine der zentralen Limitationen der vergangenen Analysen angesprochen, da trotz dem Aufgreifen der theoretischen Mechanismen keine empirische Absicherung der Mechanismen geliefert werden konnte. Wenn der gewählte Fokus – wie mehrfach betont wurde – explizit einen quantitativ-explorativen Charakter hat, welchen Zweck verfolgt also die Aufarbeitung der theoretischen Mechanismen im engeren Sinn? Zunächst ist Theorie im Kontext empirischer Analysen immer als eine Art Plausibilitätscheck und zusätzliche Prüfinstanz zu verstehen. Der Sinn der Formulierung theoretischer Erwartungen im Vorgriff auf eine vordergründig empirische Herangehensweise leitet sich – neben einer Anschlussfähigkeit an die relevante Literatur – aus der Spiegelung empirischer Erkenntnisse an logisch konsistenten Aussagen ab. Die logische Konsistenz, als notwendige (keineswegs hinreichende) Bedingung, kann damit einen ersten Sicherheitsmechanismus gegen die Annahme von falschen Ergebnissen darstellen; oder anders formuliert: Ergebnisse, die sich nicht auf eine theoretische Plausibilität stützen können, müssen in der Konsequenz zunächst auf die Gültigkeit des empirischen Vorgehens hin überprüft werden.[57] Als besonders illustrative Beispiele können hierbei der zunächst negative Effekt des Stärkungspakt Stadtfinanzen und die kontraintuitive Entwicklung nach der (vermeintlichen) Einführung der Schuldenbremse in Bergheim herangezogen werden, die beide durch einen verfeinerten empirischen Blick aufgeklärt werden konnten.

Darüber hinaus stellt das theoretische Framework einen Beitrag an sich zur Diskussion um die Rahmenbedingungen kommunaler Haushaltspolitik dar, das sowohl eine praktische als auch eine wissenschaftliche Bedeutung entfalten kann. Wissen über die beteiligten Mechanismen ermöglicht letztlich den Einriff in diese (Schelling 1998, S. 37). Die Bewertung und Anpassung von Instrumenten in der Politikpraxis erfordert Wissen über die Stellschrauben, an denen man drehen kann. So kann bspw. Kenntnis über die Anreizwirkungen für Lokalpolitiker oder die Rolle der Interessenangleichung zwischen

57 Selbstverständlich kann eine andere Konsequenz auch in der Reformulierung theoretischer Erwartungen bestehen – gesetzt den Fall, diese sind fehlerhaft oder unvollständig.

Aufsicht und Kommune, die durch verschiedene Instrumente beeinflusst werden können, genutzt werden, um Wirkungen ex post zu bewerten oder a priori absehen zu können. Aus einer wissenschaftlichen Perspektive bieten die Wirkungsmechanismen zudem die zentralen Ansatzpunkte für künftige Forschung, die dadurch einerseits eine kleinteiligere Sicht auf die Gründe für das Gelingen oder Scheitern von Instrumenten ins Auge fassen und andererseits auch die Wahl weiterer relevanter Outcome-Variablen wie bspw. Auswirkungen auf die lokale Demokratie und Legitimation fokussieren kann. Mit der Bewertung der Outcome-Wirksamkeit haben die vorangegangenen Analysen sicherlich einen ganz entscheidenden Startpunkt sowie eine zentrale Voraussetzung für diese lohnenswerten Forschungsziele geschaffen, da – zumindest aus Sicht des Autors – die Beantwortung der Frage der *Zweckmäßigkeit* der Instrumente maßgebliche Konsequenzen für alle weiteren zu beantwortenden Fragen besitzt.

Ein zentrales Anliegen der gesamten vergangenen Vorgehensweise war es, eine analytische Perspektive zu präsentieren, die in keiner Weise auf ein bestimmtes Forschungsfeld begrenzt ist, sondern sich per se auf alle möglichen binären Treatments, für die passende Daten zur Verfügung stehen, anwenden lässt und damit hochgradig relevant für künftige Forschungsansätze ist. Ganz zum Schluss wird zusätzlich nun die Frage aufgeworfen, inwiefern die vorgenommene Evaluation der Instrumente künftige praktische Relevanz entfalten kann. Dies ist nicht notwendigerweise selbsterklärend, da der Überblick über die Situation der Kommunalfinanzen in Abschnitt B.I und die gesamtwirtschaftliche Entwicklung der vergangenen Jahre zumindest im Aggregat auf eine anhaltende Entspannung der kommunalen Finanzsituation hindeutet. Gehören damit Instrumente zur Begrenzung der Verschuldung bald der Vergangenheit an? Die aktuellen Entwicklungen sprechen deutlich dagegen. Ganz maßgeblich sind in diesem Zusammenhang die Sorgen um die Auswirkungen der Corona-Pandemie, die seit März 2020 in Deutschland um sich greift, zu nennen. Verständlicherweise sind die exakten fiskalischen Effekte des mit der Corona-Krise verbundenen wirtschaftlichen Einbruchs auf die Kommunen noch nicht genau absehbar, allerdings dürften die Auswirkungen einer sicherlich steigenden Arbeitslosigkeit bei gleichzeitig sinkenden Gewerbesteuern und Gebührenrückgängen die Kommunen im zweistelligen Milliardenbereich hart treffen (Eich 2020). Je nach Ausmaß des wirtschaftlichen Einbruchs ist von Steuerausfällen bei den Kommunen zwischen 13 und 46 Milliarden Euro auszugehen (Selbel 2020), wenngleich diese Schätzungen noch sehr vorläufig sein dürften.

Dadurch ist es einerseits sehr wahrscheinlich, dass die Schuldenprobleme in einigen Kommunen wieder zunehmen dürften und damit mindestens mittelfristig der Abbau der Verschuldung wieder eine prominente Rolle spielt. Andererseits ist in diesem Kontext damit zu rechnen, dass den Kommunen seitens des Bundes und/oder der Länder finanziell unter die Arme gegriffen werden muss. Um dabei allerdings Fehlanreize zu vermeiden und den großflächigen Einsatz von Steuermitteln zu überwachen, wird es zusätzlicher Steuerungsmechanismen bedürfen. Analog zu den existierenden Finanzhilfeprogrammen der Länder wie dem Stärkungspakt Stadtfinanzen könnten die konditionale Bindung der Hilfen an den Nachweis eigener Konsolidierungsanstrengungen sowie potentielle Sanktionen einen zentralen Bestandteil eines intelligenten Designs von Hilfsprogrammen darstellen. In diesem Kontext wird die Diskussion um die Form und das Ausmaß instrumenteller Interventionen seitens der Länder sowie die Suche nach Lösungen in den Kommunen selbst ein nachhaltig aktuelles Thema sein, das Forschung und Politik noch lange begleiten wird.

Schlussendlich lassen sich aus der Synthese der methodischen und substantiellen Implikationen zwei zentrale Empfehlungen für die Evaluationspraxis aufzeigen. Zunächst ist dabei die Nutzung *technischer Innovationen*, die helfen, die Subjektivität des Forschers einzugrenzen, ganz zentral. Daten und Algorithmen zu nutzen, um valide Vergleiche herzustellen – letztlich der Kerngedanke des synthetischen Matching –, objektiviert die Fallauswahl maßgeblich. Da die Auswahl von Untersuchungseinheiten eine entscheidende Fehlerquelle in der Forschung (King, Keohane und Verba 1994, S. 115-118) und darüber hinaus häufig auch das größte Einfallstor für Kritik an wissenschaftlichen Studien allgemein darstellt, setzen die genutzten technisch-statistischen Verfahren an einem bedeutenden Faktor zur Steigerung der Vertrauenswürdigkeit und damit einer positiven Außenwirkung für wissenschaftlichen Erkenntnisfortschritt an. Weiterhin ist ein *offener Umgang mit der Begrenztheit* von Evaluationsansätzen unerlässlich, um das gesellschaftliche Vertrauen in die wissenschaftliche Praxis zu stärken.[58] Ergebnisse sind in den allermeisten Fällen vorläufig, sei es aufgrund des Zeithorizonts, der Zielgruppe oder der analytischen Unsicherheit. Darüber hinaus sind substantielle Ergebnisse zumeist methodensensibel und verlangen Robustheitschecks. Schließlich deckt eine Methode immer nur einen Teilbereich des

58 Dies scheint in Zeiten, in denen Wissenschaft mehr und mehr unter Legitimationsdruck gegenüber der Öffentlichkeit gerät sowie teils unter gesellschaftlichen Anfeindungen leidet, relevanter denn je.

Erkenntnisgewinns in einem Forschungsfeld ab und kann selten das gesamte empirische Puzzle im Blick haben. Transparenz über die Funktionsweise sowie die Stärken und Schwächen methodischer Ansätze herzustellen, ist daher ein entscheidendes Kriterium guter wissenschaftlicher und evaluatorischer Praxis, um die Bewertung der Zuverlässigkeit und Nützlichkeit von Ergebnissen einer breiten Zielgruppe zugänglich zu machen und den Diskurs darüber auf eine fundierte Grundlage zu stellen.

# Literaturverzeichnis


Abadie, Alberto, Alexis Diamond und Jens Hainmueller (2010). Synthetic control methods for comparative case studies: Estimating the effect of California's tobacco control program. In: *Journal of the American Statistical Association* 105.490, S. 493–505.

Abadie, Alberto, Alexis Diamond und Jens Hainmueller (2011). Synth: An R package for synthetic control methods in comparative case studies. In: *Journal of Statistical Software* 42.13, S. 1–17.

Abadie, Alberto, Alexis Diamond und Jens Hainmueller (2015). Comparative politics and the synthetic control method. In: *American Journal of Political Science* 59.2, S. 495–510.

Abadie, Alberto und Javier Gardeazabal (2003). The economic costs of conflict: A case study of the Basque Country. In: *The American Economic Review* 93.1, S. 113–132.

Abdi, Hervé und Lynne J. Williams (2010). Principal component analysis. In: *Wiley Interdisciplinary Reviews: Computational Statistics* 2.4, S. 433–459.

Acciai, Claudia und Giliberto Capano (2020). Policy instruments at work: A meta–analysis of their applications. In: *Public Administration* online first (doi: 10.1111/padm.12673), S. 1–38.

Akai, Nobuo und Motohiro Sato (2008). Too big or too small? A synthetic view of the commitment problem of interregional transfers. In: *Journal of Urban Economics* 64.3, S. 551–559.

Allers, Maarten A. (2015). The Dutch local government bailout puzzle. In: *Public Administration* 93.2, S. 451–470.

Arnold, Felix, Florian Boettcher, Ronny Freier, René Geißler und Benjamin Holler (2015). *Kommunaler Finanzreport 2015*. Gütersloh: Bertelsmann Stiftung.

Ashworth, John, Benny Geys und Bruno Heyndels (2005). Government weakness and local public debt development in Flemish municipalities. In: *International Tax and Public Finance* 12.4, S. 395–422.

Athey, Susan und Guido W. Imbens (2017). The state of applied econometrics: Causality and policy evaluation. In: *The Journal of Economic Perspectives* 31.2, S. 3–32.

Bai, Jushan (2009). Panel data models with interactive fixed effects. In: *Econometrica* 77.4, S. 1229–1279.

Bajohr, Stefan (2009). Beratender Sanierungsmanager in einer hoch verschuldeten Kommune: Ein Erfahrungsbericht aus der Stadt Hagen. In: *Verwaltung und Management* 15.4, S. 171–185.

Balthasar, Andreas (2011). Critical friend approach: Policy evaluation between methodological soundness, practical relevance, and transparency of the evaluation process. In: *German Policy Studies* 7.3, S. 187–231.

Banner, Gerhard (1984). Kommunale Steuerung zwischen Gemeindeordnung und Parteipolitik. In: *Die Öffentliche Verwaltung* 9.84, S. 364–372.

Bastida, Francisco, Bernardino Benito und María-Dolores Guillamón (2009). An empirical assessment of the municipal minancial situation in Spain. In: *International Public Management Journal* 12.4, S. 484–499.

Bastida, Francisco, Arielle Beyaert und Bernardino Benito (2013). Electoral cycles and local government debt management. In: *Local Government Studies* 39.1, S. 107–132.

Bauer, Michael W. und Christoph Knill (2014). A conceptual framework for the comparative analysis of policy change: Measurement, explanation and strategies of policy dismantling. In: *Journal of Comparative Policy Analysis: Research and Practice* 16.1, S. 28–44.

Beam, David R. und Timothy J. Conlan (2002). Grants. In: *The tools of government*. Hrsg. von Lester M. Salamon. New York: Oxford University Press, S. 340–380.

Becker, Martin und Stefan Klößner (2018). Fast and reliable computation of generalized synthetic controls. In: *Econometrics and Statistics* 5, S. 1–19.

Bemelmans-Videc, Marie-Louise, Ray C. Rist und Evert Vedung, Hrsg. (2007). *Carrots, sticks, and sermons: Policy instruments and their evaluation.* New Brunswick und New Jersey: Transaction Publishers.

Bemelmans-Videc, Marie-Louise und Evert Vedung (2007). Conclusions: Policy instruments, types, packages, choices, and evaluation. In: *Carrots, sticks, and sermons.* Hrsg. von Marie-Louise Bemelmans-Videc, Ray C. Rist und Evert Vedung. New Brunswick und New Jersey: Transaction Publishers, S. 249–274.

Benito, Bernardino, María-Dolores Guillamón und Francisco Bastida (2015). Non-fulfilment of debt limits in Spanish municipalities. In: *Fiscal Studies* 36.1, S. 75–98.

Berman, David R. (1995). Takeovers of local governments: An overview and evaluation of state policies. In: *Publius* 25.3, S. 55–70.

Bezirksregierung Münster (2009). *Jahresrückblick 2008.* Münster.

Bickman, Leonard (1987). The functions of program theory. In: *New directions for program evaluation* 33, S. 5–18.

Blesse, Sebastian und Thushyanthan Baskaran (2016). Do municipal mergers reduce costs? Evidence from a German federal state. In: *Regional Science and Urban Economics* 59, S. 54–74.

Boettcher, Florian (2012). Finanzhilfen für Kommunen? Voraussetzungen und Ausgestaltungsoptionen einer finanziellen Hilfegewährung für teilautonome Gebietskörperschaften. In: *Forschung für Kommunen – Arbeitspapier* 2, S. 1–13.

Boettcher, Florian (2013). *Ursachen kommunaler Haushaltsdefizite: Eine finanz- und politikwissenschaftliche Untersuchung am Beispiel der nordrhein-westfälischen Gemeinden.* Münster: LIT Verlag.

Boettcher, Florian, Ronny Freier, René Geißler, Friederike-Sophie Niemann und Moritz Schubert (2017). *Kommunaler Finanzreport 2017: Entwicklung und Verteilung der Kassenkredite.* Gütersloh: Bertelsmann Stiftung.

Boettcher, Florian, Ronny Freier, René Geißler, Moritz Schubert und Rainer Stollhoff (2019). *Kommunaler Finanzreport 2019.* Gütersloh: Bertelsmann Stiftung.

Bogumil, Jörg, Falk Ebinger und Lars Holtkamp (2011). Vom Versuch, das Neue Steuerungsmodell verpflichtend einzuführen: Wirkungen des Neuen Kommunalen Finanzmanagements in NRW. In: *Verwaltung & Management* 17.4, S. 169–224.

Bogumil, Jörg, Stephan Grohs, Sabine Kuhlmann und Anna K. Ohm (2007). *Zehn Jahre Neues Steuerungsmodell: Eine Bilanz kommunaler Verwaltungsmodernisierung*. Berlin: Edition Sigma.

Bogumil, Jörg und Lars Holtkamp (2012). Doppik in der Praxis: Bisher vor allem intransparent und ineffizient! In: *Verwaltung & Management* 18.3, S. 113–168.

Bogumil, Jörg, Lars Holtkamp, Martin Junkernheinrich und Uwe Wagschal (2014). Ursachen kommunaler Haushaltsdefizite. In: *Politische Vierteljahresschrift* 55.4, S. 614–647.

Bohne, Eberhard (2014). Gegenstand, methodische Grundlagen und theoretischer Bezugsrahmen der Verwaltungswissenschaft. In: *Die Verwaltung* 47.2, S. 159–195.

Bohne, Eberhard (2018). *Verwaltungswissenschaft: Eine interdisziplinäre Einführung in die Grundlagen*. Wiesbaden: Springer VS.

Borge, Lars-Erik (2005). Strong politicians, small deficits: Evidence from Norwegian local governments. In: *European Journal of Political Economy* 21.2, S. 325–344.

Boysen-Hogrefe, Jens (2014). Determinanten kommunaler Verschuldung und die Rolle der Länder. In: *Kiel Working Papers* 1959.

Breuillé, Marie-Laure und Marianne Vigneault (2010). Overlapping soft budget constraints. In: *Journal of Urban Economics* 67.3, S. 259–269.

Brooks, Leah, Yosh Halberstam und Justin Phillips (2016). Spending within limits: Evidence from municipal fiscal restraints. In: *National Tax Jounral* 69.2, S. 315–352.

Brüning, Christoph und Klaus Vogelgesang, Hrsg. (2009). *Die Kommunalaufsicht: Aufgaben – Rechtsgrundlagen – Organisation*. Berlin: Schmidt.

Burret, Heiko T. und Lars P. Feld (2018a). (Un-)intended effects of fiscal rules. In: *European Journal of Political Economy* 52, S. 166–191.

Burret, Heiko T. und Lars P. Feld (2018b). Vertical effects of fiscal rules: The Swiss experience. In: *International Tax and Public Finance* 25.3, S. 673–721.

Burth, Andreas (2013). *Sparkommissar in der Gemeinde Nideggen.* URL: https://www.haushaltssteuerung.de/weblog-sparkommissar-in-der-gemeinde-nideggen.html (besucht am 16. 01. 2018).

Burth, Andreas (2015). *Freiwillige kommunale Schuldenbremsen per Hauptsatzung oder Nachhaltigkeitssatzung in Deutschland.* URL: https://www.haushaltssteuerung.de/weblog-freiwillige-kommunale-schuldenbremsen-per-hauptsatzung-oder-nachhaltigkeitssatzung-in-deutschland.html (besucht am 16. 05. 2018).

Burth, Andreas (2016). *Die Kommunen mit freiwilliger Schuldenbremsen-Satzung im Vergleich.* URL: https://www.haushaltssteuerung.de/weblog-die-kommunen-mit-freiwilliger-schuldenbremsen-satzung-im-vergleich.html (besucht am 06. 04. 2020).

Burth, Andreas (2017). *Auslagerungsquote der kommunalen Schulden.* URL: https://www.haushaltssteuerung.de/weblog-auslagerungsquote-der-kommunalen-schulden.html (besucht am 28. 08. 2019).

Burth, Andreas, René Geißler, Marc Gnädinger und Dennis Hilgers (2013). *Kommunaler Finanzreport 2013*. Gütersloh: Bertelsmann Stiftung.

Cepiku, Denita, Riccardo Mussari und Filippo Giordano (2016). Local governments managing austerity: Approaches, determinants and impact. In: *Public Administration* 94.1, S. 223–243.

Chortareas, Georgios, Vasileios Logothetis und Andreas A. Papandreou (2016). Political budget cycles and reelection prospects in Greece's municipalities. In: *European Journal of Political Economy* 43, S. 1–13.

Christofzik, Désirée I. und Sebastian G. Kessing (2018). Does fiscal oversight matter? In: *Journal of Urban Economics* 105, S. 70–87.

Cole, Harold Linh, James Dow und William B. English (1995). Default, settlement, and signalling: Lending resumption in a reputational model of sovereign debt. In: *International economic review* 36.2, S. 365–385.

Coleman, James S. (1986). Social theory, social research, and a theory of action. In: *American journal of Sociology* 91.6, S. 1309–1335.

Cuadrado-Ballesteros, Beatriz und Marco Bisogno (2018). Efficiency as a determinant of financial condition: An assessment of Italian and Spanish local governments. In: *International Public Management Journal* 9.6, S. 1–32.

Dalkir, Kimiz (2005). *Knowledge management in theory and practice*. Oxford: Elsevier.

Denhardt, Robert B. und Janet V. Denhardt (2008). *Public administration: An action orientation*. Princeton: Wadsworth.

Denzin, Norman Kent (1970). *The research act in sociology: A theoretical introduction to sociological methods*. London und Chicago: Butterworths und Aldine.

Descartes, René (1879 [1637]). *Discours de la méthode*. Paris: Bibliotheque Nationale de France.

Deutsche Bundesbank (2011). *Die Schuldenbremse in Deutschland – Wesentliche Inhalte und deren Umsetzung*. Franfurt. (Besucht am 03. 04. 2020).

Diemert, Dörte (2005). *Das Haushaltssicherungskonzept: Verfassungs- und haushaltsrechtliche Grundlagen in NRW unter Berücksichtigung des Neuen Kommunalen Finanzmanagements*. Stuttgart: Kohlhammer.

Doern, Bruce G. (1981). *The peripheral nature of scientific and technological controversy in federal policy formation*. Ottawa: Science Council of Canada.

Dollery, Brian und Andrew Worthington (1999). Fiscal illusion at the local level: An empirical test using Australian municipal data. In: *Economic Record* 75.1, S. 37–48.

Donaldson, Stewart und Mark W. Lipsey (2006). Roles for theory in contemporary evaluation practice: Developing practical knowledge. In: *The handbook of evaluation: Policies, programs, and practices*. Hrsg. von Ian Shaw, Jennifer C. Green und Melvin M. Mark. London: SAGE, S. 56–75.

Döring, Thomas (2017). Fiskalische Innovation Neuerungsverhalten im Bereich der Kommunalfinanzen. In: *Urbane Innovation*. Hrsg. von Norbert Kersting. Wiesbaden: Springer VS, S. 205–244.

Duve, Thomas (2008). Staatskommissare als Manager kommunaler Haushaltskonsolidierungsprozesse. In: *Verwaltung und Management* 14.6, S. 283–293.

Ebers, Mark und Wilfried Gotsch (2014). Institutionenökonomische Theorien der Organisation. In: *Organisationstheorien*. Hrsg. von Alfred Kieser und Mark Ebers. Stuttgart: Kohlhammer, S. 195–255.

Ebinger, Falk, René Geißler, Friederike-Sophie Niemann, Christian Person und Steffen Zabler (2017). *Die kommunale Finanzaufsicht: Strukturen, Rationalitäten und Umsetzung im Ländervergleich*. Gütersloh: Bertelsmann Stiftung.

Edelman, Murray J. (1985). *The symbolic uses of politics*. Urbana: Univ. of Illinois Press.

Effer-Uhe, Daniel (2008). Echter und beratender Sparkommissar im Kommunalrecht der Länder. In: *Zeitschrift für Kommunalfinanzen* 58.2, S. 25–29.

Egger, Peter und Marko Koethenbuerger (2010). Government spending and legislative organization: Quasi-experimental evidence from Germany. In: *American Economic Journal: Applied Economics* 2.4, S. 200–212.

Eich, Jakob (2020). *Welche finanziellen Folgen hat Corona für Kommunen?* URL: https://www.derneuekaemmerer.de/nachrichten/haushalt/was-wird-corona-die-kommunen-kosten-2005761/ (besucht am 28.04.2020).

Eisenhardt, Kathleen M. (1989). Agency theory: An assessment and review. In: *The Academy of Management review* 14.1, S. 57–74.

Elmore, Richard F. (1987). Instruments and strategy in public policy. In: *Review of Policy Research* 7.1, S. 174–186.

Elster, Jon (1998). A plea for mechanisms. In: *Social mechanisms*. Hrsg. von Peter Hedström und Richard Swedberg. Cambridge: Cambridge University Press, S. 45–73.

Elster, Jon (2007). *Explaining social behavior: More nuts and bolts for the social sciences*. Cambridge: Cambridge University Press.

Etzioni, Amitai (1975). *A comparative analysis of complex organizations: On power, involvement, and their correlates*. New York: Free Press.

Falleti, Tulia G. und Julia F. Lynch (2009). Context and causal mechanisms in political analysis. In: *Comparative Political Studies* 42.9, S. 1143–1166.

Feld, Lars P. (2010). Sinnhaftigkeit und Effektivität der deutschen Schuldenbremse. In: *Perspektiven der Wirtschaftspolitik* 11.3, S. 226–245.

Feld, Lars P. und Gebhard Kirchgässner (2001). Does direct democracy reduce public debt? Evidence from Swiss municipalities. In: *Public Choice* 109.3/4, S. 347–370.

Feld, Lars P., Gebhard Kirchgässner und Christoph A. Schaltegger (2011). Municipal debt in Switzerland: New empirical results. In: *Public Choice* 149.1/2, S. 49–64.

Fitzpatrick, Jody L., Blaine R. Worthen und James R. Sanders (2004). *Program evaluation: Alternative approaches and practical guidelines*. Boston: Pearson Education Inc.

Franco, Annie, Neil Malhotra und Gabor Simonovits (2014). Publication bias in the social sciences: Unlocking the file drawer. In: *Science* 345.6203, S. 1502–1505.

Fratz, Dietmar (2016). *Rat beschließt Rückzieher: Schuldenbremse wird nicht gezogen in Bergheim*. URL: https://www.ksta.de/region/rhein-erft/bergheim/rat-beschliesst-rueckzieher-schuldenbremse-wird-nicht-gezogen-in-bergheim-25192058 (besucht am 17. 04. 2020).

Freier, Ronny und René Geißler (2020). Kommunale Finanzen in der Corona-Krise: Effekte und Reaktionen. In: *Wirtschaftsdienst* 2020.5, S. 356–363.

Frielinghaus, Stefan Niederste (2007). *Die kommunale Insolvenz als Sanierungsansatz für die öffentlichen Finanzen*. Stuttgart u. a.: Boorberg.

Garcia-Sanchez, Isabel M., Noemi Mordan und Jose Manuel Prado-Lorenzo (2012). Effect of the political system on local financial condition: Empirical evidence for Spain's largest municipalities. In: *Public Budgeting & Finance* 32.2, S. 40–68.

Geißler, René (2009). *Kommunalrechtliche Steuerungsansätze der Haushaltskonsolidierung: Haushaltssicherungskonzepte im Vergleich*. KWI-Gutachten – 4. Potsdam: Universitätsverlag Potsdam.

Gelman, Andrew und Jennifer Hill (2006). *Data analysis using regression and multilevel/hierarchical models*. Cambridge: Cambridge University Press.

Gemeinde Hürtgenwald (2016). *Nachhaltigkeitssatzung der Gemeinde Hürtgenwald vom 25.05.2016*. URL: http://www.huertgenwald.de/de/rathaus-buergerservice/publikationen/amtliche-bekanntmachungen/details/Nachhaltigkeitssatzung-der-Gemeinde-Huertgenwald-vom-25-05-2016-252y/ (besucht am 17. 04. 2020).

Gemeindeprüfungsanstalt Nordrhein-Westfalen (o. J.). *Kennzahlensets und Benchmarks*. URL: https://gpanrw.de/de/prufung/kennzahlensets-und-benchmarks/5_65.html (besucht am 18. 03. 2020).

Gennari, Elena und Giovanna Messina (2014). How sticky are local expenditures in Italy? Assessing the relevance of the flypaper effect through municipal data. In: *International Tax and Public Finance* 21.2, S. 324–344.

Gerber, Alan und Neil Malhotra (2008). Do statistical reporting standards affect what is published? Publication bias in two leading political science journals. In: *Quarterly Journal of Political Science* 3.3, S. 313–326.

Geys, Benny (2007). Government weakness and electoral cycles in local public debt: Evidence from Flemish municipalities. In: *Local Government Studies* 33.2, S. 237–251.

Gibbons, Jean D. und John W. Pratt (1975). P-values: Interpretation and methodology. In: *The American Statistician* 29.1, S. 20–25.

Gillette, Clayton P. (2014). Dictatorships for democracy: Takeovers of financially failed cities. In: *Columbia Law Review* 114.6, S. 1373–1462.

Glöckner, Andreas und Holger Mühlenkamp (2009). Die kommunale Finanzkontrolle. In: *Zeitschrift für Planung & Unternehmenssteuerung* 19.4, S. 397–420.

Gnädinger, Marc (2014). *Sparkommissar kommt nach Altena*. URL: https://www.haushaltssteuerung.de/weblog-sparkommissar-kommt-nach-altena.html (besucht am 16. 01. 2018).

Grant, Bligh und Brian Dollery (2012). Autonomy versus oversight in local government reform: The implications of 'Home Rule' for Australian local government. In: *Australian Journal of Political Science* 47.3, S. 399–412.

Grembi, Veronica, Tommaso Nannicini und Ugo Troiano (2016). Do fiscal rules matter? In: *American Economic Journal: Applied Economics* 8.3, S. 1–30.

Gröpl, Christoph, Friedrich Heinemann und Alexander Kalb (2010). Die Zweckentfremdung des kommunalen Kassenkredits – Eine rechtlich-ökonomische Analyse. In: *Perspektiven der Wirtschaftspolitik* 11.2, S. 178–203.

Gschwend, Thomas und Frank Schimmelfennig (2007). Forschungsdesign in der Politikwissenschaft: Ein Dialog zwischen Theorie und Daten. In: *Forschungsdesign in der Politikwissenschaft: Probleme – Strategien – Anwendungen*. Hrsg. von Thomas Gschwend und Frank Schimmelfennig. Franfurt: Campus Verlag, S. 13–28.

Guillamón, María-Dolores, Francisco Bastida und Bernardino Benito (2013). The electoral budget cycle on municipal police expenditure. In: *European Journal of Law and Economics* 36.3, S. 447–469.

Hagen, Jürgen von (2010). Sticking to fiscal plans: The role of institutions. In: *Public Choice* 144.3-4, S. 487–503.

Hagen, Terje P. und Signy Irene Vabo (2005). Political characteristics, institutional procedures and fiscal performance: Panel data analyses of Norwegian local governments, 1991-1998. In: *European Journal of Political Research* 44.1, S. 43–64.

Halaby, Charles N. (2004). Panel models in sociological research: Theory into practice. In: *Annual Review of Sociology* 30, S. 507–544.

Hall, Peter A. (1993). Policy paradigms, social learning, and the state: The case of economic policymaking in Britain. In: *Comparative Politics* 25.3, S. 275–296.

HaushaltsSteuerung.de (o. J.). *Outcome (im Lexikon zur öffentlichen Haushalts- und Finanzwirtschaft)*. URL: https://www.haushaltssteuerung.de/lexikon-outcome.html (besucht am 15. 01. 2020).

Hazlett, Chad und Yiqing Xu (2018). *Trajectory balancing: A general reweighting approach to causal inference with time-series cross-sectional data: Working paper.* URL: https://papers.ssrn.com/sol3/papers.cfm?abstract_id=3214231.

Hedström, Peter und Richard Swedberg, Hrsg. (1998a). *Social mechanisms: An analytical approach to social theory.* Cambridge: Cambridge University Press.

Hedström, Peter und Richard Swedberg (1998b). Social mechanisms: An introductory essay. In: *Social mechanisms.* Hrsg. von Peter Hedström und Richard Swedberg. Cambridge: Cambridge University Press, S. 1–31.

Heinelt, Hubert und Philipp Stolzenberg (2014). 'The Rhinish Greeks'. Bailout funds for local government in German federal states. In: *Urban Research & Practice* 7.2, S. 228–240.

Heinemann, Friedrich, Eckhard Janeba, Christoph Schröder und Frank Streif (2016). Fiscal rules and compliance expectations – Evidence for the German debt brake. In: *Journal of Public Economics* 142, S. 11–23.

Hernes, Gudmund (1998). Real virtuality. In: *Social mechanisms.* Hrsg. von Peter Hedström und Richard Swedberg. Cambridge: Cambridge University Press, S. 74–101.

Herrmann, Karolin (2011). *Kommunale Kassenkredite – Missbrauchsgefahr und Reformvorschläge.* Karl-Bräuer-Inst. des Bundes der Steuerzahler Berlin.

Hersey, Paul und Kenneth H. Blanchard (1977). *Management of organizational behavior: Utilizing human resources.* Englewood Cliffs: Prentice-Hall.

Hesse, Marion und Florian F. Woitek (2013). Frühwarnsysteme – Ein innovativer Beitrag zur Sicherung der kommunalen Haushaltsstabilität. In: *Städte in Not.* Hrsg. von Bertelsmann Stiftung. Gütersloh: Verlag Bertelsmann Stiftung, S. 164–190.

Hessisches Ministerium der Finanzen (2017). *Finanzminister Dr. Schäfer und Innenminister Beuth stellen Programm zur Entschuldung hessischer Kommunen von Kassenkrediten und zur Förderung kommunaler Investitionen vor.* URL: https://finanzen.hessen.de/pressearchiv/

pressemitteilung/finanzminister-dr-schaefer-und-innenminister-beuth-stellen-programm-zur (besucht am 08. 08. 2018).

Hibbs, Douglas A. (1977). Political parties and macroeconomic policy. In: *American Political Science Review* 71.04, S. 1467–1487.

Holland, Paul W. (1986). Statistics and causal inference. In: *Journal of the American Statistical Association* 81.396, S. 945–960.

Holtkamp, Lars (2006). Der beratende Sparkommissar gemäß § 124 GO NRW. In: *Der Gemeindehaushalt* 107.2, S. 41–43.

Holtkamp, Lars (2007). Wer hat Schuld an der Verschuldung? Ursachen nationaler und kommunaler Haushaltsdefizite. In: *Polis* 64, S. 1–31.

Holtkamp, Lars (2009). Governance-Konzepte in der Haushaltskrise: Eine Analyse am Beispiel der beratenden Sparkommissare. In: *Verwaltung und Management* 15.3, S. 146–159.

Holtkamp, Lars (2010). *Kommunale Haushaltspolitik bei leeren Kassen. Bestandsaufnahme, Konsolidierungsstrategien, Handlungsoptionen*. Berlin: Edition Sigma.

Holtkamp, Lars (2012). *Verwaltungsreformen: Problemorientierte Einführung in die Verwaltungswissenschaft*. Wiesbaden: Springer VS.

Holtkamp, Lars (2016). Symbolische Haushaltspolitik. In: *Verwaltung & Management* 22.1, S. 14–26.

Holtkamp, Lars und Thomas Bathge (2012). Lokale Bürgerbeteiligung in der Haushaltskrise. In: *der moderne staat – dms: Zeitschrift für Public Policy, Recht und Management* 5.1, S. 47–64.

Holtkamp, Lars und Thomas Bathge (2014a). *Gutachten zum Umgang mit kommunalen Schulden (im Auftrag von Bündnis90/Die Grünen)*. Potsdam.

Holtkamp, Lars und Thomas Bathge (2014b). Kommunalfinanzen in Ostdeutschland: Problematische Akteurskonstellationen und die Rolle der Haushaltsaufsicht. In: *Verwaltung & Management* 20.5, S. 225–280.

Honadle, Beth Walter (2003). The states' role in U.S. local government fiscal crises: A theoretical model and results of a national survey. In: *International Journal of Public Administration* 26.13, S. 1431–1472.

Hood, Christopher (1983). *The tools of government*. London und Basingstoke: Macmillan Press.

Hood, Christopher und Helen Z. Margetts (2007). *The tools of government in the digital age*. Houndmills: Palgrave Macmillan.

House of Commons – Communities and Local Government Committee (2016). *Government interventions: The use of Commissioners in Rotherham Metropolitan Borough Council and the London Borough of Tower Hamlets*. URL: https://publications.parliament.uk/pa/cm201617/cmselect/cmcomloc/42/42.pdf?utm_source=42&utm_medium=module&utm_campaign=modulereports (besucht am 25. 03. 2020).

Howlett, Michael (1991). Policy instruments, policy styles, and policy implementation. In: *Policy Studies Journal* 19.2, S. 1–21.

Howlett, Michael (2000). Managing the hollow state: Procedural policy instruments and modern governance. In: *Canadian Public Administration* 43.4, S. 412–431.

Howlett, Michael und Benjamin Cashore (2009). The dependent variable problem in the study of policy change: Understanding policy change as a methodological problem. In: *Journal of Comparative Policy Analysis: Research and Practice* 11.1, S. 33–46.

Howlett, Michael, Jonathan Kim und Paul Weaver (2006). Assessing instrument mixes through program- and agency-level data: Methodological issues in contemporary implementation research. In: *Review of Policy Research* 23.1, S. 129–151.

Howlett, Michael und M. Ramesh (1993). Patterns of policy instrument choice: Policy styles, policy learning and the privatization experience. In: *Review of Policy Research* 12.1/2, S. 3–24.

Jahn, Detlef (2013). *Einführung in die vergleichende Politikwissenschaft*. Wiesbaden: Springer VS.

Janeba, Eckhard (2012). Germany's new debt brake: A blueprint for Europe? In: *FinanzArchiv / Public Finance Analysis* 68.4, S. 383–405.

Jensen, Michael C. und William H. Meckling (1976). Theory of the firm: Managerial behavior, agency costs and ownership structure. In: *Journal of Financial Economics* 3.4, S. 305–360.

Junkernheinrich, Martin (2019). Gleichwertigkeit der Lebensverhältnisse und die Kommunalfinanzen. In: *Wirtschaftsdienst* 99, S. 36–43.

Junkernheinrich, Martin und Uwe Wagschal (2014). Kommunale Kassenkredite: Bedeutung, Verursachung und Lösungsoptionen. In: *Zeitschrift für Staats- und Europawissenschaften (ZSE) / Journal for Comparative Government and European Policy* 12.2/3, S. 300–334.

Kalb, Alexander (2010). The impact of intergovernmental grants on cost efficiency: Theory and evidence from German municipalities. In: *Economic Analysis and Policy* 40.1, S. 23–48.

Keilmann, Ulrich, Andreas Burth und Marc Gnädinger (2016). Neue Rationalitäten in der kommunalen Haushaltskonsolidierung. In: *Jahrbuch für öffentliche Finanzen 2-2016*. Hrsg. von Martin Junkernheinrich, Stefan Korioth, Thomas Lenk, Henrik Scheller und Matthias Woisin. Berlin: BWV Berliner Wissenschafts-Verlag, S. 419–442.

King, Gary, Robert Owen Keohane und Sidney Verba (1994). *Designing social inquiry: Scientific inference in qualitative research*. Princeton: Princeton University Press.

Kirschen, Étienne Sadi. (1964). *Economic policy in our time*. Amsterdam: North-Holland.

Knill, Christoph, Kai Schulze und Jale Tosun (2012). Regulatory policy outputs and impacts: Exploring a complex relationship. In: *Regulation & Governance* 6.4, S. 427–444.

Knill, Christoph und Jale Tosun (2015). *Einführung in die Policy-Analyse*. Stuttgart: UTB.

Kuhlmann, Sabine (2009). Die Evaluation von Institutionenpolitik in Deutschland: Verwaltungsmodernisierung und Wirkungsanalyse im föderalen System. In: *Evaluation*. Hrsg. von Thomas Widmer, Wolfgang Beywl und Fabian Carol. Wiesbaden: Springer VS, S. 371–380.

Kuhlmann, Sabine, Markus Seyfried und John Philipp Siegel (2018). *Wirkungen kommunaler Gebietsreformen: Stand der Forschung und Empfehlungen für Politik und Verwaltung*. Baden-Baden: Nomos.

Kuhlmann, Sabine und Hellmut Wollmann (2013). *Verwaltung und Verwaltungsreformen in Europa: Einführung in die vergleichende Verwaltungswissenschaft*. Wiesbaden: Springer VS.

Kydland, Finn E. und Edward C. Prescott (1977). Rules rather than discretion: The inconsistency of optimal plans. In: *Journal of Political Economy* 85.3, S. 473–491.

Landkreis Teltow-Fläming (2014). *Nachhaltigkeitssatzung des Landkreises Teltow-Fläming*. URL: https://sitzungsdienst.teltow-flaeming.de/buergerinfo/vo0050.php?__kvonr=3475 (besucht am 13.05.2020).

Lascoumes, Pierre und Patrick Le Gales (2007). Introduction: Understanding public policy through its instruments? From the nature of instruments to the sociology of public policy instrumentation. In: *Governance* 20.1, S. 1–21.

Le Gales, Patrick (2011). Policy instruments and governance. In: *The SAGE handbook of governance*. Hrsg. von Mark Bevir. Los Angeles: SAGE, S. 142–259.

Leeuw, Frans L. (2007). The carrot: Subsidies as a tool of government – Theory and practice. In: *Carrots, sticks, and sermons*. Hrsg. von Marie-Louise Bemelmans-Videc, Ray C. Rist und Evert Vedung. New Brunswick und New Jersey: Transaction Publishers, S. 77–102.

Lemaire, Donald (2007). The stick: Regulation as a tool of government. In: *Carrots, sticks, and sermons*. Hrsg. von Marie-Louise Bemelmans-Videc, Ray C. Rist und Evert Vedung. New Brunswick und New Jersey: Transaction Publishers, S. 59–76.

Leman, Christopher K. (2002). Direct government. In: *The tools of government*. Hrsg. von Lester M. Salamon. New York: Oxford University Press, S. 48–79.

Letelier, Leonardo E. (2011). Theory and evidence of municipal borrowing in Chile. In: *Public Choice* 146.3/4, S. 395–411.

Levine, Charles H. (1978). Organizational decline and cutback management. In: *Public Administration Review* 38.4, S. 316–325.

Linder, Stephen H. und B. Guy Peters (1989). Instruments of government: Perceptions and contexts. In: *Journal of Public Policy* 9.1, S. 35–58.

Loh, Carolyn G. (2016). The everyday emergency: Planning and democracy under austerity regimes. In: *Urban Affairs Review* 52.5, S. 832–863.

Lowi, Theodore J. (1972). Four systems of policy, politics, and choice. In: *Public Administration Review* 32.4, S. 298–310.

Luechinger, Simon und Christoph A. Schaltegger (2013). Fiscal rules, budget deficits and budget projections. In: *International Tax and Public Finance* 20.5, S. 785–807.

Lynn, Laurence E. (2012). The many faces of governance: Adaptation? Transformation? Both? Neither? In: *The Oxford handbook of governance*. Hrsg. von David Levi-Faur. New York: Oxford University Press, S. 49–64.

Mayntz, Renate (1983). The conditions of effective public policy: A new challenge for policy analysis. In: *Policy & Politics* 11.2, S. 123–143.

Mayntz, Renate (2004). Mechanisms in the analysis of social macro-phenomena. In: *Philosophy of the Social Sciences* 34.2, S. 237–259.

McCubbins, Mathew D., Roger G. Noll und Barry R. Weingast (1987). Administrative procedures as instruments of political control. In: *Journal of Law, Economics, & Organization* 3.2, S. 243–277.

Meier, Kenneth J. (1993). *Politics and the bureaucracy: Policymaking in the fourth branch of government*. Belmont: Wadsworth.

Mill, John Stuart (1906). *A system of logic ratiocinative and inductive: Being a connected view of the principles of evidence and the methods of scientific investigation*. London, New York und Bombay: Longmans.

Ministerium für Heimat, Kommunales, Bau und Gleichstellung (MHKBG) des Landes Nordrhein-Westfalen (o.J.). *Kommunale Finanzlage – Stärkungspakt*. URL: https://www.mhkbg.nrw/themen/kommunales/kommunale-finanzen/kommunale-finanzlage (besucht am 07. 01. 2020).

Ministerium für Inneres und Kommunales (MIK) des Landes Nordrhein-Westfalen (2014). *Evaluation Stärkungspakt für die pflichtig teilnehmenden Gemeinden (§ 12 Abs. 1 Stärkungspaktgesetz)*.

Ministerium für Inneres und Kommunales (MIK) des Landes Nordrhein-Westfalen (2016). *Evaluation des Stärkungspaktes gemäß § 13 Stärkungspaktgesetz*.

Ministry of Housing, Communities & Local Government (2014). *Secretary of State sends in commissioners to Tower Hamlets.* URL: https://www.gov.uk/government/news/secretary-of-state-sends-in-commissioners-to-tower-hamlets (besucht am 25. 03. 2020).

Mitnick, Barry M. (1975). The theory of agency: The policing paradox and regulatory behavior. In: *Public Choice* 24.1, S. 27–42.

Moe, Terry M. (2006). Political control and the power of the agent. In: *The Journal of Law, Economics, and Organization* 22.1, S. 1–29.

Mohl, Ariane (2017). *Haltern am See: Land NRW setzt Sparkommissarin ein.* URL: https://www.derneuekaemmerer.de/nachrichten/haushalt/haltern-am-see-land-nrw-setzt-sparkommissarin-ein-41601/ (besucht am 16. 01. 2018).

Mohl, Ariane (2019a). *Bund will Hälfte der Altschulden übernehmen.* URL: https://www.derneuekaemmerer.de/nachrichten/haushalt/bund-will-haelfte-der-altschulden-uebernehmen-2003991/ (besucht am 28. 05. 2020).

Mohl, Ariane (2019b). *Scholz plant Entschuldungsprogramm für 2.500 Kommunen.* URL: https://www.derneuekaemmerer.de/nachrichten/haushalt/scholz-plant-entschuldungsprogramm-fuer-2500-kommunen-2004541/ (besucht am 28. 05. 2020).

Morgan, Stephen L. und Christopher Winship (2007). *Counterfactuals and causal inference: Methods and principles for social research.* Cambridge: Cambridge University Press.

Müller, Christoph E. (2017). Kausale Wirkungsevaluation zwischen methodischem Anspruch und empirischer Praxis. In: *Die Zukunft der Evaluation – Trends, Herausforderungen, Perspektiven.* Hrsg. von Reinhard Stockmann und Wolfgang Meyer. Münster: Waxmann, S. 205–222.

Mullins, Daniel R. (1995). *Tax and expenditure limits on local governments.* Bloomington: Center for Urban Policy and the Environment, Indiana University.

Neyman, Jerzy (1990 [1923]). On the application of probability theory to agricultural experiments. Essay on principles. In: *Statistical Science* 5.4, S. 465–472.

Nickels, Ashley E. (2016). Approaches to municipal takeover: Home rule erosion and state intervention in Michigan and New Jersey. In: *State and Local Government Review* 48.3, S. 194–207.

Nickels, Ashley E., Amanda d. Clark und Zachary d. Wood (2020). How municipal takeovers reshape urban democracy: Comparing the experiences of Camden, New Jersey and Flint, Michigan. In: *Urban Affairs Review* 56.3, S. 790–822.

Nordhaus, William D. (1975). The political business cycle. In: *The Review of Economic Studies* 42.2, S. 169–190.

North, Douglas C. (1990). *Institutions, institutional change and economic performance*. Cambridge: Cambridge University Press.

Nullmeier, Frank (2018). Verfahren und Mechanismen. Theoriebildung und Kausalitätsverständnis in der politikwissenschaftlichen Verwaltungsforschung. In: *Perspektiven der Verwaltungswissenschaft*. Hrsg. von Michael Bauer und Edgar Grande. Baden-Baden: Nomos, S. 279–302.

Offe, Claus (1974). Rationalitätskriterien und Funktionsprobleme politisch-administrativen Handelns. In: *Leviathan* 2.3, S. 333–345.

Overmans, Tom und Mirko Noordegraaf (2014). Managing austerity: Rhetorical and real responses to fiscal stress in local government. In: *Public Money & Management* 34.2, S. 99–106.

Overmans, Tom und Klaus-Peter Timm-Arnold (2016). Managing austerity: Comparing municipal austerity plans in the Netherlands and North Rhine-Westphalia. In: *Public Management Review* 18.7, S. 1043–1062.

Papenfuß, Ulf, Iris Saliterer und Nora Albrecht (2017). A cushioned impact of the financial crisis – Local government financial resilience in Germany. In: *Governmental financial resilience*. Hrsg. von Ileana Steccolini, Martin Jones und Iris Saliterer. Bd. 27. Bingley: Emerald Publishing, S. 115–134.

Park, Ji-Hyung, Sungho Park und Craig S. Maher (2018). The effects of tax and expenditure limitations (TELs) on municipal fiscal outcomes during a period of fiscal distress. In: *Public Finance and Management* 18.1, S. 84–110.

Person, Christian und Steffen Zabler (2017). Veränderter Rahmen – veränderte Praxis? Auswirkungen kommunaler Entschuldungsfonds auf die Praxis der Finanzaufsicht. In: *Zeitschrift für Kommunalfinanzen* 2017.1, S. 1–6.

Pettersson–Lidbom, Per (2001). An empirical investigation of the strategic use of debt. In: *Journal of Political Economy* 109.3, S. 570–583.

Pettersson-Lidbom, Per (2010). Dynamic commitment and the soft budget constraint: An empirical test. In: *American Economic Journal: Economic Policy* 2.3, S. 154–179.

Pettersson-Lidbom, Per (2012). Does the size of the legislature affect the size of government? Evidence from two natural experiments. In: *Journal of Public Economics* 96.3/4, S. 269–278.

Pierre, Jon und B. Guy Peters (2000). *Governance, politics and the state.* New York: St. Martin's Press.

Pollitt, Christopher und Geert Bouckaert (2011). *Public management reform: A comparative analysis – New public management, governance, and the neo-Weberian state.* Oxford: Oxford University Press.

Posavac, Emil J. und Raymond G. Carey (1992). *Program evaluation: Methods and case studies.* Englewood Cliffs: Prentice Hall.

Potrafke, Niklas, Marina Riem und Christoph Schinke (2016). Debt brakes in the German states: Governments' rhetoric and actions. In: *German Economic Review* 17.2, S. 253–275.

Przeworski, Adam und Henry Teune (1970). *The logic of comparative social inquiry.* New York: John Wiley & Sons.

Rappen, Hermann (2017). *Stärkungspakt Stadtfinanzen – Weg aus der Schuldenfalle oder gekaufte Zeit?* Essen: RWI – Leibniz-Institut für Wirtschaftsforschung.

Raudla, Ringa, Riin Savi und Tiina Randma-Liiv (2013). *Literature review on cutback management.* COCOPS Workpackage 7 Deliverable 1.

Rodden, Jonathan (2002). The dilemma of fiscal federalism: Grants and fiscal performance around the world. In: *American Journal of Political Science* 46.3, S. 670–687.

Roesel, Felix (2017). The political economy of fiscal supervision and budget deficits – Evidence from Germany. In: *Fiscal Studies* 38.4, S. 641–666.

Rogers, Patricia J., Anthony Petrosino, Tracy A. Huebner und Timothy A. Hacsi (2000). Program theory evaluation: Practice, promise, and problems. In: *New Directions for Evaluation* 87, S. 5–13.

Rubin, Donald B. (1974). Estimating causal effects of treatments in randomized and nonrandomized studies. In: *Journal of Educational Psychology* 66.5, S. 688–701.

Sabatier, Paul A. (1988). An advocacy coalition framework of policy change and the role of policy-oriented learning therein. In: *Policy Sciences* 21, S. 129–168.

Salamon, Lester M. (2002a). The new governance and the tools of public action: An introduction. In: *The tools of government*. Hrsg. von Lester M. Salamon. New York: Oxford University Press, S. 1–47.

Salamon, Lester M., Hrsg. (2002b). *The tools of government: A guide to the new governance*. New York: Oxford University Press.

Sandford, Mark (2017). *Intervention in local government*. URL: https://commonslibrary.parliament.uk/parliament-and-elections/government/intervention-in-local-government/ (besucht am 25. 03. 2020).

Scharpf, Fritz W. (1991). Die Handlungsfähigkeit des Staates am Ende des zwanzigsten Jahrhunderts. In: *Politische Vierteljahresschrift* 32.4, S. 621–634.

Schelling, Thomas C. (1998). Social mechanisms and social dynamics. In: *Social mechanisms*. Hrsg. von Peter Hedström und Richard Swedberg. Cambridge: Cambridge University Press, S. 32–44.

Schmidt, Tobias (2014). *Wir sind zwangsbeglückt*. URL: https://www.derneuekaemmerer.de/nachrichten/haushalt/wir-sind-zwangsbeglueckt-21501/ (besucht am 26. 03. 2020).

Schneider, Anne und Helen Ingram (1990). Behavioral assumptions of policy tools. In: *The Journal of Politics* 52.2, S. 510–529.

Schneider, Sebastian H. (2018). *Bürgerhaushalte in Deutschland: Individuelle und kontextuelle Einflussfaktoren der Beteiligung*. Wiesbaden: Springer VS.

Schneider, Sebastian H. und Stefan Busse (2018). Participatory budgeting in Germany – A review of empirical findings. In: *International Journal of Public Administration* 8.2, S. 1–15.

Schwarting, Gunnar, Hrsg. (2010). *Der kommunale Haushalt: Haushaltssteuerung – Doppik – Finanzpolitik*. Berlin: Schmidt.

Schwarting, Gunnar (2011). *Haushaltskonsolidierung in Kommunen: Leitfaden für Rat und Verwaltung*. Berlin: Schmidt.

Schwarting, Gunnar (2015a). Auswirkungen der Schuldenbremse auf den kommunalen Haushaltsausgleich. In: *Schriftenreihe Band 6*. Hrsg. von Sächsischer Rechnungshof. Leipzig, S. 57–61.

Schwarting, Gunnar (2015b). Kommunale Nachhaltigkeitssatzungen: Ein Weg zu stabilen Kommunalfinanzen? Zwei Beispiele aus Hessen und Rheinland-Pfalz. In: *Zeitschrift für Landes- und Kommunalrecht* 2015.10, S. 402–406.

Schwarting, Gunnar (2016). *Den kommunalen Haushaltsplan richtig lesen und verstehen im doppischen Rechnungswesen*. Berlin: Schmidt.

Selbel, Karsten (2020). *Corona-Krise reißt Milliardenloch in die Gemeindekassen*. URL: https://www.welt.de/wirtschaft/article207499661/Kommunen-Corona-Krise-kostet-Staedte-und-Gemeinden-Milliarden.html (besucht am 18. 04. 2020).

Seuberlich, Marc (2017). *Arme und reiche Städte: Ursachen der Varianz kommunaler Haushaltslagen*. Wiesbaden: Springer VS.

Sidki, Marcus (2011). Auswirkungen aktueller Entwicklungen auf die kommunale Verschuldung. In: *Wirtschaftsdienst* 91.10, S. 679–685.

Stadt Heinsberg (2013). *Nachhaltigkeitssatzung der Stadt Heinsberg*. URL: http://www.heinsberg.de/satzungen/finanzen-steuern/satzung_10_1_43.pdf (besucht am 19. 04. 2020).

Stadt Ingelheim am Rhein (2015). *Satzung der Stadt Ingelheim am Rhein über die nachhaltige Haushaltswirtschaft*. URL: https://www.ingelheim.de/fileadmin/Content/Rathaus___Politik/Satzungen___Richtlinien/Satzungen/9_12_Nachhaltige_Haushaltswirtschaft.pdf (besucht am 19. 04. 2020).

Stadt Jena (2019). *Hauptsatzung der Stadt Jena.* URL: https://rathaus.jena.de/sites/default/files/2019-06/a01.pdf (besucht am 19. 04. 2020).

Stadt Overath (2016). *Haushalt 2016.* URL: https://www.overath.de/informationen-zum-haushalt.aspx (besucht am 17. 04. 2020).

Stadt Overath (2017). *Haushalt 2018.* URL: https://www.overath.de/informationen-zum-haushalt.aspx (besucht am 17. 04. 2020).

Stadt Overath (2019). *Nachhaltigkeitssatzung der Stadt Overath.* URL: https://www.overath.de/2.6-nachhaltigkeitssatzung-2020.pdfx (besucht am 19. 04. 2020).

Stadt Spenge (2014). *Haushalt 2015.* URL: https://www.spenge.de/PDF/Haushaltsplan_2015_der_Stadt_Spenge.PDF?ObjSvrID=1492&ObjID=3223&ObjLa=1&Ext=PDF&WTR=1&_ts=1434621027 (besucht am 17. 04. 2020).

Stadt Wülfrath (2013). *Nachhaltigkeitsatzung der Stadt Wülfrath.* URL: https://www.wuelfrath.net/fileadmin/user_upload/pdf/Nachhaltigkeitssatzung.pdf (besucht am 19. 04. 2020).

Städte- und Gemeindebund Nordrhein-Westfalen (2014). *Oberverwaltungsgericht Münster zur Einsetzung eines Beauftragten für Altena.* URL: https://www.kommunen.nrw/informationen/mitteilungen/datenbank/detailansicht/dokument/oberverwaltungsgericht-muenster-zur-einsetzung-eines-beauftragten-fuer-altena.html (besucht am 26. 03. 2020).

Stallmann, Judith, Craig Maher, Steven Deller und Sungho Park (2017). Surveying the effects of limitations on taxes and expenditures: What do/don't we know? In: *Journal of Public and Nonprofit Affairs* 3.2, S. 197–222.

Statistische Ämter des Bundes und der Länder (2018). *Tabellenband zu den Integrierten Schulden der Gemeinden und Gemeindeverbände: Anteilige Modellrechnung für den interkommunalen Vergleich – Stand 31.12.2017.* Wiesbaden.

Statistisches Bundesamt (2019). *Schulden des öffentlichen Gesamthaushalts 2018: Fachserie 14 Reihe 5.* Wiesbaden.

Stockmann, Reinhard (2000). Evaluation in Deutschland. In: *Evaluationsforschung*. Hrsg. von Reinhard Stockmann. Wiesbaden: Springer VS, S. 11–40.

Stockmann, Reinhard (2004). Was ist eine gute Evaluation? Einführung zu Funktionen und Methoden von Evaluationsverfahren. In: *CEval-Arbeitspapier* 9.

Stockmann, Reinhard (2011). An introduction to evaluation. In: *A practitioner handbook on evaluation*. Hrsg. von Reinhard Stockmann. Cheltenham und Northampton: Edward Elgar, S. 13–61.

Stolzenberg, Philipp (2018). *Kommunale Haushaltskonsolidierung durch Konditionalität*. Baden-Baden: Nomos.

Stolzenberg, Philipp und Hubert Heinelt (2013). „Die Griechen von NRW". Kommunale Rettungsschirme der Bundesländer. In: *der moderne staat – dms: Zeitschrift für Public Policy, Recht und Management* 6.2, S. 463–484.

Stuart, Elizabeth A. (2010). Matching methods for causal inference: A review and a look forward. In: *Statistical Science* 25.1, S. 1–21.

Timm-Arnold, Klaus-Peter (2011). Endogene Ursachen kommunaler Haushaltsdefizite in Nordrhein-Westfalen – Welche Rolle spielen Bürgermeister und Parteien? In: *der moderne staat – dms: Zeitschrift für Public Policy, Recht und Management* 4.2, S. 445–463.

Tovmo, Per (2006). Budgetary procedures and deficits in Norwegian local governments. In: *Economics of Governance* 8.1, S. 37–49.

Vedung, Evert (2000). *Public policy and program evaluation*. New Brunswick und New Jersey: Transaction Publishers.

Vedung, Evert (2007). Policy instruments: Typologies and theories. In: *Carrots, sticks, and sermons*. Hrsg. von Marie-Louise Bemelmans-Videc, Ray C. Rist und Evert Vedung. New Brunswick und New Jersey: Transaction Publishers, S. 21–58.

Vedung, Evert und Frans C. J. van der Doelen (2007). The sermon: Information programs in the public policy process – Choice, effects, and evaluation. In: *Carrots, sticks, and sermons*. Hrsg. von Marie-Louise Bemelmans-

Videc, Ray C. Rist und Evert Vedung. New Brunswick und New Jersey: Transaction Publishers, S. 103–128.

Veiga, Linda Gonçalves und Francisco José Veiga (2007). Political business cycles at the municipal level. In: *Public Choice* 131.1/2, S. 45–64.

Vogelgesang, Klaus, Uwe Lübking und Ina-Maria Ulbrich (2005). *Kommunale Selbstverwaltung: Rechtsgrundlagen – Organisation – Aufgaben – Neue Steuerungsmodelle*. Berlin: Schmidt.

Wagschal, Uwe (2011). Allheilmittel oder Budgetmimikry: Wie wirksam sind Verschuldungsgrenzen zur Haushaltskonsolidierung? In: *Zeitschrift für Staats- und Europawissenschaften (ZSE) / Journal for Comparative Government and European Policy* 9.3, S. 352–382.

Wagschal, Uwe und Georg Wenzelburger (2008). *Haushaltskonsolidierung*. Wiesbaden: Springer VS.

Walwei, Ulrich (2017). Agenda 2010 und Arbeitsmarkt: Eine Bilanz. In: *Aus Politik und Zeitgeschichte* 67.26, S. 25–33.

Waterman, Richard W. und Kenneth J. Meier (1998). Principal-agent models: An expansion? In: *Journal of Public Administration Research and Theory* 8.2, S. 173–202.

Weingast, Barry R. (1984). The congressional-bureaucratic system: A principal agent perspective (with applications to the SEC). In: *Public Choice* 44.1, S. 147–191.

Weiss, Carol H. (1977). Research for policy's sake: The enlightenment function of social research. In: *Policy Analysis* 3.4, S. 531–545.

Weiss, Carol H. (1979). The many meanings of research utilization. In: *Public Administration Review* 39.5, S. 426–431.

Weiss, Carol H. (1997). Theory-based evaluation: Past, present, and future. In: *New Directions for Evaluation* 76, S. 41–55.

Weiss, Janet A. (2002). Public Information. In: *The tools of government*. Hrsg. von Lester M. Salamon. New York: Oxford University Press, S. 217–254.

Welt.de (2013). *Erster Sparkommissar NRWs geht mit gutem Gefühl*. URL: https://www.welt.de/regionales/koeln/article121854628/Erster-

Sparkommissar-NRWs-geht-mit-gutem-Gefuehl.html (besucht am 26.03.2020).

Xu, Yiqing (2017). Generalized synthetic control method: Causal inference with interactive fixed effects models. In: *Political Analysis* 25.1, S. 57–76.

Zabler, Steffen (2016). Synthetisches Matching als Evaluations-Tool: Der Effekt des beratenden Sparkommissars auf die Kommunalfinanzen der Stadt Hagen. In: *Politische Vierteljahresschrift* 57.3, S. 430–454.

Zabler, Steffen (2020). Austerity regimes at the local level: Examining fiscal effects of austerity commissioners using a time-series synthetic control. In: *Public Performance & Management Review* 42.2, S. 414–432.

Zabler, Steffen, Christian Person und Falk Ebinger (2016). Finanzaufsicht in den Ländern: Struktur, Recht und ihr (fraglicher) Effekt auf die kommunale Verschuldung. In: *Zeitschrift für Kommunalfinanzen* 66.1, S. 6–12.